IT-Sicherheitsforschung und IT-Strafrecht

ARTIBUS INGENUIS J·C·B· M· 1·8·0·1

IT-Sicherheitsforschung und IT-Strafrecht

herausgegeben von

Sebastian Golla und
Dominik Brodowski

Mohr Siebeck

Sebastian Golla, geboren 1988; Juniorprofessor für Kriminologie, Strafrecht und Sicherheitsforschung im digitalen Zeitalter an der Ruhr-Universität Bochum.

Dominik Brodowski, geboren 1980; Universitätsprofessor für Strafrecht und Strafprozessrecht an der Universität des Saarlandes, Saarbrücken.
orcid.org/0000-0002-3711-4197

Die Veröffentlichung wurde finanziell gefördert durch das Center for Advanced Internet Studies (CAIS).

ISBN 978-3-16-162179-6 / eISBN 978-3-16-162184-0
DOI 10.1628/978-3-16-162184-0

Die Deutsche Nationalbibliothek verzeichnet diese Publikation in der Deutschen Nationalbibliographie; detaillierte bibliographische Daten sind im Internet über *https://dnb.de* abrufbar.

2023 Mohr Siebeck Tübingen. www.mohrsiebeck.com

Das Buch wurde von Textservice Zink in Schwarzach gesetzt und von Beltz Grafische Betriebe in Bad Langensalza auf alterungsbeständiges Werkdruckpapier gedruckt und gebunden.

Printed in Germany.

Vorwort

Die digitalisierte Gesellschaft wäre ohne IT-Sicherheit nicht funktionsfähig. Die IT-Sicherheit und ihre Erforschung sind daher nicht nur strukturell, technisch und finanziell zu fördern, sondern auch rechtlich zu schützen. Allerdings ist gerade die Forschung in diesem Bereich erheblichen rechtlichen Risiken ausgesetzt, die insbesondere vom scharfen Schwert des Strafrechts ausgehen. Immer wieder werden gegen Forschende, die Sicherheitslücken offenlegen, Strafverfahren eingeleitet.

Der vorliegende Sammelband wirft Schlaglichter auf grundlegende Probleme und aktuelle Konflikte zwischen der IT-Sicherheitsforschung und dem Strafrecht. Er entstand aus einer Arbeitsgemeinschaft, die am *Center for Advanced Internet Studies* (CAIS) durchgeführt und von diesem gefördert wurde. Am 20. und 21. September 2021 fand sich eine Gruppe von Expert*innen aus den (Straf-)Rechtswissenschaften und der Informatik (insbesondere der IT-Sicherheitsforschung) in Bochum zusammen. Die in diesem Rahmen diskutierten Themen wurden in den sieben Beiträgen dieses Bandes aus unterschiedlichen Perspektiven wissenschaftlich ausgearbeitet.

Der einführende Beitrag von *Sebastian Golla* behandelt grundlegende Konflikte zwischen Strafrecht, Strafverfolgung und IT-Sicherheitsforschung. Den verantwortungsvollen Umgang mit Erkenntnissen der IT-Sicherheitsforschung aus Sicht eines Forschenden diskutiert *Felix Freiling*. *Dominik Brodowski* befasst sich aus materiell-strafrechtlicher Perspektive mit dem IT-Strafrecht als Grenze der IT-Sicherheitsforschung. *Liane Wörner* und *Janine Blocher* wenden sich auch mit Blick auf den Allgemeinen Teil des Strafrechts der Frage zu, inwiefern Forschende für Straftaten, die durch Dritte begangen werden, mitverantwortlich gemacht werden können.

Den Implikationen des Urheberrechts für die IT-Sicherheitsforschung, dessen Verletzung auch strafrechtliche Konsequenzen haben kann, widmen sich *Linda Kuschel* und *Darius Rostam*. *Malaika Nolde* behandelt die Konflikte der IT-Sicherheitsforschung mit dem Strafrecht aus der Perspektive einer Praktikerin auf dem Feld der Strafverteidigung in Cybercrime-Fällen. Diese zahlreichen Spannungsfelder und Probleme greifen *Manuela Bao* und *Louisa Zech* auf und erörtern Lösungsansätze auf Ebene des Tatbestands und der Rechtfertigung.

Wir hoffen, dass dieses Buch nicht nur zur theoretischen Aufarbeitung der aufgeworfenen Probleme beiträgt, sondern auch das gegenseitige Verständnis von (Straf-)Rechtswissenschaften und Informatik fördert und Anstöße für die praktische Anwendung und Fortbildung des Rechts liefert. Um einen breiten Austausch zu ermöglichen, wird der vorliegende Band in Open Access veröffentlicht. Ohne die großzügige Förderung des *CAIS* wäre dies nicht möglich gewesen. Wir bedanken uns herzlich beim *CAIS* und allen an der Arbeitsgemeinschaft sowie dem Sammelband beteiligten Personen.

Sebastian Golla
Dominik Brodowski

Inhaltsverzeichnis

Problemaufriss

Die Rolle des Strafrechts beim Schutz der IT-Sicherheit – Dissonanzen, Defizite und Perspektiven

Sebastian Golla

Diverse strafrechtliche Regelungen sollen einen Beitrag zum Schutz von informationstechnischen Systemen leisten. Zugleich geraten sie sowie Interessen an der Strafverfolgung allerdings in Konflikt mit Interessen der IT-Sicherheit. Das zeigt sich exemplarisch auf dem Feld der IT-Sicherheitsforschung. Der Beitrag untersucht bestehende Konflikte, Defizite der geltenden Regelungen und mögliche Perspektiven des IT-Strafrechts.

I. IT-Sicherheit, Forschung und Strafrecht

Die IT-Sicherheit ist Grundbedingung für die Funktionsfähigkeit der digitalen Gesellschaft und für den Schutz vieler anderer Güter. Damit sie gewährleistet werden kann, bedarf es wissenschaftlicher und technischer Anstrengungen. Aber auch Politik und Recht müssen die IT-Sicherheit als Priorität behandeln und die Rahmenbedingungen für ihre bestmögliche Gewährleistung schaffen. Jüngst hat etwa der Koalitionsvertrag 2021–2025 die staatliche Pflicht zur Förderung der IT-Sicherheit prominent betont. Dabei wurde auch die IT-Sicherheitsforschung erwähnt und gefordert, dass „[d]as Identifizieren, Melden und Schließen von Sicherheitslücken in einem verantwortlichen Verfahren, z.B. in der IT-Sicherheitsforschung, […] legal durchführbar sein" solle.[1] Wie ein verantwortungsvoller Umgang mit IT-Sicherheitslücken rechtlich im Einzelnen geregelt werden könnte, wird an anderer Stelle zu thematisieren sein.[2]

Im Zentrum des Interesses dieses Sammelbandes steht die IT-Sicherheitsforschung. Aus Sicht des Strafrechts und verwandter Rechtsgebiete wird den Fragen nachgegangen, welchen Risiken Forschende ausgesetzt

---

[1] *SPD, Bündnis 90/Die Grünen, FDP*, Koalitionsvertrag 2021–2025: „Mehr Fortschritt wagen. Bündnis für Freiheit, Gerechtigkeit und Nachhaltigkeit", S. 16 f., https://cms.gruene.de/uploads/documents/Koalitionsvertrag-SPD-GRUENE-FDP-2021–2025.pdf (zuletzt abgerufen am 31.10.2022).

[2] Siehe hierzu *Bao/Zech* (in diesem Band) S. 131, 166 ff.

sind und wie sich diese bei der Anwendung und Fortbildung des Rechts handhaben bzw. abmildern lassen. Diese Thematik hat zuletzt in der IT-Sicherheitsforschung selbst sowie in der breiten Öffentlichkeit für Diskussionen gesorgt. Auslöser hierfür waren Fälle wie jener der IT-Sicherheitsexpertin Lilith Wittmann. Nachdem Wittmann eine Sicherheitslücke in der Wahlkampf-App CDU-Connect entdeckt und in einem hierfür anerkannten Verfahren offengelegt hatte (responsible disclosure), wurde gegen sie Anzeige erstattet und ein Ermittlungsverfahren eingeleitet, das mittlerweile wieder eingestellt wurde.[3] Derartige Fälle zeigen das öffentliche Interesse daran auf, dass IT-Sicherheitslücken aufgedeckt und Erkenntnisse hierüber verantwortungsvoll behandelt werden. Sie zeigen aber auch, dass es im Auge des Betrachters liegt, ob ein bestimmter Umgang mit einer Sicherheitslücke wünschenswert ist und welche Tätigkeiten sich noch dem Bereich der Forschung zuordnen lassen. Für Letzteres dürfte jedenfalls ein gewisses methodisches Vorgehen mit dem Ziel der Gewinnung neuartiger Erkenntnisse notwendig sein. Die Grenzen zwischen politischem Aktivismus, privater Neugier und wissenschaftlicher Forschung verlaufen in der Realität allerdings mitunter fließend.

Dieser Beitrag widmet sich zur Einführung in die Thematik zunächst den grundlegenden Spannungen, die zwischen einigen Regelungen des Strafrechts und der Gewährleistung der IT-Sicherheit bestehen. Das Strafrecht spielt beim rechtlichen Schutz der IT-Sicherheit traditionell eine wichtige Rolle. Lange bevor weitgehende Kodifikationen zum Schutz der IT-Sicherheit außerhalb des Strafrechts in Sicht waren, wurden in §§ 202a, 303a, 303b StGB durch das zweite Gesetz zur Bekämpfung der Wirtschaftskriminalität vom 15. Mai 1986[4] Delikte zum Schutz der Vertraulichkeit, Unversehrtheit und Verfügbarkeit von Computerdaten und -systemen eingeführt. Die Regelungen wurden später unter anderem auf Grundlage der Cybercrime Convention des Europarates vom 23. November 2001[5] ergänzt.[6]

Heute wird das IT-Sicherheitsrecht als Querschnittsmaterie über das Strafrecht hinaus immer wichtiger und bewegt sich auf eine weitere Kodi-

---

[3] *Zeit Online* vom 5.8.2021, https://www.zeit.de/digital/datenschutz/2021–08/cdu-connect-app-it-sicherheit-lilith-wittmann-forscherin-klage/komplettansicht (zuletzt abgerufen am 31.10.2022).

[4] BGBl. 1986 I, S. 721.

[5] BGBl. 2008 II, S. 1242.

[6] Vgl. zur Entwicklung des Regelungsbereichs insgesamt *Singelnstein/Zech*, in: Hornung/Schallbruch (Hrsg.), IT-Sicherheitsrecht, 2020, § 20 Rn. 25 ff.

fizierung zu.[7] Auf nationaler Ebene lieferte hierfür das IT-Sicherheitsgesetz von 2015[8] einen wichtigen Impuls.[9] Die Entwicklung fand ihre Fortsetzung zuletzt in dem im April 2021 verabschiedeten IT-Sicherheitsgesetz 2.0[10], durch das unter anderem das Bundesamt für Sicherheit in der Informationstechnik (BSI) noch einmal gestärkt wurde.[11] Der erste Referentenentwurf des IT-Sicherheitsgesetzes 2.0 von März 2019[12] hatte dazu noch zahlreiche Änderungen des Straf- und Strafverfahrensrechts vorgesehen; unter anderem sollten neue Straftatbestände des Zugänglichmachens von Leistungen zur Begehung von Straftaten (§ 126a StGB-E) und der unbefugten Nutzung informationstechnischer Systeme (§ 202e StGB-E) eingeführt sowie der Strafrahmen für mehrere Delikte erhöht werden.[13] Ein zweiter Referentenentwurf von Mai 2020[14] nahm schließlich Abstand von sämtlichen Änderungen des Straf- und Strafverfahrensrechts.

Das Strafrecht ist heute im Gesamtsystem der rechtlichen Unterstützung der IT-Sicherheit weniger zentral als früher, aber eine nicht zu vernachlässigende Komponente. Jedoch steht das Strafrecht stellenweise im Konflikt mit dem Schutz der IT-Sicherheit. Sowohl im materiellen Strafrecht als auch im Strafverfahrensrecht gibt es Regelungen, die in der Lage sind, unerwünschte Nebeneffekte für den Schutz der IT-Sicherheit auszulösen. Dieser Beitrag wird zunächst aktuelle Dissonanzen zwischen dem Strafrecht und dem Schutz der IT-Sicherheit untersuchen (II.). Dabei legt er ein besonderes Augenmerk auf Tätigkeiten der IT-Sicherheitsforschung wie das Aufdecken von und den weiteren Umgang mit Sicherheitslücken. Darauf aufbauend wird der Beitrag Vorschläge unterbreiten, um die bestehenden Dissonanzen aufzulösen und das derzeit belastete Verhältnis von IT-Sicherheit und Strafrecht neu zu kalibrieren (III.).

---

[7] Vgl. *Klett/Amann* CR 2014, 93, 95; *Wischmeyer* Die Verwaltung 50 (2017), 155, 156.

[8] Gesetz zur Erhöhung der Sicherheit informationstechnischer Systeme (IT-Sicherheitsgesetz) vom 17.7.2015; BGBl. 2015 I, S. 1324.

[9] Vgl. *Schallbruch* CR 2017, 648.

[10] Zweites Gesetz zur Erhöhung der Sicherheit informationstechnischer Systeme vom 18.5.2021; BGBl. 2021 I, S. 1122.

[11] Siehe im Einzelnen *Hornung* NJW 2021, 1985 ff.

[12] Vgl. hierzu *Kipker/Scholz* MMR 2019, 431 ff.

[13] Vgl. zu den straf- und strafverfahrensrechtlichen Regelungen in dem Entwurf insgesamt *Selzer* KriPoZ 2019, 221 ff.

[14] Vgl. hierzu *Kipker* MMR-Aktuell 2020, 429348.

II. Dissonanzen zwischen strafrechtlichen Regelungen und dem Schutz der IT-Sicherheit

Zwischen Interessen an der Strafverfolgung, dem materiellen Strafrecht und der Gewährleistung der IT-Sicherheit bestehen stellenweise Dissonanzen, die im Folgenden näher herauszuarbeiten sind (1.). Ein besonderes Augenmerk ist auf Strafbarkeitsrisiken zu legen, die beim Aufdecken von Lücken in der IT-Sicherheit durch Forschende bestehen (2.).

1. Konflikte zwischen Strafrecht und IT-Sicherheit

Zunächst können Interessen an der Strafverfolgung in Konflikt mit dem Schutz der IT-Sicherheit geraten. Zuletzt wurde vermehrt die Konstellation diskutiert, dass Strafverfolgungs- und Sicherheitsbehörden sich Kenntnisse über IT-Sicherheitslücken verschaffen und diese gegenüber der Öffentlichkeit zurückhalten könnten, um Ermittlungsmaßnahmen durchzuführen.[15] Entsprechende Sicherheitslücken könnten ausgenutzt werden, um Quellen-Telekommunikationsüberwachungen (§ 100a Abs. 1 Satz 2 StPO) und „Online-Durchsuchungen" (§ 100b StPO) durchzuführen. Der damit verbundene Anreiz, Sicherheitslücken nicht zu melden und zu beheben, ist angesichts des verfassungsrechtlich gebotenen Schutzes der IT-Sicherheit problematisch. Eine IT-Sicherheitslücke kann ähnlich wie ein defektes Türschloss nicht nur von Strafverfolgungsbehörden, sondern genauso von Kriminellen ausgenutzt werden. Vor diesem Hintergrund hat das Bundesverfassungsgericht im Juni 2021 zurecht eine Verpflichtung des Gesetzgebers angenommen, den Umgang von Polizeibehörden mit Sicherheitslücken, die den Herstellern nicht bekannt sind, zu regeln.[16] Eine entsprechende Regelung ist bisher allerdings noch nicht erfolgt.

Auch Regelungen des materiellen Strafrechts stehen mitunter in einem schwierigen Verhältnis zum Schutz der IT-Sicherheit. So können beispielsweise das Ausfiltern (mutmaßlich) mit Schadsoftware infizierter E-Mails[17] oder die Weitergabe von IP-Adressen zum Zwecke des Austauschs über

---

[15] Vgl. *Blechschmitt* MMR 2018, 361, 365; *Derin/Golla* NJW 2019, 1111 ff.; *Heim* NJW-Spezial 2018, 120.

[16] BVerfG, Beschluss v. 8.6.2021 – 1 BvR 2771/18 Rn. 41 ff. Die konkrete Verfassungsbeschwerde wies das Gericht jedoch als unzulässig zurück, da die Beschwerdeführenden nicht hinreichend dargelegt hätten, dass die grundrechtliche Schutzpflicht verletzt sein könnte.

[17] Vgl. OLG Karlsruhe MMR 2005, 178.

Sicherheitsrisiken[18] den Straftatbestand der Verletzung des Fernmeldegeheimnisses (§ 206 StGB) erfüllen. Dies kann etwa die Arbeit von Computer Emergency Response Teams (CERTs) behindern, die eine wichtige Funktion für den Schutz der IT-Sicherheit in Behörden und Unternehmen erfüllen, indem sie Vorsorge zum Schutz der IT-Sicherheit treffen und bei Sicherheitsvorfällen schützend eingreifen.[19]

Ein besonderes Paradoxon ist zu beobachten, wenn Regelungen, die grundsätzlich zum Schutz von IT-Systemen und Daten dienen, gleichzeitig problematische Folgen für die IT-Sicherheit mit sich bringen. Dies ist bei den §§ 202a ff., §§ 303a f. StGB der Fall, sofern sie für die IT-Sicherheit nützliche Handlungen unter Strafe stellen. Dies gilt namentlich für die IT-Sicherheitsforschung. In diesem Bereich besteht grundsätzlich das Problem, dass die Handlungen von Forschenden sich unter Umständen objektiv wenig von Handlungen unterscheiden, die Hacker mit kriminellen Motiven vornehmen. Ob ein Zugriff auf ein IT-System aus einem legitimen Forschungsinteresse heraus erfolgt oder ob dadurch Straftaten vorbereitet werden sollen, ist von außen kaum zu erkennen.

Aus der objektiven Gleichartigkeit bestimmter Handlungen von Cyberkriminellen und IT-Sicherheitsforschern resultieren Strafbarkeitsrisiken, die Forschende davon abhalten können, Maßnahmen zu ergreifen, die im Sinne des Schutzes der IT-Sicherheit sind. Dass das Risiko einer Strafverfolgung von Forschenden oder ethischen Hackerinnen und Hackern durchaus real ist, zeigt der bereits erwähnte Fall von Lilith Wittmann. Auch in der kriminalistischen Betrachtung schlägt sich die Gleichartigkeit der Handlungen von Forschenden und potentiell feindseligen Hackern für die Forschenden ungünstig nieder. So ordnete etwa eine Studie des Bundeskriminalamts aus dem Jahr 2015 „Cyberforscher“ auf einer Stufe mit Terroristen und Cybervandalen als Bedrohung für die IT-Sicherheit ein.[20] Selbst unter Berücksichtigung der Motivlage der Akteure ist nicht stets eindeutig zu bestimmen, wer forschend auf IT-Systeme zugreift und wer hierbei kriminelle Absichten verfolgt. Neugier bzw. Wissbegier gelten auch als verbreitete Motive bei Hackern, die nicht der institutionalisierten IT-Sicherheitsforschung zuzuordnen sind.[21]

---

[18] *Ruhmann/Bernhardt* DuD 2017, 34, 35 f.; *Singelnstein/Zech,* in: Hornung/Schallbruch (Fn. 6), § 20 Rn. 25 ff.

[19] *Ruhmann/Bernhardt* DuD 2017, 34, 35 f.

[20] *Bundeskriminalamt,* Täter im Bereich Cybercrime, 2015, S. 37. Diese Einordnung wurde dabei aus dem jährlich vom niederländischen National Cyber Security Centre veröffentlichten Cyber Security Assessment Netherlands übernommen.

[21] *Bundeskriminalamt* (Fn. 20), S. 17 f.

Die Problematik einer möglichen Strafbarkeit von IT-Sicherheitsforschern wurde besonders nach der Einführung von § 202c StGB durch das 41. Strafrechtsänderungsgesetz im Jahr 2007[22] im Zusammenhang mit Herstellung und Vertrieb von „Dual Use-Tools" diskutiert. Hier zeigten sich Forschende besorgt, dass der Umgang mit derartigen Computerprogrammen, die sowohl für die Begehung von Straftaten als auch für sozial wünschenswerte Handlungen geeignet sind, von § 202c Abs. 1 Nr. 2 StGB umfasst sein könnte.[23] Das Bundesverfassungsgericht sah ein Risiko strafrechtlicher Verfolgung der Hersteller und Nutzer von Dual Use-Tools aufgrund fehlender Tatbestandsmäßigkeit und jedenfalls fehlenden Vorsatzes nicht gegeben und nahm eine Verfassungsbeschwerde gegen § 202c StGB wegen fehlender Beschwerdebefugnis nicht zur Entscheidung an.[24] Maßgeblich hierfür führte das Gericht an, dass § 202c Abs. 1 Nr. 2 StGB voraussetze, dass der Zweck eines Computerprogramms die Begehung von Straftaten nach §§ 202a, 202b StGB sein müsse, eine bloße Eignung hierfür aber nicht ausreichend sei. Ein Programm müsse mit der Absicht „entwickelt oder modifiziert worden sein, es zur Begehung der genannten Straftaten einzusetzen."[25] Diese Absicht müsse sich ferner objektiv manifestiert haben.[26]

Zwar hat das Bundesverfassungsgericht hiermit Unsicherheiten bei der Auslegung des Zweckbegriffs in § 202c StGB[27] beseitigt, allerdings treten mittlerweile Strafbarkeitsrisiken im Zusammenhang mit anderen Verhaltensweisen in den Vordergrund. Heute steht unter anderem die Erforschung und Schließung von Sicherheitslücken im Fokus der IT-Sicherheitsforschung. So zeigte beispielsweise der Fall WannaCry[28], dass das Ausnutzen derartiger Sicherheitslücken schwerwiegende Folgen haben kann. Daher ist es wünschenswert, wenn sie aufgespürt und geschlossen werden, bevor Kriminelle sie nutzen können.

---

[22] BGBl. I, S. 1786.

[23] Vgl. *Böhlke/Yilmaz* CR 2008, 261 ff.; *Gröseling/Höfinger* MMR 2007, 626, 628 f.; *Popp* GA 2008, 375, 388 f.; *Stuckenberg* wistra 2010, 41 f. m.w.N.

[24] BVerfG ZUM 2009, 745.

[25] BVerfG ZUM 2009, 745, 749.

[26] BVerfG ZUM 2009, 745, 749.

[27] Dazu ausführlich *Popp* GA 2008, 375, 379 ff.

[28] Im Mai 2017 verursachte das Schadprogramm WannaCry weltweit erhebliche Schäden. In Deutschland traf es unter anderem die Deutsche Bahn, in Großbritannien zahlreiche Gesundheitseinrichtungen; vgl. *Zeit Online* v. 15.5.2017, https://www.zeit.de/digital/internet/2017–05/wannacry-microsoft-nsa-hackerangriff-usa-regierung (zuletzt abgerufen am 31.10.2022).

2. *Aufdecken von Sicherheitslücken*

Das Aufspüren von Sicherheitslücken in IT-Systemen gehört zu den typischen Tätigkeiten von IT-Sicherheitsforschern. Hierfür ist regelmäßig ein Zugriff auf fremde Informationssysteme und Daten notwendig, die sich im praktischen Einsatz befinden. Die Suche nach Sicherheitslücken und Sicherheitstests kann nicht allein in „Laborumgebungen" durchgeführt werden. Die notwendigen Zugriffshandlungen[29] können jene Straftatbestände erfüllen, die dem Schutz des formellen Datengeheimnisses[30] bzw. der Unversehrtheit von Daten und IT-Systemen dienen (§§ 202a f., 303a f. StGB).[31] Hierbei kommt vor allem § 202a Abs. 1 StGB in Betracht, der das unbefugte Verschaffen des Zugangs zu Daten, die nicht für den Täter bestimmt und gegen unberechtigten Zugang gesichert sind, unter Strafe stellt. Für den Zugang reicht die Möglichkeit der Kenntnisnahme aus, so dass ein bloßer Systemzugriff bereits tatbestandlich ist.[32]

Anders als in § 202c Abs. 1 Nr. 2 StGB, der auf den Zweck eines Programmes abstellt, sind in § 202a Abs. 1 StGB keine objektiven Tatbestandsmerkmale enthalten, die nach einer Zweckrichtung der Handlungen differenzieren.[33] Auch die Voraussetzung der Überwindung einer Zugangssicherung ist im Fall von Tätigkeiten der IT-Sicherheitsforschung nicht geeignet, ein besonders strafwürdiges Unrecht zu umschreiben. Sie mag in vielen Fällen ein Indiz für die kriminelle Energie von Tä-

[29] Neben dem Zugriff auf IT-Systeme könnte auch die Weitergabe von hierbei erlangten Informationen über Sicherheitslücken durch Forschende als Datenhehlerei (§ 202d Abs. 1 StGB) oder Verletzung von Geschäftsgeheimnissen (§ 23 Abs. 1 Nr. 2 GeschGehG) strafbar sein. Hierfür wird es aber in der Regel an den notwendigen subjektiven Merkmalen fehlen. Wird ein solche Information zu Forschungszwecken weitergegeben, wird es an einer Bereicherungs- oder Schädigungsabsicht im Sinne von § 202d Abs. 1 StGB fehlen. Ein wissenschaftliches Interesse fällt auch nicht unter das Merkmal „aus Eigennutz" in § 23 Abs. 1 Nr. 2 GeschGehG; *Joecks/Miebach,* in: MüKo-StGB, 3. Aufl. 2019, § 23 GeschGehG Rn. 56.

[30] Zur Systematisierung des IT-Strafrechts nach formellem und inhaltsbezogenem Schutz *Singelnstein/Zech,* in: Hornung/Schallbruch (Fn. 6), § 20 Rn. 37 ff.

[31] Der Beitrag konzentriert sich dabei auf die Risiken des Kernstrafrechts. Daneben kann etwa die unerlaubte Dekompilierung von Softwareprogrammen § 106 UrhG erfüllen; vgl. zu den urheberrechtlichen Aspekten des „Reverse Engineering" *Wagner* DuD 2020, 111 f.

[32] Vgl. BT-Drs. 16/3656, S. 9; *Eisele,* in: Schönke/Schröder (Hrsg.), StGB, 30. Aufl. 2019, § 202a Rn. 18; *Kubiciel/Großmann* NJW 2019, 1050, 1052 f.; *Goeckenjan* wistra 2009, 47, 49; *Puschke,* in: Brunhöber (Hrsg.), Strafrecht im Präventionsstaat, 2014, S. 113.

[33] Kritisch hierzu *Kubiciel/Großmann* NJW 2019, 1050, 1053. Dieser Mangel wirkt sich auch auf § 202c Abs. 1 Nr. 2 StGB aus, der auf den Zweck der Begehung von Straftaten nach § 202a f. StGB verweist.

tern sein,[34] dies gilt aber nicht in der IT-Sicherheitsforschung. Sicherheits- bzw. Penetrationstests müssen gerade darauf zielen, Zugangssicherungen zu überwinden, um wirksam zu sein.

Damit hängt es in derartigen Fällen maßgeblich von Merkmal „unbefugt“ ab, ob IT-Sicherheitsforscher sich strafbar machen. Zu einem befugten und damit nicht-tatbestandsmäßigen[35] Handeln führt jedenfalls das Einverständnis derjenigen, die zum Zugriff berechtigt sind. Ein beauftragter Penetrationstest wäre damit nicht strafbar.[36] Problematisch ist hieran, dass die Verhältnisse der Berechtigung an IT-Systemen komplex sind. Diese Verhältnisse eindeutig zu klären und die notwendigen Einverständnisse einzuholen, gestaltet sich für die Forschenden aufwändig.[37] Dem lässt sich entgegenhalten, dass die Vermeidung eines hohen organisatorischen Aufwands noch kein Grund dafür ist, ohne Einverständnis auf fremde IT-Systeme zuzugreifen. Allerdings kann es in einem gewissen Umfang auch wünschenswert sein, dass IT-Sicherheitsforscher in natürlichen Umgebungen Sicherheitslücken aufspüren, ohne zuvor ein Einverständnis sämtlicher potentiell Berechtigter einzuholen. Für die Erforschung von IT-Sicherheitslücken ist ein tentatives Vorgehen charakteristisch, das sich selten auf die zuvor gesteckten Grenzen eines einzelnen Systems beschränken lässt.

Unter diesem Gesichtspunkt könnte IT-Sicherheitsforschung, die sich für das Aufdecken von Sicherheitslücken als notwendig erweist und selbstauferlegten, anerkannten ethischen Standards genügt, unter Umständen als sozialadäquat und damit als nicht „unbefugt“ betrachtet werden.[38] Es erscheint allerdings schwer zu bestimmen, welche Formen des Systemzugriffs durch IT-Sicherheitsforscher als von der Allgemeinheit gebilligt und damit im Rahmen der sozialen Handlungsfreiheit liegend[39]

---

[34] Vgl. BT-Drs. 16/3656, S. 10.

[35] Dafür, das Merkmal „unbefugt“ im objektiven Tatbestand zu verorten, spricht eine funktional-wertende Betrachtung. Der Eingriff in ein informationstechnisches System erhält erst dadurch seinen spezifischen Unrechtsgehalt, dass er gegen oder ohne den Willen des Betroffenen erfolgt; so im Ergebnis auch *Brodowski* ZIS 2019, 49, 55; *Popp* NJW 2004, 3517, 3518; *Graf*, in: MüKo-StGB, 4. Aufl. 2021, § 202a Rn. 65; anders *Kargl*, in: NK-StGB, 5. Aufl. 2017, § 202a Rn. 16.

[36] BT-Drs. 16/3656, S. 10; *Singelnstein/Zech*, in: Hornung/Schallbruch (Fn. 6), § 20 Rn. 42.

[37] Siehe hierzu *Brodowski* (in diesem Band) S. 37, 40 ff.

[38] In diese Richtung auch *Kubiciel/Großmann* NJW 2019, 1050, 1053. In derartigen Fällen wäre das Tatbestandsmerkmal „unbefugt“ unter dem Gesichtspunkt der Sozialadäquanz einschränkend auszulegen.

[39] Vgl. zu diesen Kriterien der Sozialadäquanz BGHSt 23, 226, 228; *Zipf* ZStW 82 (1970), 633 ff.

anzusehen sind.[40] Dies führt zu der Frage, welche Rolle private und an öffentlichen Einrichtungen angestellte IT-Sicherheitsforscher für die Gewährleistung der IT-Sicherheit insgesamt übernehmen sollen. Zwar ist anerkannt, dass Forschenden bei der Aufdeckung von Sicherheitslücken und damit der Gewährleistung der IT-Sicherheit eine wichtige Rolle zukommt.[41] Dennoch erscheint es schwierig zu argumentieren, IT-Sicherheitsforscher müssten deshalb das Recht haben, sich Zugang zu fremden IT-Systemen zu verschaffen. Dies könnte dazu führen, dass Forschungsinteressen als Vorwand missbraucht werden, um Daten zweckentfremdet zu verarbeiten.

Schließlich bieten strafrechtliche Rechtfertigungs- und Entschuldigungsgründe IT-Sicherheitsforschern kaum Möglichkeiten, für die IT-Sicherheit wünschenswerte Handlungen durchzuführen.[42] Als gerechtfertigte Notwehr (§ 32 StGB) erschiene zwar eine „digitale Trutzwehr" gegen Cyberangriffe möglich, die aktuell von einem Zielsystem ausgehen.[43] Maßnahmen zur Vorbereitung auf die Abwehr später auftretender Gefahren sind hiervon aber nicht gedeckt. Ein rechtfertigender Notstand (§ 34 StGB) käme allenfalls dann in Betracht, wenn es IT-Sicherheitsforschern durch einen an sich unerlaubten Zugriff gelänge, eine Sicherheitslücke zu schließen und dadurch konkrete Gefährdungen – die das System selbst beträfen oder aus dessen Kompromittierung folgten – abzuwenden.[44]

III. Neukalibrierung des IT-Strafrechts

Die beschriebenen Dissonanzen geben Anlass, über eine Neuausrichtung des IT-Strafrechts nachzudenken. Die Strafbarkeitsrisiken, denen IT-Sicherheitsforscher bei gesellschaftlich wünschenswerten Tätigkeiten ausgesetzt sind, erscheinen nicht nur als Einzelprobleme, sondern als typische Symptome eines IT-Strafrechts, das bei einem sehr weiten Anwendungsbereich geringe Durchsetzungschancen aufweist, aber in verschiedenen

---

[40] Ähnlich *Wagner* PinG 2020, 66, 69.

[41] Vgl. etwa *Europäische Kommission*, Gemeinsame Mitteilung an das Europäische Parlament und den Rat, Abwehrfähigkeit, Abschreckung und Abwehr: die Cybersicherheit in der EU wirksam erhöhen, JOIN (2017) 450 final, S. 7.

[42] Siehe hierzu *Bao/Zech* (in diesem Band) S. 131, 144 ff.

[43] Über eine gesetzliche Regelung derartiger Cyber-Gegenangriffe durch staatliche Stellen wird derzeit diskutiert; vgl. BT-Drs. 19/5472; *Kipker* Hackback in Deutschland: Wer, was, wie und warum?, online abrufbar unter https://verfassungsblog.de/hack-back-in-deutschland-wer-was-wie-und-warum/ (zuletzt abgerufen am 31.10.2022).

[44] Vgl. zu den Voraussetzungen im Einzelnen *Wagner* PinG 2020, 66, 74 f.

Bereichen Kollateralschäden verursacht. Da das IT-Strafrecht sich als eine Materie des modernen Risikostrafrechts erweist, die zu einer symbolischen Expansion mit Nebenwirkungen neigt (1.), sollte sich die Regelung stärker auf ihren fragmentarischen Charakter besinnen (2.). Schließlich sind kleinere Anpassungen für den Bereich der IT-Sicherheitsforschung bedenkenswert (3.).

1. IT-Strafrecht als Risikostrafrecht

Das IT-Strafrecht ist eine Erscheinung des Risikostrafrechts.[45] Es bezieht sich auf moderne technologisch bedingte Risiken, die mit herkömmlichen Sicherheits- und Kontrollinstrumenten nur schwer zu bewältigen sind.[46] Aufgrund dessen erweist sich die Materie des IT-Strafrechts in besonderem Maße anfällig für eine expansive Regelung bei Vorverlagerung des strafrechtlichen Schutzes und Erlass symbolischer Vorschriften.[47] Diese Charakteristika werden im Folgenden näher betrachtet und zum Ausgangspunkt einer möglichen Neukalibrierung der Materie gemacht.

a) Expansion und Vorverlagerung

Die expansive Tendenz des IT-Strafrechts hin zu einer zunehmenden Kriminalisierung zeigte sich in den letzten Jahren etwa in der überflüssigen[48] Regelung der Datenhehlerei (§ 202d StGB)[49] sowie den Vorhaben zur

---

[45] Dieser Begriff beruht auf dem Konzept der Risikogesellschaft, das der Soziologe *Ulrich Beck* unter anderem in seinem Werk „Risikogesellschaft" (1986) prägte. Das Strafrecht hat den Begriff der Risikogesellschaft aufgegriffen, um Entwicklungen des Strafrechts hinsichtlich Erscheinungen der Risikogesellschaft kritisch zu untersuchen; vgl. *Prittwitz,* in: Neumann/Prittwitz (Hrsg.), Kritik und Rechtfertigung des Strafrechts, 2005, S. 131, 134 f.

[46] *Singelnstein/Zech,* in: Hornung/Schallbruch (Fn. 6), § 20 Rn. 35.

[47] Vgl. zu diesen Charakteristika des Risikostrafrechts *Prittwitz,* in: Neumann/Prittwitz (Fn. 45), S. 131, 135 f.

[48] Als überflüssig erweist sich die Regelung, weil sie nach ihrer Begründung die formelle Verfügungsbefugnis an Daten schützen soll (BT-Drs. 18/5088, S. 3, 26 f., 45 ff.). Dieses Ziel kann § 202d StGB aber gar nicht erreichen, weil die formelle Verfügungsbefugnis an Daten durch deren Kopieren stets neu entsteht; dies ist auch dann der Fall, wenn das Kopieren rechtswidrig erfolgt. Wer Daten „stiehlt", erstellt damit zwangsläufig eine Kopie dieser, wodurch ein neuer Datensatz entsteht, der der Berechtigung des „Datendiebs" unterfällt. Nach dem Konzept der §§ 202a f., 303a f. StGB ist nämlich derjenige zur Verfügung über Daten befugt, der diese gespeichert hat („Skribent").

[49] Vgl. zur Kritik nur *Golla/v. zur Mühlen* JZ 2014, 668 ff.; *Singelnstein* ZIS 2016, 432 ff.; *Stuckenberg* ZIS 2016, 526 ff. Eine Verfassungsbeschwerde gegen § 202d StGB nahm das Bundesverfassungsgericht nicht zur Entscheidung an; BVerfG MMR 2022, 657 ff.

Einführung neuer Straftatbestände des Zugänglichmachens von Leistungen zur Begehung von Straftaten[50] und der unbefugten Nutzung informationstechnischer Systeme[51]. Eine Expansion des IT-Strafrechts findet allerdings nicht nur durch seine gesetzliche Erweiterung statt, sondern auch durch die Verbreitung und Weiterentwicklung von Informationstechnologien. Der Anwendungsbereich der einschlägigen Vorschriften ist seit ihrer Einführung faktisch erheblich gewachsen.[52] Zielten §§ 202a, 303a, 303b StGB bei ihrer Einführung durch das zweite Gesetz zur Bekämpfung der Wirtschaftskriminalität 1986 noch auf den Schutz von Großrechenanlagen in Wirtschaftsunternehmen, die nur von spezialisierten Fachkräften genutzt wurden,[53] erfassen die Regelungen heute Millionen von informationstechnischen Systemen, die Privatleute im Alltag ständig mit sich führen.

Auch eine Tendenz zur Vorverlagerung ist im IT-Strafrecht zu erkennen. Hierfür ist charakteristisch, dass die Grenzen der Vorwerfbarkeit sinken und zunehmend abstrakte Gefährdungsdelikte geschaffen werden.[54] Dies zeigt sich insgesamt an den bestehenden Delikten zum Schutz der Vertraulichkeit, Unversehrtheit und Verfügbarkeit von Computerdaten und -systemen. Sie stellen kaum auf konkrete Verletzungserfolge ab, sondern entfalten vornehmlich einen formellen Schutz der Integrität und Geheimhaltung von Daten. Sie sollen bereits im Vorfeld verhindern, dass in der Folge andere Rechtsgüter beschädigt werden und verfolgen dabei einen äußerst weiten Ansatz.[55] Besonders deutlich zeigt sich der Vorfeldcharakter an § 202c Abs. 1 StGB. Diese Regelung bedroht Vorbereitungshandlungen zu Delikten nach §§ 202a, 202b StGB mit Strafe, die wiederum „nur" das formelle Datengeheimnis schützen. Dadurch liegt hier eine Strafbarkeit im Vorfeld eines Verhaltens vor, das seinerseits nur abs-

---

[50] Siehe zu diesem Vorhaben *Gerhold* ZRP 2021, 44 ff.; *Greco* ZIS 2019, 435 ff.; *Zöller* KriPoZ 2019, 274 ff.

[51] Siehe zu diesem Vorhaben *Buermeyer/Golla* K&R 2017, 14 ff.; *Mavany* ZRP 2016, 221 ff.; *Tassi* DuD 2017, 175 ff.

[52] Hierbei handelt es sich um ein allgemeines Phänomen von rechtlichen Regelungen, die sich auf Informationstechnologien beziehen. So ist durch technische Entwicklungen beispielsweise auch eine faktische Ausweitung von Überwachungsbefugnissen zu beobachten, ohne dass deren Wortlaut sich verändert; vgl. *Fährmann/Aden/Bosch* KrimJ 2020, 135, 143 f.

[53] Vgl. *Kühne,* Die Entwicklung des Internetstrafrechts unter besonderer Berücksichtigung der §§ 202a–202c StGB sowie § 303a und § 303b StGB, 2018, S. 29 ff.

[54] *Hassemer* ZRP 1992, 378, 380; *Hesel,* Untersuchungen zur Dogmatik und den Erscheinungsformen „modernen" Strafrechts, 2004, S. 334.

[55] *Puschke,* in: Brunhöber (Fn. 32), S. 109 f.

trakt gefährlich ist,[56] da das Eindringen in IT-Systeme und das Ausspähen von Daten oftmals letztlich dazu dienen soll, weitere Straftaten wie etwa nach § 263a StGB (Computerbetrug) zu begehen.

b) Symbolik und Nebenwirkungen

Eine Tendenz zur Symbolik des IT-Strafrechts zeigt sich schließlich darin, dass strafrechtliche Regelungen mit einem legitimen Schutzziel geschaffen werden, das sie jedoch praktisch nicht oder nur kaum erreichen können.[57] So ist der Schutz der Integrität und Vertraulichkeit informationstechnischer Systeme ein berechtigtes strafrechtliches Anliegen. Allerdings sind in kaum einem Bereich die Erfolgsaussichten der Strafverfolgung praktisch so gering einzuschätzen wie bei der IT-Sicherheit. Gefährdungen der IT-Sicherheit bewegen sich beinahe stets in internationalen Dimensionen und Tätern stehen technische Mittel zur Verschleierung ihrer Identität sowie der Herkunft des Angriffs zur Verfügung.[58]

Die geringen Erfolgsaussichten bei der Durchsetzung drücken sich in der Strafverfolgungsstatistik aus. Diese weist für das Jahr 2020 insgesamt 34 Verurteilungen (2019: 27 Verurteilungen) nach § 202a StGB, eine Verurteilung (2019: drei Verurteilungen) nach § 202b StGB, zwei Verurteilungen (2019: eine Verurteilung) nach § 202c StGB und drei Verurteilungen (2019: keine Verurteilung) nach § 202d StGB aus.[59] § 303a kommt auf 21 Verurteilungen (2019: zehn Verurteilungen) und § 303b StGB kommt auf sieben Verurteilungen (2019: zehn Verurteilungen) im Jahr 2020.[60] Auch die Zahlen der Polizeilichen Kriminalstatistik sprechen nicht für eine herausragende Bedeutung dieses Kriminalitätsbereiches, wobei sie hierfür aufgrund der geltenden Erfassungskriterien auch nur von begrenzter Aussagekraft sind.[61] Die PKS erfasste für das Jahr 2021 14.918 Fälle (2020: 10.763, 2019:

---

[56] Vgl. zu § 202a StGB als abstraktes Gefährdungsdelikt *Puschke,* in: Brunhöber (Fn. 32), S. 113; die Regelung wird jedoch wegen des Erfordernisses der Überwindung einer Zugangssicherung auch als Verletzungsdelikt eingeordnet; *Graf*, in: MüKo-StGB, 4. Aufl. 2021, § 202a Rn. 3.

[57] Vgl. *Hassemer*, Strafrecht. Sein Selbstverständnis, seine Welt, 2008, S. 96; *Prittwitz*, in: Neumann/Prittwitz (Fn. 44), S. 131, 137.

[58] *Singelnstein/Zech,* in: Hornung/Schallbruch (Fn. 6), § 20 Rn. 34.

[59] *Statistisches Bundesamt*, Fachserie 10 Reihe 3, 2020, S. 176; *Statistisches Bundesamt*, Fachserie 10 Reihe 3, 2019, S. 162.

[60] *Statistisches Bundesamt* (Fn. 59), 2020, S. 184; *Statistisches Bundesamt* (Fn. 59), 2019, S. 170.

[61] Die Polizeiliche Kriminalstatistik erfasst seit dem Jahr 2014 Straftaten gegen die IT-Sicherheit (§§ 202a ff.; 303a f. StGB) nur noch, wenn konkrete Anhaltspunkte für eine Tathandlung innerhalb Deutschlands vorliegen; vgl. *Landeskriminalamt NRW,* Cy-

9.926) von Straftaten nach §§ 202a–202d StGB bei einer Aufklärungsquote von 18,5% (2020: 24,5%, 2019: 23,4%), wovon allein 13.251 Fälle (2020: 9.970, 2019: 9.040) auf § 202a StGB entfielen.[62] Auf §§ 303a, 303b StGB entfielen 5.053 Fälle (2020: 3.770, 2019: 3.183) bei einer Aufklärungsquote von 19,1% (2020: 23,6%, 2019: 25,5%).[63]

Ein öffentlichkeitswirksames Bekenntnis des Strafrechts zum Schutz der IT-Sicherheit kann zwar auch zu begrüßen sein, wenn die damit verbundenen Regelungen geringe Durchsetzungschancen haben.[64] Dieses positive Bekenntnis ist jedoch wenig wert, wenn die gleichen Regelungen eine Abschreckungswirkung auf sozial wünschenswerte Handlungen entfalten. Dies droht im IT-Strafrecht in mehrerlei Hinsicht. Weite Straftatbestände wie § 202a Abs. 1 StGB, die nicht nach der Zielrichtung von Handlungen differenzieren, können nicht nur Forschende auf dem Gebiet der IT-Sicherheit davon abhalten, sicherheitsrelevante Vorhaben durchzuführen oder Sicherheitslücken offenzulegen. Auch die Presse- und Meinungsfreiheit können beeinträchtigt werden, wenn der Umgang mit Daten kriminalisiert wird. So könnte etwa eine mögliche Strafbarkeit wegen Datenhehlerei Hilfspersonen der Presse und Whistleblower[65] davon abhalten, mit Daten umzugehen, die aus Taten nach § 202a StGB oder anderen Delikten stammen.[66] Das Bundesverfassungsgericht betrachtete eine Strafbarkeit von Journalisten und ihren Hilfspersonen nach § 202d StGB bei der Ausübung ihrer Tätigkeiten in seiner Entscheidung über den Straftatbestand der Datenhehlerei vom März 2022 als fernliegend.[67] Dies begründete es mit dem Tatbestandsausschluss in § 202d Abs. 3 StGB und den subjektiven Anfor-

---

bercrime Lagebericht 2014, S. 3. Diese Beschränkung sorgt gleichzeitig für eine künstlich erhöhte Aufklärungsquote, da Täter im Ausland in der Regel schwerer fassbar sind als im Inland, und verzerrt das Bild des Phänomenbereichs, der stark von Handlungen aus dem Ausland geprägt ist. Auch auf diese findet deutsches Strafrecht Anwendung, wenn der Erfolg der Delikte in Deutschland eintritt.

[62] *Bundeskriminalamt*, PKS 2019, 2020, 2021, Tabelle 01 Schlüssel 678000 und 678010.

[63] *Bundeskriminalamt*, PKS 2019, 2020, 2021, Tabelle 01 Schlüssel 674200.

[64] Vgl. zu der kommunikativen Funktion des Strafrechts *Roxin/Greco*, Strafrecht AT I, 5. Aufl. 2020, § 2 Rn. 38.

[65] Zwar war der Gesetzgeber bemüht, Pressetätigkeiten insbesondere durch die Klarstellung im Tatbestandsausschluss des § 202d Abs. 3 S. 2 Nr. 2 StGB von der Strafbarkeit auszunehmen. Dieser Ausschluss erweist sich jedoch als unvollständig, da er nur solche Tätigkeiten „in Vorbereitung einer konkreten Veröffentlichung" (BT-Drs. 18/5088, S. 48) erfassen soll und Personen nicht erfasst, die zwar einer beruflichen Tätigkeit nachgehen, diese aber nur im Einzelfall und ohne Wiederholungsabsicht in den Dienst der Presse stellen, z.B. IT-Experten.

[66] BVerfGE 66, 116, 137 f.

[67] BVerfG MMR 2022, 657 (658 f.).

derungen der Vorschrift.[68] Damit sind zwar nicht jegliche Bedenken gegen den Tatbestand der Datenhehlerei und seine möglichen Einschüchterungswirkungen ausgeräumt, jedenfalls aber hat die Entscheidung ein Stück Rechtsunsicherheit für die Presse und ihre Hilfspersonen beseitigt.

2. *Fragmentarisches IT-Strafrecht und umfassendes Ordnungsrecht*

Die geschilderten Erwägungen sprechen dafür, dass sich das Strafrecht beim Schutz der IT-Sicherheit verstärkt auf seine „ultima ratio"-Funktion besinnen sollte. Hinzu kommt, dass sich die Rolle des Strafrechts im Kontext der Regelungen zum Schutz der IT-Sicherheit in den letzten Jahren verschoben hat. Während die §§ 202a ff., 303a f. StGB zunächst eine Vorreiterrolle beim rechtlichen Schutz der IT-Sicherheit einnahmen, sind sie nunmehr zunehmend im Kontext eines spezialisierten Ordnungsrechts zu betrachten.[69] Besonders seit Verabschiedung der IT-Sicherheitsgesetze von 2015 und 2021 hat sich das verwaltungsrechtliche Instrumentarium zum Schutz der IT-Sicherheit erweitert. Das Strafrecht ist hingegen kein geeignetes Instrument, um den bestehenden und künftigen Risiken für die Informationssicherheit erschöpfend zu begegnen. In den bestehenden Regelungen des IT-Strafrechts lässt sich ein interventionistischer Ansatz erkennen, der darauf zielt, frühzeitig Geschehensabläufe zu unterbrechen, die zu Rechtsgutsverletzungen führen können.[70] Abgesehen von den allgemeinen Bedenken, die gegen einen solchen strafrechtlichen Ansatz bestehen, ist er im IT-Sicherheitsrecht nicht mehr notwendig. Das IT-Sicherheitsrecht ist nicht länger ein gesetzgeberisch unergründetes Territorium, auf dem das Strafrecht als „Vorkämpfer" ihm eigentlich nicht zugedachte Funktionen übernehmen muss, weil es an einem ordnungsrechtlichen Instrumentarium fehlt.

Die Tatbestände zum Schutz der IT-Sicherheit sollten daher im Sinne des fragmentarischen Charakters des Strafrechts aussagekräftigere eigenständige Unrechtsbeschreibungen erhalten und sich auf konkrete Gefährdungen und Folgen konzentrieren, die durch Beeinträchtigungen der IT-Sicherheit entstehen. Dies würde dem Charakter der IT-Sicherheit als Querschnittsbedingung für den Schutz anderer Güter gerecht. Dass der Angriff auf die IT-Systeme einer kritischen Infrastruktur Menschenleben gefährden kann, zeigt etwa folgender Fall: In der Nacht vom 11. auf den

---

[68] BVerfG MMR 2022, 657 (659).

[69] Vgl. zum IT-Sicherheitsrecht als Ordnungsrecht der Informationsgesellschaft *Wischmeyer* Die Verwaltung 50 (2017), 155, 175 ff.

[70] *Puschke*, in: Brunhöber (Fn. 32), S. 117 ff.

12. September 2020 verstarb eine Patientin eines Wuppertaler Krankenhauses nach erfolgloser Behandlung. Sie hätte eigentlich in der Uniklinik Düsseldorf sein und dort bereits eine Stunde früher behandelt werden sollen. Die Uniklinik war jedoch zu diesem Zeitpunkt aufgrund eines Ausfalls ihrer IT-Systeme von der Notfallversorgung abgemeldet. Hacker hatten eine Sicherheitslücke in der IT des Klinikums ausgenutzt, um 30 Server zu verschlüsseln und ein Lösegeld für deren Freigabe zu erpressen.[71] Möglicherweise hätte die Patientin bei einer schnelleren Behandlung gerettet werden können. Die Staatsanwaltschaft ermittelte gegen die unbekannten Hacker zunächst auch wegen fahrlässiger Tötung (§ 222 StGB).[72]

Dies veranschaulicht eine Schieflage im Strafrecht. Für die fahrlässige Tötung eines Menschen (§ 222 StGB) durch einen derartigen Angriff ist derzeit der gleiche Strafrahmen (Freiheitsstrafe bis zu fünf Jahren oder Geldstrafe) vorgesehen wie für einen qualifizierten Akt der Computersabotage, durch den eine Datenverarbeitung von wesentlicher Bedeutung gestört wird (§ 303b Abs. 2 StGB). Dieser Strafrahmen fällt im Vergleich zu den Strafandrohungen gemeingefährlicher Delikte, durch die der Tod eines Menschen verursacht wird,[73] gering aus. Auch in den besonders schweren Fällen der Computersabotage (§ 303b Abs. 4 StGB) ist sein spezifischer Unrechtsgehalt nicht erfasst. Es erschiene sachgerecht, IT-Beeinträchtigungen, die zu konkreten Gefährdungen einer Vielzahl von Personen oder sogar zum Tod von Menschen führen, als qualifizierte gemeingefährliche Formen der Computersabotage mit Verbrechenscharakter zu bestrafen. Derartige Fälle könnten sich in Zukunft mehren. Gerade während der Corona-Pandemie stellte sich auch heraus, dass Cyberkriminelle mit Vorliebe IT-Sicherheitsangriffe auf kritische Infrastrukturen (etwa im Gesundheitswesen) verüben, um Lösegelder zu erpressen, da sie hier hohe Erfolgsaussichten sehen, hohe Summen zu erhalten.[74]

---

71 Offenbar war das eigentliche Ziel der Hacker allerdings nicht das Uniklinikum, sondern die Heinrich-Heine-Universität Düsseldorf; vgl. zu dem ganzen Fall *heise online* v. 17.9.2020, online abrufbar unter https://heise.de/-4904134 (zuletzt abgerufen am 31.10.2022).

72 Mittlerweile hat sie die Ermittlungen insoweit eingestellt, da es wahrscheinlich gewesen sei, dass die Patientin auch bei einer Behandlung in Düsseldorf verstorben wäre; *WDR* v. 13.11.2020, online abrufbar unter https://www1.wdr.de/nachrichten/rheinland/duesseldorf-uniklinik-hackerangriff-ermittlungen-fahrlaessige-toetung-100.html (zuletzt abgerufen am 31.10.2022).

73 Vgl. etwa §§ 306c, 307 Abs. 3, 308 Abs. 3, 309 Abs. 4, 312 Abs. 4, 315d Abs. 5, 318 Abs. 4 StGB.

74 *Bundeskriminalamt*, Sonderauswertung Cybercrime in Zeiten der Corona-Pandemie, 2020, S. 18.

Weitere Ansatzpunkte für eine Konkretisierung des IT-Strafrechts bietet § 202c Abs. 1 StGB. Insbesondere zur Bekämpfung der organisierten Cyberkriminalität könnte die Einführung eines Qualifikationstatbestandes für die gewerbsmäßige oder bandenmäßige Begehung erwogen werden.[75] Der Grad der Professionalisierung und Organisation von Cyberkriminalität nimmt seit Jahren zu.[76] Hier dürfte der größte Bedarf zur Pönalisierung von Vorbereitungshandlungen bestehen. Daneben könnte der Grundtatbestand von § 202c Abs. 1 StGB auch unter Berücksichtigung der hierzu vorliegenden Rechtsprechung des Bundeverfassungsgerichts spezifischer und enger gefasst werden.[77] Auf diese Weise würde deutlich werden, dass die Verschärfung des IT-Strafrechts sich nicht gegen alltägliche Bagatellhandlungen richtet.

Schließlich könnte es sich perspektivisch lohnen, den Einsatz von Methoden Künstlicher Intelligenz durch Cyberkriminelle in den Fokus des IT-Strafrechts zu rücken. Diese neuen technischen Hilfsmittel können auch Einzeltäter in die Lage versetzen, individuell zugeschnittene Angriffe auf eine Vielzahl von Opfern durchzuführen – so etwa beim „Spear Phishing“[78]. Lernfähige Systeme können den Tätern helfen, lukrative Angriffsziele zu identifizieren. Social Bots können die Kommunikation mit den Opfern übernehmen, so dass der Täter sich nur noch auf Feinheiten der Tatbegehung konzentrieren muss. Die dadurch entstehenden gesteigerten Gefahren könnten es legitimieren, für den Einsatz von bestimmten technischen Hilfsmitteln wie KI-Methoden besonders schwere Fälle der Strafbarkeit oder Qualifikationen vorzusehen – so etwa bei § 202a StGB. Dies erscheint jedenfalls dann plausibel, wenn er auf eine besondere kriminelle Energie schließen lässt oder eine massenhafte Begehung von Straftaten ermöglicht, die einem Einzeltäter sonst nicht möglich wäre. In derartigen Fällen dürfte der Einsatz von KI sich allerdings auch als unbenannter besonders schwerer Fall oder Fall gewerbsmäßigen Handelns einordnen lassen (etwa im Zusammenhang mit § 303b Abs. 4 StGB). Eine Ausweitung des Grundtatbestandes von § 202a StGB erscheint hingegen nicht angebracht.

---

[75] Vgl. *Golla/v. zur Mühlen* JZ 2014, 668, 674.

[76] Vgl. *Bundeskriminalamt*, Bundeslagebild Cybercrime 2019, S. 53.

[77] Eine engere und spezifische Fassung der hier einschlägigen Vorgaben aus Art. 6 Abs. 1 Cybercrime Convention findet sich etwa in § 126c Abs. 1 öStGB.

[78] Hierbei handelt es sich um eine auf ein konkretes Opfer bezogene, hoch individualisierte Form des „Phishing“-Angriffs.

3. Recht der IT-Sicherheitsforschung

Die unsichere Rechtslage der IT-Sicherheitsforschung beim Aufspüren von Sicherheitslücken ließe sich durch punktuelle Ergänzungen der strafrechtlichen Regelungen verbessern. Dies wird bereits rechtspolitisch gefordert.[79] Konkret ließe sich im IT-Strafrecht ähnlich wie in §§ 86 Abs. 3, 91 Abs. 2 Nr. 1 und 201a Abs. 4 StGB ein Tatbestandsausschluss für Handlungen einführen, die zur Wahrnehmung überwiegender Forschungsinteressen durchgeführt werden. Hierbei wäre sichergestellt, dass nicht jede Form der „wissenschaftlichen Neugier" vom Tatbestand ausgeschlossen wäre, sondern nur Handlungen, an denen ein konkretes Interesse belegt ist.

Denkbar wäre auch eine besondere Regelung zum „Rücktritt vom vollendeten Delikt" bzw. der tätigen Reue bei § 202a StGB ähnlich der Regelung in § 149 Abs. 2 StGB, auf die auch § 202c StGB verweist. Zwar ist § 202a StGB anders als § 149 StGB nicht ausdrücklich als Vorbereitungsdelikt benannt, jedoch dient die Verschaffung des Zugangs zu Daten regelmäßig der Vorbereitung anderer Taten. Ähnlich § 149 Abs. 2 StGB könnte bei § 202a StGB die Strafbarkeit dann entfallen, wenn ein Täter, der sich Zugang zu Daten verschafft hat, diesen Zugang wieder verschließt, ohne auf Daten zugegriffen zu haben und dafür sorgt, dass die von ihm ausgenutzte Sicherheitslücke geschlossen wird, so dass andere sie nicht ausnutzen können. Dies würde einerseits dazu führen, dass IT-Sicherheitsforscher sich in vielen Situationen zunächst in die Strafbarkeit begeben müssten, um dieser unter strengen Anforderungen wieder zu entkommen. Andererseits erscheinen jedenfalls ernsthafte Bemühungen (vgl. § 149 Abs. 3 StGB) um die Schließung einer Sicherheitslücke nach deren Entdeckung auch zumutbar. Für diese Bemühungen könnten in der IT-Sicherheitsforschung Standards etabliert werden.

Auch der internationale Umgang mit der Thematik ist zu berücksichtigen, um Lösungen für das deutsche Strafrecht zu entwickeln. Das Justizministerium der Vereinigten Staaten von Amerika beispielsweise hat in seinen Leitlinien für die Justizbehörden, dem Justice Manual, festgelegt, dass von einer Strafverfolgung von IT-Sicherheitsforschern, die im Sinne des Allgemeinwohls handeln („good-faith security research"), nach dem dortigen Computer Fraud and Abuse Act (18 U.S. Code § 1030)[80] abgesehen

---

[79] BT-Drs. 19/7698, S. 3.

[80] § 1030 (a) (2) stellt in bestimmten Fällen das Erheben von Informationen durch unbefugten Zugriff („without authorization") auf Computer oder unter Überschreitung der eingeräumten Zugangsberechtigung („exceeds authorized access") unter Strafe. Die Regelung ist in ihren Grundzügen daher mit § 202a StGB vergleichbar.

werden soll.[81] Wann eine nicht zu verfolgende „good-faith security research" vorliegt, ist in den Leitlinien näher beschrieben und könnte als Vorbild für eine Regelung zum Tatbestandsausschluss oder auf Rechtfertigungsebene dienen.

IV. Fazit

Der Schutz der IT-Sicherheit ist eine Aufgabe von großem gesamtgesellschaftlichem Interesse, zu der auch das Strafrecht einen Beitrag leisten sollte. Strafrechtliche Regelungen geraten jedoch vermehrt in Konflikt mit Interessen am Schutz der IT-Sicherheit und sind vor allem hinsichtlich ihres Potentials, abschreckend auf wichtige Forschung in diesem Bereich zu wirken, kritisch zu betrachten. Die Situation der IT-Sicherheitsforschung wirft auch ein Schlaglicht auf die Inkohärenzen des IT-Strafrechts insgesamt. Anstatt das Strafrecht an dieser Stelle mit einem interventionistischen Ansatz und einer Präventionslogik zu überladen, sollte es sich neben einem wachsenden Ordnungsrecht zum Schutz der IT-Sicherheit auf seine „ultima ratio"-Funktion besinnen. Strafrechtliche Reformen in diesem Bereich sollten nicht an die übrige Gesetzgebung zum IT-Sicherheitsrecht gekoppelt werden, sondern sich auf konkrete Risiken beziehen und gleichzeitig ein kohärentes Gesamtsystem des IT-Strafrechts im Auge behalten. Aktuell stellt sich die Frage, ob die §§ 202a ff., 303a f. StGB mögliche schwere Folgen von IT-Angriffen und Risiken durch den Einsatz von Methoden Künstlicher Intelligenz durch Täter ausreichend abdecken. Hier könnte eine punktuelle Ergänzung auf der Ebene von Qualifikationen und besonders schweren Fällen angebracht sein. Eine Ausweitung der Grundtatbestände erscheint hingegen nicht angezeigt; diese sollten in dem von der Cybercrime Convention belassenen Spielraum eher spezifischer und enger gefasst werden. Schließlich sollten durch eine nähere Regelung nicht-strafbarer Verhaltensweisen nach Möglichkeit Risiken ausgeschlossen werden, dass durch ein weites IT-Strafrecht wünschenswerte Handlungen zum Schutz der IT-Sicherheit – wie auf dem Feld der Sicherheitsforschung – unterlassen werden.

[81] The United States Department of Justice, Justice Manual, 9–48.000 – Computer Fraud and Abuse Act.

Zum Umgang mit Erkenntnissen der IT-Sicherheitsforschung

Felix Freiling

Angriffe auf IT-Systeme sind in der IT-Sicherheitsforschung eine wichtige Quelle wissenschaftlicher Erkenntnis. Als langjähriger IT-Sicherheitsforscher berichtet der Autor über die in der Informatik dabei wahrgenommenen Berührungspunkte zum Strafrecht und von damit zusammenhängenden eigenen Erfahrungen externer Einflussnahmen auf die eigene Arbeit.

I. Einführung

Die Bedeutung funktionstüchtiger und sicherer informationstechnischer Systeme für die Gesellschaft hat im Rahmen der Digitalisierung stark zugenommen. Zugenommen hat aber auch die Komplexität dieser Systeme, insbesondere durch die weltweite Vernetzung. Die etablierten Methoden zur Konstruktion, Wartung und Weiterentwicklung der Systeme halten kaum Schritt mit den wachsenden Anforderungen an Sicherheit und Verlässlichkeit. Auch die wissenschaftliche Forschung im Bereich der Konstruktion sicherer Systeme im Sinne eines *security-by-design* oder *privacy-by-design* hat trotz enormer Fortschritte im Bereich der Verifikation und der modellbasierten Softwareentwicklung keine Patentlösungen parat. Es entsteht also eine immer größere Menge an Systemen, die kritische Schwachstellen aufweisen. Solche Schwachstellen können durch Angreifer ausgenutzt werden, um Sicherheitsmechanismen zu überwinden, Daten auszuspähen oder Schadsoftware zu verbreiten.

Um dieser Entwicklung entgegenzutreten, hat sich in der IT-Sicherheitsforschung ein Arbeitsbereich entwickelt, der sich auf das Finden derartiger Schwachstellen konzentriert. Die zentrale Methode, die dabei angewendet wird, ist *offensiv*: IT-Sicherheitsforschende schlüpfen in die Rolle eines Angreifers und versuchen mit möglichst wenig Aufwand die Sicherheitsmechanismen des untersuchten Systems zu überwinden. In der IT-Sicherheitsforschung hat sich nach vielen Jahren der Diskussion inzwischen die Ansicht durchgesetzt, dass offensive Methoden sehr viel schneller zu einer realistischen Einschätzung des Schutzniveaus von IT-Systemen führen als konstruktive oder klassisch-analytische Methoden. Nach einer kurzen Einführung in das Gebiet der offensiven Forschungsmethoden im Bereich IT-Sicherheit gehen wir zunächst auf die dabei relevanten Berührungspunkte zum Strafrecht ein, wie sie sich aus Sicht der Informatik darstellen. Dass diese Berührungspunkte reale Wirkung entfalten, wird sodann anhand einiger Beispiele aus der Literatur und aus eigener Erfahrung dargestellt. Ein zentrales Scharnier, das die divergierenden Interessen im Bereich der offensiven IT-Sicherheitsforschung verbindet, ist der Mechanismus der *koordinierten Offenlegung* (*coordinated vulnerability disclosure*), der im Anschluss kurz dargestellt wird. Der Beitrag schließt mit einigen Überlegungen zur Frage, wie IT-Sicherheitsforschung im Bereich der Informatik einerseits rechtssicher und andererseits verantwortungsvoll betrieben werden kann.

II. Offensive IT-Sicherheitsforschung

Offensive Methoden zielen darauf ab, etwas, das ein Gegner besitzt, zu stehlen, zu behindern oder zu zerstören.[1] Die Anwendung offensiver Methoden wird auch als Angriff bezeichnet. Im Kontext der Informatik sind offensive Methoden all jene Vorgehensweisen, die Angreifer einsetzen, um die Vertraulichkeit, Integrität oder Verfügbarkeit von IT-Systemen zu verletzen. Ausprägungen dieses Bereichs in der betrieblichen Praxis sind beispielsweise Penetrationstests (Angriffe auf IT-Systeme im Auftrag der Berechtigten) und in der wissenschaftlichen Forschung Techniken der automatisierten oder manuellen Programmanalyse. Davon zu trennen sind Methoden, die ein System vor Angriffen schützen sollen, also etwa die Konstruktion und Anwendung von Paketfiltern (Firewalls) oder die Verwendung von Antiviren-Software.

Der Bereich zwischen offensiven Methoden und nicht-offensiven Methoden ist jedoch nicht scharf abgrenzbar. Wenn ein Angreifer beispielsweise ein Antivirenprogramm verwendet, um ein selbst entwickeltes Schadprogramm gegen die Erkennung zu härten, wird eine defensive Methode offensiv angewendet. Die Schwierigkeit der Unterscheidung ähnelt den Problemen, die man aus dem Bereich der militärischen Forschung kennt (*dual use*). Entscheidend ist nicht die Gestaltung der Technik, sondern die Intention bei ihrer Anwendung.

---

[1] *Freiling* DuD 33 (2009), 214.

Offensive Methoden waren in der wissenschaftlichen Forschung bis vor etwa 15 Jahren kaum verbreitet und als Forschungsmethode wenig akzeptiert. Eine Rolle dabei spielte die Nähe dieser Methoden zu strafbaren Handlungen. Personen, die offensive Methoden in akademischen Vorlesungen lehrten, waren schnell dem Vorwurf ausgesetzt, „kriminelle Hacker“ auszubilden. Die Normierung des so genannten Hackerparagraphen (§ 202c StGB) im Jahr 2007, der die „Vorbereitung des Ausspähens und Abfangens von Daten“ unter Strafe stellte, trug nicht zur Besserung des Rufs offensiver Methoden bei. Wissenschaftliche Veröffentlichungen zu diesem Thema fanden sich – wenn überhaupt – in kleinen und spezialisierten Fachforen wie dem Chaos Communication Congress des CCC statt. Eine Untersuchung von *Mertens* im Jahr 2007 ergab, dass lediglich 4 von 19 Universitäten Lehrveranstaltungen zu offensiven Methoden anboten[2].

Die Akzeptanz offensiver Methoden hat sich seitdem stark gewandelt. Der Grund hierfür liegt vor allem in der Akzeptanz dieser Methoden in der betrieblichen Praxis. Einer der Wegbereiter dafür war die Firma Microsoft, die 2006 unter dem Titel „Security Development Lifecycle“[3] mit großem Erfolg offensive Methoden in den Softwareentwicklungsprozess ihres Betriebssystems Microsoft Windows einführte. Nicht nur dort hatte man festgestellt, dass man mit offensiven Methoden deutlich schneller kritische Schwachstellen eines Systems finden konnte als bisher.[4] Gefundene Schwachstellen bilden einerseits die Grundlage für *security patches*, also Softwareaktualisierungen, die Schwachstellen in bestehenden Systemen heilen. Andererseits weisen erfolgreiche Angriffe auch auf Schwächen in Handlungsabläufen hin, etwa im Rahmen von Authentifikationsprozeduren, bei denen nicht notwendigerweise eine technische Ursache für das IT-Sicherheitsproblem vorliegt.

III. Berührungspunkte mit dem Strafrecht und deren Wahrnehmung in der Informatik

Da die Anwendung offensiver Methoden starke Ähnlichkeiten mit dem *modus operandi* der Cyberkriminalität aufweist, gibt es naturgemäß zahlreiche Berührungspunkte mit dem Strafrecht. Diese sind in der Praxis der

[2] *Mertens*, Wie lehrt man IT-Sicherheit am besten? Überblick, Klassifikation, Basismodule, unveröff. Diplomarbeit, RWTH Aachen 2007.

[3] *Howard/Lipner*, The Security Development Lifecycle: SDL, a Process for Developing Demonstrably More Secure Software, 2006.

[4] *Arce/McGraw* IEEE Security and Privacy 2(4) (2004), 17.

IT-Sicherheitsforschung jedoch nur wenig bekannt. Oft reduziert sich im Informatik-Umfeld die Betrachtung auf die Gefahren, die mit der Erstellung von so genannten Exploits einhergehen, einem zentralen Element beim Nachweis einer Schwachstelle. Ein Exploit ist ein Programm, das die Sicherheitslücke ausnutzt und ein Schutzziel des Programms verletzt. Bei der Entwicklung solcher Exploits oder auch im Rahmen von Penetrationstests müssen Angriffswerkzeuge genutzt bzw. analysiert werden. In diesem Umfeld bestehen Unsicherheiten bezüglich der Abgrenzung dieser Aktivitäten gegenüber dem bereits oben erwähnten § 202c StGB, dem mutmaßlich einzigen Paragraphen, der einer Mehrheit von IT-Sicherheitsforschenden bekannt sein dürfte (und dann auch nur unter dem Namen „Hacker-Paragraph").

Problematisch ist die Situation in der Praxis, wenn das zu untersuchende System nicht in einer vom Internet abgekoppelten Umgebung untersucht werden kann. Dies ist immer dann der Fall, wenn es sich um Online-Dienste im Internet handelt oder um Software, die Zugriff auf einen aktiven Online-Dienst benötigt, der nicht einfach im Labor replizierbar ist. Werden im Rahmen solcher Tests Produktivsysteme beschädigt, bestehen Risiken hinsichtlich §§ 303a, 303b StGB. Gelingt im Rahmen derartiger Tätigkeiten der Zugriff auf nicht für einen selbst bestimmte Daten, besteht zudem die Gefahr einer Strafbarkeit gemäß §§ 202a Abs. 1, 202b StGB. Der Autor dieses Artikels bezweifelt, dass eine nennenswerte Menge an IT-Sicherheitsforschenden sich dieser Umstände bewusst ist. Wenn überhaupt, dann wird die Verletzung von Lizenzvorschriften als relevanteste Gefahr gesehen. Trotzdem geschieht das Sicherheitstesten derartiger Systeme in der Praxis recht risikobewusst mit einem klar definierten nicht-trivialen Sicherheitsziel, das verletzt werden soll. Beispiele hierfür sind die Registrierung eines Benutzerkontos ohne korrekte vorherige Authentifikation oder die unautorisierte Ausführung von Programmcode im Kontext bzw. mit Benutzerrechten des eigenen Accounts. In der Regel werden Hersteller und Systembetreiber über entsprechende Pläne vorab nicht informiert.

Nahezu unbekannt in Kreisen der IT-Sicherheitsforschung ist ein weiterer relevanter Berührungspunkt mit dem Strafrecht, der allerdings nicht direkt im StGB verortet ist und deswegen in kursorischen Überblicken oft übersehen wird. Es handelt sich um eine Strafvorschrift aus dem UrhG. So verbietet es § 69c UrhG, Computerprogramme ohne Zustimmung des Rechteinhabers zu *dekompilieren*.[5] Unter Dekompilierung versteht man

---

[5] *Müller/Müller/Freiling* GI SICHERHEIT 2020, 105.

die Rückübersetzung des ausführbaren Binärcodes in eine Approximation des ursprünglichen Quellcodes, der leichter verständlich ist. Aus diesem Grund ist Dekompilierung eine der in der IT-Sicherheitsforschung mit am häufigsten genutzten Analysetechniken. Sie wird durch gängige Analysewerkzeuge wie IDA Pro oder Ghidra standardmäßig unterstützt.

Wie in diesem Band andernorts gezeigt[6], gibt es noch zahlreiche weitere Strafvorschriften, die für die IT-Sicherheitsforschung relevant sind. Genauso wie die vorgenannte Regelung aus dem UrhG werden diese jedoch kaum bis gar nicht von Forschenden im Bereich IT-Sicherheit wahrgenommen.

IV. Eigene Erfahrungen

Im Rahmen seiner eigenen Forschungstätigkeit wurde bereits mehrfach versucht, auf die Arbeit des Autors auf Basis rechtlicher Argumente Einfluss zu nehmen. Von zwei Erfahrungen soll an dieser Stelle kurz berichtet werden. Auch wenn die folgenden Aussagen sämtlich durch E-Mails und andere Dokumente belegbar sind, ist die Darstellung dabei bewusst persönlich gehalten.

Werkzeuge zur Lesbarmachung und Analyse digitaler Spuren spielen im Bereich der forensischen Untersuchung von Datenträgern eine wichtige Rolle. Wenn digitale Spuren in ein Strafverfahren als Beweismittel eingebracht werden, hat die Zuverlässigkeit dieser Werkzeuge einen großen Einfluss auf deren Beweiswert. Darum werden derartige Werkzeuge regelmäßig rigorosen Tests unterzogen. Zu diesem Zweck veröffentlichten *Sebastian Nemetz*, *Sven Schmitt* und der Autor im Jahr 2018 einen Datensatz, mit dem die Qualität von Werkzeugen getestet werden konnte, die Daten aus SQLite-Dateien extrahieren.[7] Derartige Dateien sind in Browsern und auf Smartphones weit verbreitet. So speichert beispielsweise der Browser Mozilla Firefox seinen Verlauf im SQLite-Format. In dem parallel veröffentlichten Artikel wurden die Ergebnisse von Tests verschiedener Werkzeuge mit dem Datensatz präsentiert. Unter den Werkzeugen war auch ein kommerzielles Produkt.

Kurz nach der Vorstellung der Ergebnisse auf der Konferenz DFRWS EU, auf der der Beitrag mit dem *best-paper-award* ausgezeichnet wurde, erreichte uns eine Nachricht, in der der Autor des kommerziellen Werk-

6 Siehe hierzu *Brodowski* (in diesem Band), S. 37, 40 ff; *Golla* (in diesem Band), S. 3, 6 ff.

7 *Nemetz/Schmitt/Freiling* Digit. Investigation 24S (2018), 121.

zeugs zunächst nachfragte, ob wir eine gültige Lizenz besäßen, eine Nachfrage, die bei uns sofort juristische Konnotationen hervorrief. Es folgten weitere Nachrichten, in denen die Korrektheit der Ergebnisse unserer Untersuchung angezweifelt wurde. Seine Tests hätten andere (und natürlich bessere) Resultate gezeigt. Am selben Tag folgte ohne Vorwarnung an uns eine offizielle Beschwerde an die Konferenzleitung, die forderte, den Zugriff auf den nach eigenen Aussagen fehlerhaften Konferenzbeitrag zu sperren und alle Konferenzteilnehmenden über diese Fehler zu informieren.

Nachdem wir trotz intensiver Suche nach möglichen Fehlern in unserem Vorgehen weiterhin nur die veröffentlichten Resultate bestätigen konnten, folgte drei Tage später die Auflösung: Nach eingehender Prüfung waren die unterschiedlichen Testergebnisse darauf zurückzuführen, dass der Programmautor andere Spracheinstellungen auf seinem Computer verwendete als wir. Im Englischen werden Bruchteile von Zahlen mit einem Dezimalpunkt getrennt (z.B. 454.00) und im Deutschen mit einem Komma (also 454,00). Bei der Programmierung von Datenbankabfragen in SQLite hat aber das Komma eine besondere Bedeutung als Trennzeichen. Mit deutschen Spracheinstellungen wurden demnach andere Werte in die Datenbank eingefügt als mit englischen. Der Grund für die Diskrepanzen war also ein Programmierfehler, der nur dann zu Tage trat, wenn deutsche Spracheinstellungen verwendet wurden.

Nachdem der Programmautor in einer etwas kleinlauten Mitteilung seinen Fehler uns gegenüber eingeräumt hatte, baten wir ihn, die zuvor geäußerten Behauptungen gegenüber der Konferenzleitung zu korrigieren, was er versprach. Ob dies passiert ist, wissen wir nicht. Aus einer späteren Antwort wird aber eine gewisse Dankbarkeit deutlich, dass durch unsere Tests ein Fehler korrigiert werden konnte, der offenbar schon mehr als zwei Jahre vorlag und der alle Kunden betraf, die mit den falschen Spracheinstellungen arbeiteten. Dieses Beispiel macht zudem deutlich, dass es nicht immer klar ist, ob beobachtetes Programmverhalten immer auf einen sicherheitskritischen Programmierfehler zurückzuführen ist oder ob lediglich eine mangelnde Leistungsfähigkeit oder Designschwäche der Software vorliegt.

Im weiteren Verlauf des Jahres zeichnete sich ein ähnlicher Fall ab, der jedoch am Ende vor Gericht landete. Die genaueren Umstände sind an anderer Stelle bereits ausführlich berichtet worden[8] und sollen deshalb hier

---

[8] *Maier/Franzen/Wagner* DuD 44 (2020), 511; siehe auch den Vortrag von *Maier/Franzen* bei dem 35. Chaos Communication Congress (35c3), https://media.ccc.de/v/35c3-9898-mehr_schlecht_als_recht_grauzone_sicherheitsforschung (zuletzt abgerufen am 31.10.2022).

nur kurz zusammengefasst werden. So hatte eine Gruppe von IT-Sicherheitsforschern, darunter zwei Mitglieder meines Lehrstuhls, die IT-Sicherheit von Mobile-Banking-Apps untersucht. Diese verwendeten mehrheitlich das Produkt eines kommerziellen Anbieters zur Absicherung der Bankingfunktionalität zur Laufzeit. Die Forschergruppe hatte jedoch herausgefunden, dass die Sicherheitsmaßnahmen mit moderatem Aufwand ausgehebelt werden konnten.[9] In der Veröffentlichung wurde insbesondere kritisiert, dass der durch den Hersteller verfolgte Ansatz insgesamt untauglich war, um das Schutzniveau einer echten Zwei-Faktor-Authentifizierung zu erreichen. Genau dies wurde jedoch durch den Hersteller versprochen.

Die Kommunikation mit dem Hersteller, die sich lange vor der Veröffentlichung des Resultats entwickelte und in die ich von Anfang an involviert war, war zunächst sehr konstruktiv. Auch wenn der Sicherheitsansatz prinzipiell problematisch war, konnte zur Wahrung des Ansehens des Unternehmens doch jeweils erreicht werden, dass die *konkreten* Angriffe der IT-Sicherheitsforscher zum jeweiligen Veröffentlichungszeitpunkt nicht mehr funktionierten. Im Sommer 2018 erhielten jedoch alle Mitglieder des Forschungsteams, also auch meine beiden wissenschaftlichen Mitarbeiter, Unterlassungserklärungen zugesandt, in denen sie sich verpflichten sollten, es lebenslang zu unterlassen, Software dieses Herstellers zu untersuchen. Trotz großer Sorgen und kontroverser Diskussionen innerhalb der Gruppe hat keiner der Adressaten die Erklärung unterschrieben.

Die daraufhin im einstweiligen Verfügungsverfahren anberaumte Anhörung vor dem Landgericht Nürnberg-Fürth endete im September 2018 mit einem bemerkenswerten Vergleich.[10] Der wesentliche Inhalt: Die IT-Sicherheitsforscher verpflichteten sich, den Hersteller zukünftig vor der Offenlegung von Schwachstellen zu informieren und diesem eine angemessene Frist zur Behebung des Problems einzuräumen. Auf diesen als *responsible disclosure* bezeichneten Prozess gehen wir weiter unten nochmals ein. Im Gegenzug übernahm der Hersteller die Kosten des Verfahrens.

Neben der Schädigung des eigenen Rufs und den daraus resultierenden wirtschaftlichen Konsequenzen hob der Hersteller im Klageverfahren vor allem auch auf die Strafbarkeit der Dekompilierung nach § 69c UrhG

---

[9] *Haupert/Maier/Schneider/Kirsch/Müller* DIMVA 2018, 69.

[10] *Ermert* Offenlegung von Softwarelücken: Rechtsstreit endet mit Vergleich, *Heise online* vom 6.9.2018, https://www.heise.de/newsticker/meldung/Offenlegung-von-Softwareluecken-Rechtsstreit-endet-mitVergleich-4156393.html (zuletzt abgerufen am 31.10.2022).

i.V.m. § 106 Abs. 1 UrhG ab. Es ist bemerkenswert, dass der Text des Vergleichs auf diesen Punkt in keiner Weise eingeht. Trotzdem: Auch wenn der Hersteller wiederholt beteuert hatte, dass nicht er selbst, sondern seine Investoren zur Klage gedrängt hätten, wirkte der Mangel an Rechtsklarheit deutlich abschreckend auf die Betroffenen. In diesem wie auch im vorgenannten Fall meiden seitdem einige der betroffenen IT-Sicherheitsforscher die Untersuchung der Sicherheitsprobleme kommerzieller Produkte in ihrer Forschung. Wie auch andere in der Literatur beschriebene Fälle zeigen, handelt es sich hierbei nicht um einen Einzelfall.[11]

V. Coordinated Vulnerability Disclosure

Das im oben genannten Vergleich beschriebene Vorgehen der *verantwortungsvollen Offenlegung* (*responsible disclosure*) von Schwachstellen ist seit vielen Jahren im Bereich der IT-Sicherheitsforschung und -praxis bekannt.[12] Neuerdings spricht man jedoch auch von *koordinierter Offenlegung* (*coordinated disclosure*), um deutlich zu machen, dass beide Seiten am Prozess gleichberechtigt teilnehmen.[13] Das Vorgehen wurde bereits in verschiedenen internationalen Standards fixiert[14] und basiert auf Vorgaben der Cybersicherheitsagentur der Europäischen Union ENISA[15].

Nach dem Prinzip der „Coordinated Disclosure" meldet die Person, die eine Schwachstelle gefunden hat, diese gefundene Schwachstelle vertraulich an die produktverantwortliche Stelle, also die Stelle, die die Schwachstelle – voraussichtlich – beheben kann. Die kontaktierte Produktverantwortliche oder das herstellende Unternehmen kooperiert dann mit dem Finder bzw. der Finderin zur Analyse und Behebung der Schwachstelle. Um die schnelle Behebung möglichst ohne unberechtigte Ausnutzung der Schwachstelle zu ermöglichen, werden die zugehörigen Informationen idealerweise erst nach der Behebung der Schwachstelle oder dem Bereit-

---

[11] *Garcia/Jacobs*, in: Ryan/Naccache/Quiswater (Hrsg.), The New Codebreakers: Essays Dedicated to David Kahn on the Occasion of his 85th Birthday, 2016, S. 69.

[12] *Cavusoglu/Cavusoglu/Raghunathan*, Emerging Issues in Responsible Vulnerability Disclosure, WEIS 2005.

[13] *National Cyber Security Centre, Ministry of Justice and Security, Netherlands*, Coordinated Vulnerability Disclosure: The Guideline, October 2018.

[14] ISO/IEC 30111 und ISO/IEC 29147:2018.

[15] *European Union Agency For Network And Information Security (ENISA)*, Good Practice Guide on Vulnerability Disclosure. From challenges to recommendations, 2016, verfügbar unter https://www.enisa.europa.eu/publications/vulnerability-disclosure (zuletzt abgerufen am 22.1.2023).

stellen einer passenden Mitigation öffentlich gemacht. Diese Veröffentlichung dient zusätzlich als Warnung für Produktnutzende.

Der Prozess versucht einen Ausgleich zu finden zwischen dem Schutzbedürfnis wirtschaftlicher Interessen von Herstellern und Betreibern einerseits und andererseits dem Interesse der Allgemeinheit, von Sicherheitsproblemen in IT-Systemen zu erfahren, um sich vor den daraus resultierenden Gefahren schützen zu können. Durch das Verfahren werden die Risiken für potentiell Betroffene offensichtlich signifikant reduziert. Die damit einhergehenden Konfliktpotentiale sind jedoch vielfältig und können beispielsweise durch akzeptierte unabhängige Vermittlungs- und Meldestellen eingehegt werden.[16] Die in der Praxis notwendigen Abwägungen stellen IT-Sicherheitsforschende jedoch vor zahlreiche Herausforderungen.

Die erste Herausforderung ist, die rechtlichen Gefahren, die aus der eigenen Forschung herrühren, überhaupt zu erkennen, denn diese Gefahren werden im Studienplan der Informatik so gut wie nie berücksichtigt. Die Anleitung zur Forschung wird zudem getragen von erfahrenen Wissenschaftlerinnen und Wissenschaftlern, die ihren primären Fokus auf technische Aspekte legen. Allenfalls werden Fragestellungen der Forschungsethik und der guten wissenschaftlichen Praxis thematisiert. Gerade in Promotionsprojekten junger Promovierender besteht die Gefahr, von juristischen Drohkulissen überrascht zu werden.

Die zweite Herausforderung besteht in der Aufnahme und Pflege der Kommunikation mit den betroffenen Unternehmen. Die Schwierigkeit besteht im Finden eines technisch kundigen Ansprechpartners, der die Beschreibung der Schwachstellen nachvollziehen und einordnen kann. Viele Kontaktaufnahmen bleiben in den Marketing- oder Rechtsabteilungen der Unternehmen hängen. Zudem besteht die Gefahr der Machtasymmetrie bei der Kommunikation, bei der von Unternehmensseite die mangelnde Erfahrung und das geringe Standing des Forschenden missbraucht wird. Auf Seite der Wissenschaft sollte die Kommunikation von erfahrenen, etablierten und mit der Materie vertrauten Forschenden geführt werden, idealerweise also von Professorinnen oder Professoren, unterstützt von den Rechtsabteilungen der Hochschulen. Diese müssen dem Vorgang jedoch auch die nötige Priorität einräumen.

Auch ist trotz entsprechender Sensibilität auf Seite der Forschenden nicht immer eindeutig, wann ein Offenlegungsprozess durchgeführt wer-

---

[16] *Wagner/Vettermann* u.a., Verantwortungsbewusster Umgang mit IT-Sicherheitslücken, 2023.

den muss. Denn wie die Beispiele oben zeigen, ist nicht immer eindeutig, ob es sich bei Programmverhalten um die Manifestation einer konkreten sicherheitsrelevanten Schwachstelle handelt. Sicherlich gibt es klare Fälle, etwa solche, bei denen man eigenen Programmcode beim Aufruf einer Webseite zur Ausführung bringen kann. Wenn ein Analysewerkzeug einen bestimmten Testfall unklar beantwortet (wie im ersten Fall oben) oder es sich um eine prinzipiell nicht korrigierbare Designschwäche handelt (wie im zweiten Fall), geht der Prozess der koordinierten Offenlegung am Ziel vorbei: Entweder die Schwachstelle ist nicht sicherheitskritisch, oder sie kann nicht korrigiert werden. Aus der Perspektive der Hersteller sollte im Zweifel immer Kontakt gesucht werden. Der Austausch verursacht aber auf beiden Seiten Aufwände, die gerechtfertigt werden müssen.

VI. Abwägungen guter IT-Sicherheitsforschung

Unabhängig von den Risiken, die durch den kommerziellen Blickwinkel von Herstellern entstehen, gibt es jedoch auch darüber hinausgehende Fragestellungen, die im Rahmen guter IT-Sicherheitsforschung beachtet werden sollten und sich aus der Betrachtung ethischer Normen ergeben.[17] Dies betrifft insbesondere offensive Forschung, deren Missbrauchspotential aus den oben geschilderten Gründen besonders hoch ist.

Die erste Frage betrifft die Nutznießer der eigenen Forschung: Welche Personen profitieren (am meisten) davon und wem schadet man dadurch? Sind es Straftäter, die profitieren, oder sind es die Strafverfolgung, oder gar die gesamte IT-Sicherheitsbranche oder alle Benutzer von IT-Systemen? Die Herausforderung besteht nicht etwa darin, einem Fachpublikum die Konsequenzen der eigenen Forschungsresultate darzustellen, sondern in der Darstellung in der allgemeinen Öffentlichkeit. Hierbei ist es leicht, in einen von den Medien durchaus begünstigten undifferenzierten Alarmismus zu verfallen, der Schlagzeilen und Aufmerksamkeit generiert, die wiederum für die Akquise neuer Forschungsprojekte nützlich sind. Profiteur der eigenen Forschung sind nicht zuletzt immer auch die Forschenden selbst.

Die zweite damit verbundene Frage lautet: Wie steht der gesellschaftliche Nutzen der eigenen Forschung im Verhältnis zu den möglichen Schäden, die durch sie verursacht werden könnten? Diese Abwägung ist vor dem Hintergrund der langjährigen Debatte um Datenschutz und Über-

---

[17] *Dittrich/Bailey/Dietrich* IEEE Security and Privacy 9(4) (2011), 18.

wachung in Deutschland gerade bei offensiven Resultaten unabdingbar. Betrachtet man die durchaus lange Geschichte der offenen Forschung im Bereich Kryptographie, ist offensive Forschung dort heute der akzeptierte Normalfall. In der Regel gilt ein Verschlüsselungssystem erst dann als sicher, wenn es trotz allgemeiner Anstrengung lange genug nicht gebrochen werden konnte. Es ist zu erwarten, dass in Zukunft ähnliches auch für Komponenten der Systemsicherheit wie Betriebssysteme oder Firewalls gilt.

Bei offensiver Forschung im Bereich der Systemsicherheit müssen aber im Gegensatz zu Forschung in der Kryptographie konkrete praktische Abwägungen getroffen werden, um den Fortschritt nicht zu behindern. Insbesondere geht es darum, das Schadensrisiko während eigener Experimente zu minimieren. Beispielsweise müssen Vorkehrungen getroffen werden, damit von untersuchter oder experimenteller Schadsoftware keine Gefahren für die Allgemeinheit ausgehen.

Schlussendlich stellt sich bei offensiver Forschung immer die Frage, wie man Forschungsresultate so publizieren kann, dass möglichst wenig Missbrauchspotential besteht. Hier steht „offensiv" teilweise im Widerspruch zu „offen". Beispielsweise können vorschnell publizierte Exploits oder Werkzeuge zu deren Herstellung aus offensichtlichen Gründen problematisch sein. In Publikationen kann somit lediglich das Wirkprinzip erläutert werden. Die Details der praktischen Umsetzung können dann beispielsweise im Begutachtungsprozess vertraulich offengelegt werden, damit die Behauptungen zur Wirksamkeit der Resultate unabhängig fachlich geprüft werden können. Die spätere Weitergabe derartiger Resultate kann dann auf Vertrauensbasis zwischen etablierten Forschungsgruppen erfolgen.

VII. Fazit

IT-Sicherheitsforschung ist in vielerlei Hinsicht interessant. Sie umfasst nicht nur das Nachdenken über komplexe technische Probleme, sondern ist auch in ihrer angewandten und vor allem offensiven Ausprägung außerordentlich praxisrelevant. Offensive IT-Sicherheitsforschung und somit alle Erkenntnisse, die sich aus Angriffen auf konkrete IT-Systeme erzielen lassen, sind ein Beitrag zur Verbesserung des Sicherheitsniveaus in der von Technik durchdrungenen Gesellschaft. IT-Sicherheitsforschung wirkt also im Kern präventiv, insbesondere, wenn die in diesem Beitrag diskutierten Abwägungen getroffen werden. Es ist deshalb bemerkenswert, dass IT-Sicherheitsforschung in der Vergangenheit regelmäßig mit der repressiven

Seite des Strafrechts in Kontakt gekommen ist. Vor dem Hintergrund der Gefahren grenzüberschreitender Cyberkriminalität ist es aber gesellschaftlich unerlässlich, präventives Sicherheitsverhalten in allen Bereichen des Einsatzes informationstechnischer Systeme zu etablieren. Dies bezieht nicht nur die akademische IT-Sicherheitsforschung mit ein, sondern trifft insbesondere auch auf die Sorgfaltspflichten für Betreiber und Hersteller von IT-Systemen zu.

Die IT-Sicherheit von Produkten kann beispielsweise durch intensive und unabhängige Sicherheitstests erhöht werden. Wesentlich ist auch die langfristige Übernahme von Verantwortung für die Sicherheit der eigenen Produkte zum Beispiel durch das Bereitstellen von Sicherheitsupdates für deren absehbare Lebensdauer. Betreiber von IT-Systemen können durch ein am Risikomanagement orientiertes IT-Sicherheitsmanagement ebenfalls eine deutliche Schutzwirkung erzielen. Hierzu gehören beispielsweise die systematische Etablierung von Schutzkonzepten auf Basis realistischer Bedrohungsmodelle und deren regelmäßige Überprüfung. Die durchaus hohen Kosten für IT-Sicherheit werden bei der Kosten-Nutzen-Rechnung der Digitalisierung häufig vernachlässigt. Dies bevorteilt heute oft Unternehmen, die durch unsichere, aber kostengünstige Produkte Mitbewerber ausstechen, die mehr Wert auf IT-Sicherheit legen. Die Intransparenz von IT-Sicherheit für Endkunden ist ein weiteres Problem, bei dem eine leichtere Benutzbarkeit von IT-Sicherheitstechnik, anerkannte Zertifizierungen und leicht verständliche Sicherheitsmarkierungen helfen können. All diese Maßnahmen erhöhen das Schutzniveau in erheblichem Maße, allerdings zu Kosten, die gesellschaftlich noch unterbewertet erscheinen.

Die IT-Sicherheitsforschung muss diesen Prozess unterstützen. Die Forschenden dürfen allerdings auch nicht aus der Verantwortung entlassen werden, selbst zu wissen, wann sie juristische Grauzonen insbesondere in Bezug auf das Strafrecht betreten. Es besteht nach Eindruck des Autors zwar nur ein begrenztes Verurteilungsrisiko, wenn das Recht forschungsfreundlich ausgelegt wird. Die abschreckende Unsicherheit bei der Auslegung schränkt aber de facto die IT-Sicherheitsforschung ein. So stand im oben beschriebenen ersten Fall lange zur Debatte, ob ein Folgeresultat[18] veröffentlicht werden sollte oder nicht. Im zweiten Fall verzichteten einige der Betroffenen auf die Veröffentlichung eines auf der Konferenz WOOT bereits akzeptierten Beitrages.

---

[18] *Schmitt* 11th International Conference on IT Security Incident Management & IT Forensics (IMF), 2018, S. 89.

Die Vergangenheit hat gezeigt, dass IT-Sicherheitsforschung durch die Aufdeckung von Schwachstellen das Schutzniveau im Internet deutlich erhöht hat. IT-Sicherheitsforschung sollte deswegen durch die Klarstellung der Normen unterstützt werden, insbesondere, wenn Forschende sinnvolle Abwägungen hinsichtlich koordinierter Offenlegung machen. Besonders drängend ist dabei die Beseitigung von Strafbarkeitsrisiken in Bezug auf das Verbot der Dekompilierung.

Strafrecht und Sanktionierung als Hemmschuh der IT-Sicherheitsforschung?

Das IT-Strafrecht als Grenze der IT-Sicherheitsforschung

Dominik Brodowski

Die Ausübung von IT-Sicherheitsforschung ist, jedenfalls bei wissenschaftstypischer Anwendung sogenannter offensiver Methoden, eine gefahrgeneigte Tätigkeit. Denn nicht nur der als „Hackerparagraph" fehlbezeichnete § 202c StGB, sondern auch eine Mehrzahl weiterer Straftatbestände des Kern- und Nebenstrafrechts zeigen der IT-Sicherheitsforschung Grenzen auf. Dieser Beitrag liefert eine Tour d'Horizon dieser Straftatbestände, spürt Unklarheiten auf und belegt hierdurch die für die IT-Sicherheitsforschung bestehende Rechtsunsicherheit. Darauf aufbauend lassen sich Eckpunkte für die zukünftige Ausgestaltung und Anwendung des IT-Strafrechts entwickeln.

I. Hinführung

Die IT-Sicherheitsforschung erwacht zunehmend aus dem trügerisch ruhigen Schlaf der Unwissenheit. Zu lange hatte man sich, vor allem nach einer verfassungsgerichtlichen Klarstellung[1] zum fälschlich[2] als „Hackerparagraphen"[3] bezeichneten § 202c StGB, für frei von nennenswerten strafrechtlichen Begrenzungen bei der Anwendung wissenschaftstypischer Methoden der IT-Sicherheitsforschung gehalten. Doch zunehmend wächst das Bewusstsein dafür, dass auch aus weiteren Straftatbeständen des – in diesem Bereich europäisch harmonisierten[4] – Strafrechts Begrenzungen folgen.[5] Befördert wird dies durch eine Handvoll öffentlichkeits-

---

[1] BVerfG, Beschluss v. 18.5.2009 – 2 BvR 2233/07, 2 BvR 1151/08, 2 BvR 1524/08 = BVerfGK 15, 491 = JR 2010, 79.

[2] § 202c StGB adressiert weder „Hacker" noch das „Hacking" in seinen beiden Wortbedeutungen (vgl. RFC 1983, Stichwort „hacker").

[3] Exemplarisch *Schuster* DuD 2009, 742; *Kochheim*, Cybercrime und Strafrecht in der Informations- und Kommunikationstechnik, 2. Aufl. 2018, Rn. 743.

[4] Insbesondere durch Art. 3 bis 8 RL 2013/40/EU [...] über Angriffe auf Informationssysteme und zur Ersetzung des Rahmenbeschlusses 2005/222/JI des Rates (ABl. EU Nr. L 218 v. 14.8.2013, S. 8); mit geringerer Durchschlagskraft auch Art. 2 bis 6 Übereinkommen über Computerkriminalität (SEV Nr. 185; BGBl. 2008 II, S. 1242, 1243).

[5] Siehe hierzu den Beitrag von *Freiling* (in diesem Band) S. 21, 24.

wirksamer Verfahren,[6] die zwar nicht in Verurteilungen mündeten, aber die interdisziplinäre Auseinandersetzung über Methodik und Grenzen der IT-Sicherheitsforschung beflügelt haben.[7]

Dieser Beitrag begibt sich zur Problembeschreibung auf eine Spurensuche, welche Tatbestände des Kriminalstrafrechts bei der Anwendung wissenschaftstypischer offensiver Methoden der IT-Sicherheitsforschung[8] verwirklicht werden könnten. Plakativ gesprochen: Was könnte IT-Sicherheitsforschenden schlaflose Nächte bereiten, wenn sie das StGB lesen? Und wo müssten Staatsanwält*innen im StGB blättern, wenn sie überlegen, wie man IT-Sicherheitsforschende strafverfolgen könnte? Der Fokus dieses Beitrags liegt dabei auf der Tatbestandsmäßigkeit von im StGB lozierten Vorschriften des IT-Strafrechts im weiteren Sinne,[9] punktuell angereichert durch nebenstrafrechtliche Bestimmungen.[10] Außer Betracht bleiben sowohl ausländische Rechtsordnungen als auch strafrechtliche Risiken, die an eine mögliche Straftatbegehung durch Dritte anknüpfen.[11] Zudem konzentriert sich dieser Beitrag – basierend auf der normtheoretischen Annahme, dass es sich bei Straftatbeständen um vertyptes Unrecht handelt[12] – auf die Frage der Tatbestandsmäßigkeit einschlägigen Verhaltens, ohne auf Potenziale einer Rechtfertigung der IT-Sicherheitsforschung oder eines spezifischen Tatbestandsausschlusses einzugehen.[13]

---

[6] Siehe hierzu die Beiträge von *Golla* (in diesem Band) S. 3, 4 und *Freiling* (in diesem Band) S. 21, 25 ff.

[7] Verwiesen sei insbesondere auf *Balaban u.a.*, Whitepaper zur Rechtslage der IT-Sicherheitsforschung, 2021, https://sec4research.de/assets/Whitepaper.pdf (1.11.2022).

[8] Siehe hierzu erneut den Beitrag von *Freiling* (in diesem Band) S. 21, 22 f.; ergänzend (u.a.) *Vonderau/Wagner* DSRITB 2020, 525, 527; *Böken*, in: Kipker (Hrsg.), Cybersecurity, 2020, Kap. 15 Rn. 64.

[9] Neben denjenigen Straftatbeständen des IT-Strafrechts im engeren Sinne, welche informationstechnische Systeme und die darin gespeicherten Daten durch strafrechtliche Verhaltensnormen zu schützen suchen, werden nachfolgend auch typischerweise mittels informationstechnischer Systeme begangene Tatbestände mit einbezogen.

[10] Zu aus dem Urheberrecht folgenden und nach Maßgabe des § 106 Abs. 1 UrhG strafrechtsakzessorischen Begrenzungen siehe den Beitrag von *Kuschel/Rostam* (in diesem Band) S. 83 ff.

[11] Siehe hierzu den Beitrag von *Wörner/Blocher* (in diesem Band) S. 57 ff.

[12] Statt vieler *Maurach/Schroeder/Maiwald/Hoyer/Momsen*, Strafrecht Besonderer Teil, Teilbd. 1, 11. Aufl. 2019, Einleitung Rn. 1 ff.; *Sieber*, Straftaten und Strafverfolgung im Internet. Gutachten C zum 69. Deutschen Juristentag, 2012, S. C 88; *Roxin/Greco*, Strafrecht Allgemeiner Teil Band 1, 5. Aufl. 2020, § 10 Rn. 12; *Jecheck/Weigend*, Lehrbuch des Strafrechts, Allgemeiner Teil, 5. Aufl. 1996, S. 50, 245 f.; *Kühl*, Strafrecht Allgemeiner Teil, 8. Aufl. 2017, § 3 Rn. 2.

[13] Siehe hierzu den Beitrag von *Bao/Zech* (in diesem Band) S. 131 ff.; siehe ferner *Balaban u.a.* (Fn. 7) sowie zuvor *Brodowski/Freiling*, Cyberkriminalität, Computer-

Als Gegenstand der nachfolgenden Analyse werden zwei idealtypische Herangehensweisen der offensiven IT-Sicherheitsforschung zur Analyse von Sicherheitslücken informationstechnischer Systeme herausgegriffen.[14] Am einen Ende des Spektrums steht die Untersuchung eines eigenen, lokalen informationstechnischen Systems bzw. eines Netzwerks aus solchen Systemen, die sich innerhalb einer kontrollierten Umgebung – „in den eigenen vier Wänden“ bzw. innerhalb eines Labors – befinden (II.). Als anderer, strafrechtlich offensichtlich bedenklicherer Idealtypus wird die Untersuchung eines „fremden“, räumlich getrennten informationstechnischen Systems herangezogen (III.). Wegen dieser Zuspitzung auf Idealtypen kann und will dieser Beitrag eine juristische Begutachtung konkreter Forschungsvorhaben nicht ersetzen, sondern hierfür Denkanstöße und Grundlagen liefern.

II. Fallstricke bei der Untersuchung eines „eigenen“, lokalen informationstechnischen Systems

Hat eine IT-Sicherheitsforscherin ein informationstechnisches System erworben, um dieses auf Sicherheitslücken hin zu untersuchen, so liegt der (Fehl-)Schluss nahe, dass sie als Eigentümerin des Systems mit dieser erworbenen „Sache nach Belieben verfahren“ (§ 903 S. 1 BGB) und damit dieses System beliebig untersuchen darf. Indessen ist zu bedenken, dass es sich bei dem, was gemeinhin als Kauf eines informationstechnischen Systems (z.B. eines Laptops, eines Smartphones oder einer Smartwatch) bezeichnet wird, zivilrechtlich gesehen um ein komplexes „Vertragspaket“ handelt. In diesem werden kauf-, leih- oder mietvertragliche Elemente (an der Hardware bzw. Teilen davon) mit urheberrechtlicher Lizenzierung (Nutzungsrecht bzgl. der Software) miteinander verknüpft und möglicherweise durch digitale Produkte bzw. digitale Elemente i.S.d. §§ 327 ff. BGB komplettiert. Zudem muss – wie bereits in der sachenrechtlichen Vorschrift des § 903 S. 1 BGB ausgeführt – auch eine Eigentümerin entgegenstehende gesetzliche Regelungen, einschließlich der Strafgesetze, und Rechte Dritter achten.

---

strafrecht und die digitale Schattenwirtschaft, 2011, S. 118, 122 sowie S. 172 (internationale Anerkennung eines *safe harbours* für die IT-Sicherheitsforschung).

[14] Siehe hierzu erneut den Beitrag von *Freiling* (in diesem Band) S. 21, 22 f.

1. Abschichtung

Somit ist zwar auch bei der Untersuchung eines eigenen lokalen informationstechnischen Systems bzw. eines Netzwerks aus solchen Systemen in einer kontrollierten Umgebung Vorsicht geboten. Dennoch lassen sich einige Strafbarkeitsrisiken – nötigenfalls durch geeignetes Untersuchungsdesign – vermeiden, oder aber mit überschaubarem argumentativen Aufwand entschärfen:

a) Sachbeschädigung (§ 303 Abs. 1 StGB)

Wird die untersuchte körperliche Sache bei der Untersuchung beschädigt (z.B. ein Gehäuse aufgebrochen) oder zerstört (z.B. ein Microchip aufgefräst), so liegt bei einer im eigenen Alleineigentum stehenden Sache keine Sachbeschädigung (§ 303 Abs. 1 StGB) vor, da diese Tat nur an (auch-) *fremdem* Eigentum begangen werden kann.[15] Bei einem gemieteten System kann aber eine das zivilrechtlich vereinbarte Maß überschreitende Abnutzung (insoweit: tatbestandsausschließendes Einverständnis[16]) den strafrechtlichen Vorwurf einer Sachbeschädigung begründen, sodass die konkrete Vertragsgestaltung für die Beurteilung strafrechtlicher Risiken entscheidend werden kann.

b) Computersabotage (§ 303b Abs. 1 StGB)

Eine vergleichbare Differenzierung ist auch bei der Computersabotage (§ 303b StGB) vorzunehmen, da die Verwirklichung dieses Tatbestands voraussetzt, dass das sabotierte System „für einen *anderen* von wesentlicher Bedeutung“ ist (§ 303b Abs. 1 StGB). Zwar ist bislang alles andere als geklärt, wessen Interessen durch § 303b Abs. 1 StGB geschützt sind, sprich wer alles „anderer“ ist (Eigentümer*in? Datenverarbeiter*in? Von der Datenverarbeitung Begünstigte*r?). Ist aber außer dem oder der IT-Sicherheitsforschenden niemand von der Funktionsfähigkeit des konkret untersuchten Systems abhängig,[17] fehlt es evident an einem tauglichen Tatobjekt.

---

[15] Statt aller *Hecker*, in: Schönke/Schröder (Begr.), StGB, 30. Aufl. 2019, § 303 Rn. 6.

[16] Überzeugend etwa *Kargl*, in: NK-StGB, 6. Aufl. 2023, § 303 Rn. 39; nach a.A. lediglich rechtfertigende Einwilligung, etwa *Saliger*, in: Satzger/Schluckebier/Widmaier (Hrsg.), StGB, 5. Aufl. 2021, § 303 Rn. 19 m.w.N.

[17] Vorherrschend wird vertreten, eine Datenverarbeitung sei von wesentlicher Bedeutung, wenn eine konkrete Aufgabenstellung oder Organisation von deren Funktionsfähigkeit abhängig sei; *Fischer*, StGB, 70. Aufl. 2023, § 303b Rn. 6.

c) Strafrechtlicher Schutz der Geheimnis- und Privatsphäre

In gleicher Weise schützt das Strafrecht nur die „fremde“ Geheimnis- und Privatsphäre, nicht hingegen die Preisgabe „eigener“ Geheimnisse oder die Zurschaustellung der eigenen Person: Tatobjekte der §§ 201, 201a StGB sind das von einem *anderen* gesprochene Wort[18] bzw. Bildaufnahmen einer *anderen* Person[19] als der des Täters bzw. der Täterin, bei § 42 BDSG lediglich personenbezogene Daten *anderer* Personen, und bei § 5 Abs. 1 TTDSG nur Funknachrichten, die für den oder die Betreiber*in der Funkanlage nicht bestimmt sind. In Bezug auf den strafrechtlichen Schutz von Privatgeheimnissen (§§ 203, 204 StGB) und des Post- und Fernmeldegeheimnisses (§ 206 StGB) erfüllen IT-Sicherheitsforschende in der Regel nicht die nötige Täterqualifikation, soweit sie keine Berufsgeheimnisträger bzw. keine Inhaber oder Beschäftigte eines Post- oder Telekommunikationsdienstleisters sind.

Soweit Geschäftsgeheimnisse strafrechtlich geschützt werden, ist zu beachten, dass die IT-Sicherheitsforschung nicht die in § 23 Abs. 1 GeschGehG genannten Absichten oder Zwecksetzungen verfolgt („Förderung des eigenen oder fremden Wettbewerbs, [...] Eigennutz, zugunsten eines Dritten oder [...] Absicht, dem Inhaber eines Unternehmens Schaden zuzufügen“).[20] Selbst wenn daher die Aufdeckung einer IT-Sicherheitslücke im Einzelfall mit der Preisgabe eines unbefugt erlangten Geschäftsgeheimnisses (§ 4 Abs. 1 Nr. 1 GeschGehG) einhergehen sollte, steht dies einer entsprechenden Strafbarkeit entgegen.

Seit dem 1.12.2021 nicht länger strafbewehrt[21] ist das Besitzverbot an Telekommunikationsanlagen,

> „die ihrer Form nach einen anderen Gegenstand vortäuschen oder die mit Gegenständen des täglichen Gebrauchs verkleidet sind und aufgrund dieser Umstände oder aufgrund ihrer Funktionsweise in besonderer Weise geeignet und dazu bestimmt sind, das nicht öffentlich gesprochene Wort eines anderen von diesem unbemerkt abzuhören oder das Bild eines anderen von diesem unbemerkt aufzunehmen“

[18] Statt mehrerer *Eisele*, in: Schönke/Schröder (Fn. 15), § 201 Rn. 3.
[19] Statt mehrerer *Eisele*, in: Schönke/Schröder (Fn. 15), § 201a Rn. 6.
[20] *Balaban u.a.* (Fn. 7), S. 10.
[21] BT-Drs. 19/27441, S. 38 begründete dies mit der „Rechtssicherheit von Verbrauchern, die ansonsten in den Anfangsverdacht einer Straftat geraten, wenn sie etwa im europäischen Ausland vernetzte EU-rechtskonforme Produkte legal erwerben“. Zuvor war der Besitz derartiger Anlagen gem. § 148 Abs. 1 Nr. 2 lit. a TKG a.F. strafbar.

(§ 8 Abs. 1 TTDSG). Ohnehin besteht insoweit die Möglichkeit, dass die zuständigen obersten Bundes- oder Landesbehörden „zum Zweck der Lehre über oder der Forschung an entsprechenden Telekommunikationsanlagen“ eine Befreiung von diesem Besitzverbot erteilen (§ 8 Abs. 5 S. 1 TTDSG).

d) Urkundenstrafrecht

Auch das Urkundenstrafrecht und insbesondere § 269 StGB scheidet aus, soweit IT-Sicherheitsforschende nicht den Anschein erwecken, jemand anderes habe eine Datenurkunde erstellt. Ohnehin wird es in aller Regel an einer Beweisbestimmung[22] der konkreten Datenurkunde fehlen, wenn IT-Sicherheitsforschende lediglich auf eine Manipulationsmöglichkeit hinweisen wollen. Gleichermaßen wird eine Fälschung technischer Aufzeichnung (z.B. durch Manipulation eines Fahrtenschreibers) durch IT-Sicherheitsforschende nicht „zur Täuschung im Rechtsverkehr“ (§ 268 Abs. 1 StGB), sondern zur Aufdeckung einer Sicherheitslücke erfolgen.

2. Berechtigung zur Datenveränderung (§ 303a Abs. 1 StGB) und zum Ausspähen (§ 202a Abs. 1 StGB) und Abfangen von Daten (§ 202b StGB)

*a) Datenverfügungsbefugnis der Skribent*innen*

Weitaus diffiziler sind die Begrenzungen, die aus den Strafvorschriften der Datenveränderung (§ 303a Abs. 1 StGB) und des Ausspähens und Abfangens von Daten (§§ 202a Abs. 1, 202b StGB) folgen. Deren Wortlaut bezieht sich im Ausgangspunkt[23] formal – d.h. unabhängig von einem materiellen, z.B. wirtschaftlichen Interesse –[24] auf die Vertraulichkeit bzw. Integrität von Daten (§ 202a Abs. 2 StGB), die (nur) von denjenigen zu wahren sind, für die diese Daten „fremd“ bzw. für die diese „nicht bestimmt“ sind. Diese Verfügungs- bzw. Zugriffsberechtigung über Daten

---

[22] Zu diesem Erfordernis bei einer Datenurkunde siehe, statt aller, *Erb*, in: MüKo-StGB, 4. Aufl. 2022, § 269 Rn. 12.

[23] Zur gebotenen funktional-wertenden Beschränkung des strafrechtlichen Schutzes auf Daten, „an denen ein informationstechnisches Vertraulichkeits- oder Integritätsinteresse besteht“ siehe *Brodowski* ZIS 2019, 49, 54 f.

[24] Statt aller *Eisele*, in: Schönke/Schröder (Fn. 15), § 202a Rn. 3; *Graf*, in: MüKo-StGB, 4. Aufl. 2021, § 202a Rn. 12; *Kargl*, in: NK-StGB, 6. Aufl. 2023, § 202a Rn. 4, 4a sowie *Hecker*, in: Schönke/Schröder (Fn. 15), § 303a Rn. 2; *Wieck-Noodt*, in: MüKo-StGB (Fn. 22), § 303a Rn. 8.

ist nicht akzessorisch zum Sacheigentum des Datenträgers bzw. des informationstechnischen Systems als solchen,[25] sondern bestimmt sich im Ausgangspunkt nach dem (ersten) Skripturakt.[26] Damit haben IT-Sicherheitsforschende zwar eine Verfügungs- bzw. Zugriffsbefugnis an von ihnen erstellten Daten (z.B. den bei einer sportlichen Aktivität aufgezeichneten Tracking-Daten). Hingegen ist bei denjenigen Daten, die in einem käuflich erworbenen informationstechnischen System werksseitig hinterlegt sind – z.B. in einem Sicherheitschip[27] hinterlegte kryptografische Schlüssel, ein vorinstalliertes Betriebssystem mitsamt Konfigurations- und Programmdateien –, jemand anderes Skribent und daher ursprünglich Berechtigter.

b) Strafrechtliche Flankierung von Nutzungsbedingungen und -befristungen?

Nach wohl vorherrschender Ansicht ist darauf abzustellen, ob und inwieweit der oder die Hersteller*in den „Käufer*innen"[28] informationstechnischer Systeme eine Nutzungs- bzw. Zugriffsbefugnis auf die seinerseits skribierten Daten einräumt, damit diese das von ihm erworbene Produkt auch tatsächlich vertragsgemäß gebrauchen können. Insbesondere bei proprietärer Software[29] wird die Reichweite einer solchen Nutzung aber regelmäßig von Bedingungen und Befristungen abhängig gemacht, die u.a. die Untersuchung der Software ausschließen können.[30] Dies wirft die Frage auf, inwieweit derartige Vertrags- bzw. Lizenzgrenzen auch auf die

---

[25] Statt aller *Kargl*, in: NK-StGB (Fn. 24), § 202a Rn. 9 m.w.N.; *Eisele*, in: Schönke/Schröder (Fn. 15), § 202a Rn. 10 sowie OLG Nürnberg ZD 2013, 282, 283; *Hilgendorf*, in: Satzger/Schluckebier/Widmaier (Fn. 16), § 303a StGB Rn. 6; *Wieck-Noodt*, in: MüKo-StGB (Fn. 22), § 303a Rn. 10.

[26] Statt vieler OLG Naumburg ZD 2014, 628, 629; OLG Nürnberg ZD 2013, 282, 283; *Eisele*, in: Schönke/Schröder (Fn. 15), § 202a Rn. 9; *Graf*, in: MüKo-StGB (Fn. 24), § 202a Rn. 21; Arzt/Weber/*Heinrich*/Hilgendorf, Strafrecht Besonderer Teil, 4. Aufl. 2021, § 12 Rn. 46; *Hilgendorf*, in: Satzger/Schluckebier/Widmaier (Fn. 16), § 303a Rn. 6. Zur bei § 303a Abs. 1 StGB vertretenen Gegenauffassung siehe sogleich II.3.c.

[27] Z.B. einem sogenannten *Trusted Platform Module*.

[28] Die Anführungszeichen mögen verdeutlichen, dass es sich typischerweise nicht um einen Kaufvertrag, sondern um einen gemischten Vertrag handelt (s. oben II.).

[29] Anders typischerweise bei Open-Source-Software: So gestattet etwa die *GNU General Public License* (https://www.gnu.org/licenses/gpl-3.0.html) die unbeschränkte Nutzung und Modifikation der Software. Lizenzrechtliche Grenzen werden allein bei Verbreitung und Weitergabe der Software gesetzt.

[30] So etwa, wenn ein Lizenzvertrag lediglich die „Installation" und „Ausführung" eines Programms gestattet, aber jegliche weitere urheberrechtliche Nutzung untersagt.

Strafvorschrift des § 202a Abs. 1 StGB – und ggf. sogar auf das Veränderungsverbot des § 303a Abs. 1 StGB – durchschlagen. Hierzu wird vertreten, dass derartige Bedingungen und Befristungen auch im Strafrecht zu berücksichtigen sind, solange diese die Daten bzw. den Zugang – und nicht eine bloße Zweckbestimmung der Nutzung – betreffen.[31] Andere wollen hinsichtlich der Nutzungsarten differenzieren; ist z.B. nur eine bestimmte Nutzung von Daten (etwa die Nutzung der auf einer Bankkarte gespeicherten Daten an Geldautomaten oder an Zahlungsterminals) zivilrechtlich erlaubt, bleibt ein andersartiger Zugriff (etwa das Auslesen der Bankkarte mit digital-forensischen Mitteln) zivilrechtlich verboten und potentiell gemäß § 202a Abs. 1 StGB strafbar.[32]

c) Eigener Ansatz: Fehlendes Integritäts- und Vertraulichkeitsinteresse bei vorrangigem Nutzungsrecht

Eine derartige Interpretation der §§ 202a Abs. 1, 303a Abs. 1 StGB geht jedoch zu weit. Es ist nämlich höchst zweifelhaft, dass Hersteller*innen tatsächlich ein Integritätsinteresse an den von ihnen skribierten Daten haben, das auch gegenüber Käufer*innen strafrechtlich schützenswert ist. Vielmehr ist, im Einklang mit einer vordringenden Literaturauffassung,[33] bei § 303a Abs. 1 StGB das – aus dem Eigentum folgende – (ausschließliche bzw. vorrangige[34]) Nutzungsrecht am *Datenträger* zu berücksichtigen: Wer den Datenträger beliebig nutzen (§ 903 S. 1 BGB) und grundsätzlich sogar zerstören[35] darf, darf sich auch über das Integritätsinteresse des Skribenten hinwegsetzen. So lässt sich auch die absurde Konsequenz vermeiden, dass sich eine Käuferin eines Laptops, die das vorinstallierte, von ihr nicht lizenzierte Betriebssystem löscht und durch ein anderes

---

[31] *Graf*, in: MüKo-StGB (Fn. 24), § 202a Rn. 23 f.

[32] *Eisele*, in: Schönke/Schröder (Fn. 15), § 202a Rn. 11.

[33] So insbesondere *Hecker*, in: Schönke/Schröder (Fn. 15), § 303a Rn. 3 („sachenrechtlichen Zuordnung des Datenträgers"); in diese Richtung auch – zumindest fallgruppenbezogen – *Fischer* (Fn. 17), § 303a Rn. 5 f.; *Hoyer*, in: SK-StGB, 10. Aufl. 2023, § 303a Rn. 5 f.; *Wieck-Noodt*, in: MüKo-StGB (Fn. 25), § 303a Rn. 10; *Altenhain*, in: Matt/Renzikowski (Hrsg.), StGB, 2. Aufl. 2020, § 303a Rn. 4.

[34] Bei einer kurzfristigen Leihe eines Smartphones zu einem Telefonat läge kein vorrangiges Nutzungsrecht vor, wohl aber bei der Miete eines Smartphones zur „eigenen" Nutzung.

[35] Ausnahmen können etwa aus § 274 Abs. 1 Nr. 1 Alt. 2, Nr. 2 StGB und einem spezifischen Beweisführungsrecht eines anderen folgen, oder aber aus der straßenverkehrsrechtlichen Zulassungsrelevanz bestimmter Sicherheitssoftware eines Kraftfahrzeugs.

(z.B. „freies“) Betriebssystem ersetzt, nach § 303a Abs. 1 StGB zu verantworten hätte.[36]

Systematisch stimmig ist diese Lösung nur, wenn sie sich auf § 202a Abs. 1 StGB übertragen lässt. Doch folgt aus einem ausschließlichen Nutzungsrecht an einem informationstechnischen System tatsächlich ein unbegrenztes Zugriffsrecht auf sämtliche in diesem System gespeicherte Daten? Es zeigt sich hier ein Spannungsverhältnis zwischen einem möglicherweise fortbestehenden Vertraulichkeitsinteresse einerseits (z.B. an werksseitig skribierten kryptografischen Schlüsseln und Signaturen[37]), und dem aus dem Eigentumsrecht folgenden Nutzungsrecht andererseits. Wenngleich viel dafür spricht, einem solchen Nutzungsrecht – auch im Lichte des Art. 14 Abs. 1 GG – den Vorzug zu geben und das Vertraulichkeitsinteresse gegenüber dem bzw. der ausschließlich bzw. vorrangig Nutzungsberechtigten nicht formal, sondern materiell (z.B. über § 42 BDSG) zu schützen: Angesichts der notorischen Unbestimmtheit der §§ 202a Abs. 1, 303a Abs. 1 StGB ist die IT-Sicherheitsforschung gut beraten, sich nicht auf eine dementsprechende Auslegung zu verlassen.

III. Fallstricke bei der Untersuchung eines „fremden“, räumlich getrennten informationstechnischen Systems

Es liegt auf der Hand, dass das Strafrecht einer Sicherheitsanalyse an einem „fremden“, räumlich getrennten informationstechnischen System noch deutlich weitergehende Grenzen setzt[38] als an einem „eigenen“ lokalen System. Dies ist nicht nur der Fall, wenn hierdurch die Privatsphäre

[36] Ein weiteres Beispiel: Man denke an eine Angreiferin, die ein fremdes System für aufwendige Rechenoperationen (z.B. sogenanntes Crypto-Mining) verwendet, um hieraus einen Vermögensvorteil zu erlangen. Es liegt auf der Hand, dass diese Datenverarbeitung für die Angreiferin „von wesentlicher Bedeutung“ ist, die erheblich gestört wird, wenn die Schadsoftware (z.B. durch eine „Antivirensoftware“) entfernt (§ 303b Abs. 1 Nr. 1 i.V.m. § 303a Abs. 1 StGB) oder die Hardware gleich gänzlich entsorgt (§ 303b Abs. 1 Nr. 3 StGB) wird. Doch es liegt ebenso auf der Hand, dass die Angreiferin selbst nicht – erst recht nicht gegenüber Eigentümer*innen und legitimen Nutzer*innen des Systems – strafrechtlich schützenswert ist.

[37] Ein weiteres Beispiel wäre das Vertraulichkeitsinteresse vormaliger Mieter*innen informationstechnischer Geräte, die diese vor Rückgabe nicht vollständig rücksetzen konnten, an den auf diesen Geräten gespeicherten Daten.

[38] Auf Strafbarkeitsrisiken einer sozialen Manipulation („social hacking“) – etwa nach § 269 StGB oder § 42 Abs. 2 S. 2 BDSG – sei im Folgenden nicht eingegangen, da eine derartige Vorgehensweise zwar Sicherheitsdefizite eines Unternehmens, nicht aber genuin informationstechnische Sicherheitslücken offenlegen kann.

(§§ 201, 201a StGB) oder die informationelle Selbstbestimmung (§ 42 BDSG) einer anderen Person verletzt wird. Denn in der nach außen erkenntlichen, objektiven Vorgehensweise bedient sich die offensive IT-Sicherheitsforschung hier häufig denselben oder zumindest ähnlichen Vorgehensweisen wie Angreifer*innen, die aus unlauteren Motiven handeln. Im Einzelnen:

1. Datenveränderung (§ 303a Abs. 1 StGB)

Häufig dürfte die Untersuchung eines fremden Systems damit einhergehen, dass dieses System, eine sogenannte Firewall oder ein *Intrusion Detection System* den Zugriff bzw. den Zugriffsversuch detektiert und entsprechende Warnmeldungen („Log-Messages") abspeichert. Wenngleich dies Logdateien und dergleichen verändern kann, ist dies nicht als Datenveränderung (§ 303a Abs. 1 StGB) zu erfassen, da diese Strafvorschrift den Taterfolg des Hinzufügens von Daten nicht kennt. Zudem sind solche Skripturakte den Betreiber*innen der Systeme – und nicht externen Angreifer*innen oder IT-Sicherheitsforscher*innen – zuzurechnen, ebenso wie die von einer Geschwindigkeitsmessanlage angefertigte Bildaufnahme dem Messbeamten und nicht den „geblitzten" Autofahrer*innen zuzurechnen ist.[39]

Im Übrigen ist jedoch die Schwelle zur Datenveränderung i.S.d. § 303a Abs. 1 StGB schnell erreicht, soweit der oder die Verfügungsbefugte kein Einverständnis erteilt hat: Setzt man über ein Internetformular das Passwort eines Nutzers oder einer Nutzerin unter Eingabe der E-Mail-Adresse zurück, so wird serverseitig das entsprechende Passwort (bzw. ein daraus erzeugter *Hash*-Wert) verändert. Eine Bagatellgrenze für derart marginale und ohne größeren Aufwand behebbare Veränderungen wird bei § 303a Abs. 1 StGB – anders als bei § 303 Abs. 1 StGB[40] – bislang, soweit ersichtlich, nicht gefordert.

2. Ausspähen von Daten (§ 202a Abs. 1 StGB)

Ebenfalls ist die Hürde zur Strafbarkeit nach § 202a Abs. 1 StGB für IT-Sicherheitsforscher*innen schnell überschritten, da der *BGH* weder an das Merkmal der besonderen Zugangssicherung noch an deren Überwindung sonderlich hohe Anforderungen stellt:

---

[39] OLG Naumburg ZD 2014, 628.

[40] Statt mehrerer *Wieck-Noodt*, in: MüKo-StGB (Fn. 25), § 303 Rn. 18.

Eine besondere Zugangssicherung soll verbreiteter – wenngleich abzulehnender[41] – Ansicht nach nämlich bereits dann vorliegen, „wenn der Verfügungsberechtigte das Interesse an [der] Geheimhaltung [der Daten] durch besondere Sicherungsvorkehrungen dokumentiert hat";[42] hierfür solle die Verwendung handelsüblicher Schutzprogramme (z.B. vorinstallierte Firewalls) genügen.[43] Angesichts dieser viktimodogmatischen Subjektivierung soll es einem strafrechtlichen Vertraulichkeitsschutz somit nicht entgegenstehen, wenn die „besondere Zugangssicherung" auf hochgradig „unsichere" Art und Weise bewirkt wird, deren Überwindung für IT-Sicherheitsforscher*innen ein Leichtes ist.

Vor allem aber berücksichtigt die Rechtsprechung bislang nicht hinreichend, dass dem Wortlaut zufolge bei der Tatbegehung diese besondere Zugangssicherung *überwunden* werden muss, um zu einer Strafbarkeit des Ausspähens von Daten zu gelangen. Es genügt gerade nicht, dass – bildlich gesprochen – die Haustüre versperrt und verriegelt ist, die Terrassentüre aber sperrangelweit offensteht und der oder die Angreifer*in bzw. IT-Sicherheitsforscher*in diese durchschreitet. Anders sieht es aber der *BGH,* dem zufolge es ausreicht, wenn ein*e Angreifer*in zur Nutzung der Hintertür veranlasst wurde, er also „zu einer Zugangsart [gezwungen wurde], die der Verfügungsberechtigte erkennbar verhindern wollte".[44] Gleichermaßen soll der gegenüber *Externen* bestehende Passwortschutz ausreichen, selbst wenn ein*e *interne*r Administrator*in* sich ohne Weiteres oder mit wenigen „Klicks" Zugriffsrechte auf ein E-Mail-Postfach verschaffen konnte.[45] Unbeschadet der Kritikwürdigkeit dieser Tatbestandsverschleifung: IT-Sicherheitsforscher*innen sollten sich daher, um sich nicht einem Ermittlungsverfahren oder gar dem Risiko einer strafrechtlichen Verurteilung auszusetzen, tunlichst nur Zugang zu fremden IT-Systemen und darauf gespeicherten, irgendwie zugangsgesicherten Daten verschaffen, wenn seitens des oder der Verfügungsberechtigten[46] für *sämtliche* Daten ein Einverständnis vorliegt.

---

[41] *Brodowski* ZIS 2019, 49, 55; *Brodowski* StV 2019, 385.
[42] BGH NStZ 2018, 401 Rn. 38 m.w.N.
[43] BGH NStZ 2018, 401 Rn. 39 ff.
[44] BGH NStZ 2018, 401 Rn. 40.
[45] BGH StV-S 2021, 136 m. abl. Anm. *I. Hassemer.*
[46] Zu rechtlichen Schwierigkeiten, diese*n zu bestimmen, siehe oben II.2.

3. Billigende Inkaufnahme oder fahrlässige Herbeiführung schwerer Folgen

Die schlichte Datenübermittlung an ein anderes informationstechnisches System wird erst dann zur Computersabotage (§ 303b Abs. 1 Nr. 2 StGB), wenn hierdurch jenes System, das zudem „für einen anderen von wesentlicher Bedeutung" sein muss, erheblich gestört wird; der oder die Täter*in muss hinsichtlich dieser Störung zumindest bedingt-vorsätzlich handeln. Kein Rettungsanker für die IT-Sicherheitsforschung ist hingegen das subjektive Erfordernis einer Nachteilszufügungsabsicht: Diese kann auch dann vorliegen, wenn es sich bei der Störung des fremden Systems und der damit verbundenen Nachteilszufügung um ein bloßes „Zwischenziel"[47] auf dem Weg handelt, eine Sicherheitslücke auszuforschen.

Noch größere Strafbarkeitsrisiken drohen bei der Untersuchung informationstechnischer Systeme, von denen im Störungsfall erhebliche Gefahren ausgehen können – man denke an ein hochtechnisiertes Kraftfahrzeug oder auch an Telekommunikationsanlagen als Teil der Kritischen Infrastruktur. Konkret-gefährliche Eingriffe in derartige Anlagen unterliegen häufig einer Fahrlässigkeitsstrafbarkeit (§§ 315b Abs. 1 Nr. 3, Abs. 5, 317 Abs. 3 StGB[48]). Eine strafrechtskonforme IT-Sicherheitsforschung muss daher bei Untersuchungen derartiger Anlagen in besonderem Maße das Augenmerk darauf richten, dass durch ihre Forschung eine (Dritt-)Gefährdung verlässlich ausgeschlossen wird.

IV. Fallstricke bei der Informationsbeschaffung, -aufbereitung und -weitergabe

Die Wissenschaft – und somit auch die IT-Sicherheitsforschung – lebt vom Informationsaustausch, um neue Erkenntnisse zu gewinnen und den jeweiligen Stand der Wissenschaft zu vermitteln. Doch dabei sind einige strafrechtliche Begrenzungen im Umgang mit Informationen über informationstechnische Sicherheitslücken zu beachten:

---

[47] Vgl. *Vogel/Bülte*, in: LK-StGB, 13. Aufl. 2020, § 15 Rn. 81 m.w.N.

[48] Wenngleich der Wortlaut bei § 317 StGB eine sachbezogene Veränderung verlangt, soll eine Datenmanipulation genügen; so *Münzner*, in: LK-StGB, 13. Aufl. 2020, § 317 Rn. 8; *Zieschang*, in: NK-StGB (Fn. 16), § 317 Rn. 7; s. auch *König*, in: LK-StGB, 13. Aufl. 2020, § 316b Rn. 32.

1. Sich-Verschaffen von Informationen über Sicherheitslücken

Informiert sich ein*e IT-Sicherheitsforscher*in – etwa in einschlägigen Foren – über informationstechnische Sicherheitslücken, so ist das Sich-Informieren *als solches* strafrechtlich irrelevant.[49] Anderes gilt aber, wenn ein*e Sicherheitsforscher*in sich ein Computerprogramm verschafft, welches darauf ausgerichtet ist, zur Begehung von Straftaten des Ausspähens und Abfangens von Daten (§ 202c Abs. 1 Nr. 2 StGB), der Datenveränderung (§ 303a Abs. 3 i.V.m. § 202c Abs. 1 Nr. 2 StGB), der Computersabotage (§ 303b Abs. 5 i.V.m. § 202c Abs. 1 Nr. 2 StGB) oder des Computerbetruges (§ 263a Abs. 3 Nr. 1 StGB) verwendet zu werden. Dann ist der Dunstkreis der Strafbarkeit bereits erreicht; Schuz liefert allein das zusätzliche Erfordernis, dass das Sich-Verschaffen zur (zumindest in einem Mindestmaß konkretisierten[50]) Vorbereitung einer dieser Taten erfolgen muss. Damit können sich die oben dargelegten Unsicherheiten und Graubereiche der IT-Sicherheitsforschung in Bezug auf die §§ 202a Abs. 1, 303a Abs. 1 und 303b Abs. 1 StGB[51] bereits vorgelagert, etwa bei dem Sich-Verschaffen von Computerprogrammen zur Überwindung von Zugangssicherungen, auswirken.

2. Erstellen und Verbreiten einer Demonstrationssoftware („Proof of Concept")

In gleicher Weise kann bereits das Erstellen einer Demonstrationssoftware („Proof of Concept") zum Ausnutzen einer Sicherheitslücke auf einem eigenen System von § 202c Abs. 1 Nr. 2 StGB erfasst sein: Es genügt, dass diese Software dazu bestimmt ist, auf Daten strafrechtswidrig (§ 202a Abs. 1 StGB) zuzugreifen, über die der oder die IT-Sicherheitsforschende trotz Speicherung im eigenen System nicht verfügungsbefugt ist.[52]

Weitaus größere strafrechtliche Risiken bestehen angesichts der Weite des § 202c Abs. 1 Nr. 1 StGB und auch des § 263a Abs. 5 Nr. 1 StGB, wenn eine solche Demonstrationssoftware einem anderen zugänglich gemacht wird. Um zu vermeiden, dass diese Software als zur Vorbereitung einschlägiger IT-Straftaten *anderer* bestimmt angesehen wird, sollte – wie andernorts bereits näher ausgeführt – der eng begrenzte Zweck der Soft-

---

[49] Allerdings kann das *Betreiben* einer Handelsplattform i.S.d. § 127 Abs. 2 StGB zum Austausch einschlägiger Schadsoftware der Strafvorschrift des § 127 StGB unterfallen.

[50] Statt mehrerer *Eisele*, in: Schönke/Schröder (Fn. 15), § 202c Rn. 7 m.w.N.

[51] Siehe oben II.2., III.1. und III.2.

[52] Siehe näher oben II.2.

ware (Nachweis der Sicherheitslücke; wissenschaftlicher Austausch) klar dokumentiert und auch der Grund der Weitergabe dieser Software klar kenntlich gemacht werden.[53] Dem zusätzlichen Risiko einer Beihilfestrafbarkeit von IT-Sicherheitsforschenden, wenn eine von ihnen aufgefundene Sicherheitslücke von Dritten zur Straftatbegehung ausgenutzt wird, wird an anderer Stelle in diesem Band nachgegangen.[54]

V. Zusammenführung

1. Praktisch-offensive IT-Sicherheitsforschung als gefahrgeneigte Tätigkeit

Diese *Tour d'Horizon* hat dargelegt, dass die praktisch-offensive IT-Sicherheitsforschung als gefahrgeneigte Tätigkeit anzusehen ist: Selbst bei der vermeintlich „harmlosen“ Untersuchung eines eigenen, vermeintlich in eigenem Eigentum stehenden[55] informationstechnischen Systems und der auf diesem (vor-)installierten Software ist materiell-strafrechtlich alles andere als geklärt, ob ein*e IT-Sicherheitsforscher*in als Käufer*in auf sämtliche auf diesem System gespeicherten Daten zugreifen und diese verändern darf – oder ob ein Vertraulichkeits- und Integritätsinteresse an herstellerseitig im System hinterlegten Daten auch gegenüber dem oder der Käufer*in mit dem Mittel des Strafrechts geschützt wird.[56] Diese Auslegungsunsicherheit manifestiert sich vorgelagert bei § 202c Abs. 1 Nr. 2 StGB, auch i.V.m. § 303a Abs. 3 StGB, wenn ein*e IT-Sicherheitsforscher*in ein Testprogramm entwickelt, um auf ebensolche Daten zuzugreifen oder diese zu verändern.[57]

Bei der Untersuchung fremder, räumlich getrennter informationstechnischer Systeme erweist sich nicht nur die rechtliche – und nicht selten auch faktische – Schwierigkeit, ein Einverständnis seitens des oder der Berechtigten zu erlangen, als Hemmschuh für eine strafrechtssichere IT-Sicherheitsforschung. Als hinderlich erweist sich zusätzlich die Verschleifung, die § 202a Abs. 1 StGB in der Rechtsprechung des *BGH* hinsichtlich des Tatbestandsmerkmals der „Überwindung einer Zugangssicherung“ er-

[53] *Brodowski* it – Information Technology 57 (2015), 357 ff., insb. 363.

[54] Siehe hierzu den Beitrag von *Wörner/Blocher* (in diesem Band) S. 57 ff., sowie *Brodowski* it – Information Technology 57 (2015), 357 ff., insb. 360.

[55] Zum zivilrechtlichen Mischvertrag siehe oben II.

[56] Siehe oben II.2.

[57] Siehe oben IV.2.

fahren hat.[58] Das hat die missliche Folge, dass dieser Straftatbestand auch in Fällen greift, in denen informationstechnische Systeme derart umfassende Sicherheitslücken aufweisen, dass von einer „besonderen Zugangssicherung" keine Rede sein kann.

Schließlich zeigte sich ein Dilemma dahingehend, dass IT-Sicherheit insbesondere bei Kritischen Infrastrukturen und potenziell gefährlichen cyber-physischen Systemen essenziell ist. Doch dort muss eine strafrechtskonform agierende offensive IT-Sicherheitsforschung besonders vorsichtig vorgehen, weil bereits eine fahrlässige Gefährdung kriminalstrafrechtliche Konsequenzen nach sich ziehen kann.[59] So sollte die IT-Sicherheitsforschung es beispielsweise tunlichst vermeiden, durch eine Sicherheitsüberprüfung die Stromversorgung für einige Tage zu unterbrechen, selbst wenn dies dem Nachweis dient, dass auch externe Angreifer*innen dieselbe Störung (vorsätzlich) hätten herbeiführen können.

Zu alledem tritt die Besorgnis hinzu, dass wissenschaftstypische Vorgehensweisen der IT-Sicherheitsforschung möglicherweise den objektiven Tatbestand verschiedener Straftatbestände (z.B. von § 202c Abs. 1 StGB und § 23 Abs. 1 GeschGehG) verwirklichen und Restriktionen erst auf subjektiver Seite wirksam werden. Da subjektive Deliktsmerkmale schwerer nachweisbar sind, erhöht dies die Wahrscheinlichkeit, dass Strafverfolgungsbehörden zunächst zureichende Anhaltspunkte für ein verfolgbares strafbares Verhalten annehmen könnten – und IT-Sicherheitsforschende darauf angewiesen sind, dass sich ein solcher Anfangsverdacht im weiteren Verlauf der Ermittlungen entkräften lässt.

2. Irrtumsregeln sowie Strafantrags- und Strafverfahrensrecht als unzureichende Korrektive

Auf drei nachfolgend skizzierten Wegen sinkt zwar das Risiko einer Anklageerhebung (§ 170 Abs. 1 StPO) oder einer strafrechtlichen Verurteilung von IT-Sicherheitsforschenden in konkreten Einzelfällen; das strukturelle Grundproblem vermögen sie jedoch nicht zu lösen:

a) Irrtumsregeln

In Bereichen großer tatsächlicher und rechtlicher Unsicherheit können zwar grundsätzlich die Irrtumsregeln zum Rettungsanker werden, denen

[58] Siehe oben III.2.
[59] Siehe oben III.1.

zufolge ein Irrtum über Tatumstände den Vorsatz ausschließt (§ 16 Abs. 1 StGB) und ein unvermeidbarer Verbotsirrtum die Schuld entfallen lässt (§ 17 S. 1 StGB). Indessen ist bei den IT-Sicherheitsforschenden eine hohe Tatsachenkenntnis (etwa über die ursprünglichen Skribent*innen der Daten) anzunehmen, sodass erstgenannter Irrtum eher selten vorliegen dürfte.

Bei der schwierigen Abgrenzungsfrage, *wer* in welchem Umfang bei einem informationstechnischen System über den Zugriff (§ 202a Abs. 1 StGB) und die Veränderung (§ 303a Abs. 1 StGB) der darin gespeicherten Daten entscheiden darf,[60] ist allerdings zu bedenken, dass das dieser Frage zugrundeliegende, ungeschriebene Tatbestandsmerkmal (verkürzt: „Fremdheit der Daten") hochnormativ ist. Das hat zur Folge, dass für die Entscheidung, ob jemand diesbezüglich mit zumindest bedingtem Vorsatz handelt, nach einer verbreitet vertretenen Ansicht sich die „gesetzgeberische Grundentscheidung [...] im Verständnis des Täters widerspiegel[n]"[61] bzw. die normative Wertung – hier also die „Fremdheit der Daten" – „laienhaft" nachvollzogen werden muss;[62] fehle es hieran, so liege ebenfalls ein Tatumstandsirrtum i.S.d. § 16 Abs. 1 StGB vor. Diese – ohnehin kritikwürdige[63] – Dogmatik hilft jedoch weder bei juristisch vorgebildeten oder juristisch begleiteten IT-Sicherheitsforschenden, noch trägt sie zu einer auf Rechtskonformität ausgerichteten IT-Sicherheitsforschung („Criminal Compliance") bei. Gleiches gilt für den unvermeidbaren Verbotsirrtum (§ 17 S. 1 StGB), zu dessen Anwendung die Rechtsprechung ohnehin nur sehr zurückhaltend bereit ist.

b) Strafantragserfordernisse

Ebenfalls nur ein untaugliches Korrektiv sind die Strafantragserfordernisse (§§ 205, 303c StGB) sowie die faktische Hürde, dass einschlägige Straftaten in der Regel erst proaktiv zur Aufmerksamkeit der Strafverfolgungsbehörden gebracht werden müssen, damit entsprechende Ermittlungen eingeleitet werden. Denn die hier maßgeblichen Strafantragserfordernisse sind relativ – d.h. die Staatsanwaltschaften können ein besonderes öffentliches Interesse an der Strafverfolgung bejahen und dann auch ohne Antrag eines oder einer Verletzten tätig werden – und zudem nur fragmen-

---

[60] Siehe oben II.2.

[61] *Papathanasiou*, in: Festschrift für Roxin, 2011, II, S. 467 (481); *Papathanasiou*, Irrtum über normative Tatbestandsmerkmale, 2014, S. 201 ff.

[62] Siehe, statt vieler, BGHSt 3, 248, 255; BGHSt 4, 347, 352.

[63] Siehe, statt mehrerer, *Vogel/Bülte*, in: LK-StGB (Fn. 49), § 16 Rn. 30.

tarisch, da sie sich z.B. nicht auf den Straftatbestand der Vorbereitung des Ausspähens und Abfangens von Daten (§ 202c StGB) beziehen. Zudem ändern diese und weitere faktische sowie normative Verfolgungshindernisse oder -erschwernisse nichts an der materiell-rechtlich zu bestimmenden Strafrechtswidrigkeit; auf sie kann niemand verweisen, der die IT-Sicherheitsforschung rechtskonform ausgestalten will.

c) Verfahrenseinstellung

Gleichsinnig ist in Bezug auf Verfahrenseinstellungen nach dem sog. Opportunitätsprinzip (insb. §§ 153, 153a StPO) zu argumentieren: Diese können zwar manche Härten einer Inkriminierung ausgleichen. Sie ändern jedoch nichts am strafbewehrten Verbotensein der gegenständlichen Handlungen. Zudem ist kein Verlass darauf, dass in entsprechenden Verfahren (hier: wegen einer Tatbegehung im Rahmen der IT-Sicherheitsforschung) auf dieser Grundlage von einer weiteren Strafverfolgung abgesehen wird; gegen den Willen der Staatsanwaltschaft lässt sich eine Einstellung nach §§ 153, 153a StPO nicht (gerichtlich) erzwingen. Die Möglichkeit, in Ausnahme- und Grenzfällen eine Strafverfolgung geräuschlos und ohne (§ 153 StPO) bzw. mit begrenzten (§ 153a StPO) Konsequenzen beenden zu können, kann eine legislative Überkriminalisierung daher keineswegs rechtfertigen.[64]

3. Reformbedürftigkeit des IT-Strafrechts

Unbeschadet der in diesem Beitrag nicht näher erörterten Frage, ob sich die Rechtsunsicherheit für die IT-Sicherheitsforschung durch eine spezifische Rechtfertigung oder einen spezifischen Tatbestandsausschluss ausgleichen lässt,[65] belegt die vorstehende Analyse eine Reformbedürftigkeit des IT-Strafrechts:[66] § 202c Abs. 1 Nr. 2 StGB reicht über das europastrafrechtlich nach Art. 7 lit. a RL 2013/40/EU gebotene Maß hinaus; anstelle

---

[64] So aber BT-Drs. 18/4350, S. 24: „Extremsituationen, die durch diese sehr weitgehende Pönalisierung […] möglicherweise entstehen, kann im Rahmen der Rechtswidrigkeit, Schuld und Strafzumessung sowie auf prozessualer Ebene (§ 153c Absatz 1 Nummer 1 der Strafprozessordnung) Rechnung getragen werden".

[65] Siehe hierzu den Beitrag von *Bao/Zech* (in diesem Band) S. 131 ff. sowie oben die Nachweise in Fn. 13.

[66] In diesem Sinne auch *Golla* (in diesem Band) S. 3, 16 ff.. Auf kriminalpolitisch erwägenswerte Qualifikationen und Ausweitungen soll an dieser Stelle nicht eingegangen werden; siehe hierzu, neben *Golla* (in diesem Band) S. 3, 17, 20 – noch immer höchst lesenswert – *Sieber* (Fn. 12).

des bedenklichen Zweckmerkmals sollte eine Inkriminierung – wie die österreichische Regelung in § 126c Abs. 1 Nr. 1 öStGB – darauf abstellen, ob ein Computerprogramm „nach seiner besonderen Beschaffenheit ersichtlich zur Begehung“ einer IT-Straftat „geschaffen oder adaptiert worden ist“.[67] Eine derartige gesetzliche Korrektur käme auch der IT-Sicherheitsforschung zugute, da Demonstrationssoftware („*Proof of Concept*“) zum Nachweis einer IT-Sicherheitslücke ersichtlich *nicht* zur Begehung von IT-Straftaten geschaffen wird.

Vor allem aber reichen die Strafvorschriften des Ausspähens von Daten (§ 202a Abs. 1 StGB) und der Datenveränderung (§ 303a Abs. 1 StGB) infolge des formalen Vertraulichkeits- und Integritätsschutzes sehr weit. Diese Tatbestände sind zudem – wie auch die europastrafrechtlichen Vorgaben in Art. 3 bis 5 RL 2013/40/EU – hochgradig unbestimmt. Das zeigt sich insbesondere am Deliktsmerkmal der (verkürzt) „Fremdheit der Daten“, das zudem im Wortlaut der Vorschriften nicht zum Vorschein kommt. Hierzu haben bislang weder Rechtsprechung noch Literatur verlässliche Fallgruppen entwickelt, die substantiell zur Normkonkretisierung beitragen und eine mangelnde Bestimmtheit einer Strafvorschrift ausgleichen könnten. Im Gegenteil hat die Rechtsprechung das zur Restriktion des § 202a Abs. 1 StGB so bedeutsame Merkmal „Überwindung einer besonderen Zugangssicherung“ marginalisiert;[68] seine Funktion, „dem Täter die Grenze fremder Zuständigkeit“ zu verdeutlichen und „von ihm ein bestimmtes Maß an krimineller Energie“ zu verlangen,[69] ist dabei verloren gegangen. Verhielte sich die Rechtsprechung hier dem Gesetzeswortlaut gegenüber gehorsam, wäre für die Rechtssicherheit – auch der IT-Sicherheitsforschung – bereits viel gewonnen; noch mehr ließe sich erreichen, wenn man das IT-Strafrecht konsequenter als bisher funktional-wertend auslegen würde.[70] Bezogen auf den Grundtatbestand der Datenveränderung sei schließlich der Vorschlag *Sieber*s in Erinnerung gerufen, diesen dadurch einzugrenzen, eine durch die Datenveränderung bewirkte, objektive und vom Vorsatz des Täters oder der Täterin umfasste, erhebliche Zufügung eines Nachteils zu verlangen;[71] ohne derartigen greifbaren Nachteil erfolgende Datenveränderungen sind evidentermaßen ein „leichter Fall“,

[67] Siehe bereits *Brodowski*, in: Festschrift für Sieber, Bd. 2, 2021, S. 727, 739; sowie *Golla* (in diesem Band) S. 3, 18 bei und mit Fn. 77.
[68] Siehe oben III.2.
[69] *Sieber* (Fn. 12), S. C 86.
[70] *Brodowski* ZIS 2019, 49, 51 ff.; *Brodowski*, in: Festschrift für Sieber, Bd. 2, 2021, S. 727, 729.
[71] *Sieber* (Fn. 12), S. C 88 f.

bei dem auch die europastrafrechtlichen Vorgaben keine Inkriminierung verlangen (vgl. Art. 3 bis 5 RL 2013/40/EU, jeweils am Ende).

Bereits derartige – vergleichsweise geringfügige – Korrekturen im Wortlaut und in der Auslegung des IT-Strafrechts könnten maßgeblich dazu beitragen, diesem zu größerer Bestimmtheit zu verhelfen und Überkriminalisierungen – nicht nur, aber vor allem im Bereich der IT-Sicherheitsforschung – zu vermeiden.

Die Mitverantwortung Forschender für Straftaten Dritter

Liane Wörner/Janine Blocher

Die mit der IT-Sicherheitsforschung einhergehenden Risiken der strafrechtlichen Mitverantwortung beim Umgang mit bestehenden oder nicht intendiert neu entstehenden Sicherheitslücken sowie beim Erstellen von Lockfallen zur Erforschung von Sicherheitsrisiken stehen im Mittelpunkt dieses Beitrages. Das schließt die Frage ein, ob Sicherheitsforschende[1] auch strafrechtlich für ihre dabei erschaffenen „Produkte" einstehen. Allen Konstellationen ist gemein, dass es der Sicherheitsforschung zielorientiert um den Abbau und die Ausschaltung von Sicherheitslücken und -risiken geht. Fraglich ist im Kern, ob zur Zielerreichung eingegangene (auch nicht vermeidbare) Risiken dennoch strafrechtliche Haftung bedeuten, wenn und soweit dies Dritte zur Begehung von Straftaten benutzen, und wann, ob und inwieweit es einer Revision des Fahrlässigkeitsbegriffs bedarf.

I. Hinführung

Wenn man sich mit IT-Sicherheitsforschung und IT-Strafrecht auseinandersetzt, mit Forschungen also, um die Technik zur Elektronischen Datenverarbeitung (EDV) und hierzu verwendete Hard- und Softwarestrukturen (dann Informationstechnik) sicher zu gestalten und auch gegen strafrechtliche Risiken zu schützen, springen sofort eine Vielzahl an Einzelfragen in das unmittelbare Blickfeld. Sie betreffen zuvorderst die Rollen, Aufgaben und Pflichten von Herstellern, Entwicklern und Anwendern. In zweiter Reihe und zumeist unterbelichtet, dennoch in gleicher Weise relevant, steht die Frage, inwieweit in die technische Entwicklung eingebundene oder unabhängig Forschende, sei es an den Universitäten, in Forschungsverbünden, sonstigen Einrichtungen oder individuell, für Sicherheitslücken mitverantwortlich sind, wenn sie im Rahmen ihrer Forschung solche aufspüren oder eben nicht aufspüren und Dritte diesen Umstand zur Begehung von Straftaten ausnutzen.

[1] Die Wahl des Genders in diesem Beitrag erfolgt kontextspezifisch, teilweise satzspezifisch, teilweise auch zufällig und will damit ausdrücklich jeweils sämtliche Gender erfasst wissen.

Ziel des folgenden Beitrags ist es, diesen Bereich der IT-Sicherheitsforschung und des IT-Strafrechts zu belichten. Dabei sollen aus der erkennbaren Vielzahl an Fragestellungen zunächst drei Bereiche vertiefend differenziert werden: Die Mitverantwortung Forschender betrifft zunächst im Kern die Aufarbeitung, ob und inwieweit Forschende für den Bestand und die Existenz von Sicherheitslücken überhaupt verantwortlich gemacht werden können, einschließlich ob und inwieweit in Entwicklung und Umgang eingebundene Forschende für die „Produkte" im Sinne der Produkthaftung etwa strafrechtlich verantwortlich sind (II.). Der Beantwortung bedarf dabei auch, in welchem Maß „sichere" Regulierungen einzufordern sind. Gesondert zu beleuchten ist dagegen in einem zweiten Schritt (hier: III.) die strafrechtliche Verantwortung, wenn Forschende mittels des Betreibens sog. „Honeypots" Computerviren, -würmer und/oder Trojaner zielgerichtet „ausspähen", also gerade selbst (scheinbar) verwundbare Computerprogramme aufsetzen, um Viren u.ä. unschädlich zu stellen, deren Entwicklung damit aber auch zugleich gefördert wird. Daran schließt sich (IV.) die Frage an, ob und inwieweit es sogar der Erforschung spezifischer IT-Sicherheitsbereiche bedarf und Forschende strafrechtlich (mit-)verantwortlich sind, wenn in IT-Sicherheitsbereiche investiert oder gerade nicht investiert wird. Ist das nur so fahrlässig, wie das Essen von rohem Fleisch im Verlauf einer Schwangerschaft oder müssen wir hier wie dort die strafrechtliche (Nicht-)Verantwortung neu verhandeln? Wer trägt, mit anderen Worten, die Mitverantwortung, dass Sicherheitslücken bleiben, durch Forschungen entstehen, von Dritten entdeckt und zur Begehung von Straftaten benutzt werden?

Wir konzentrieren uns mithin in der Ausgangslage auf die strafrechtlichen Risiken der Straftatbegehung durch Dritte, die mit IT-Sicherheitsforschung zur Analyse von Sicherheitslücken einhergehen, sei es innerhalb eigener oder mittels Zugriffs auf fremde Systeme.[2] Nicht Gegenstand ist hier die strafrechtliche Verantwortung Forschender für eigenes Handeln.

II. Der Umgang mit Sicherheitslücken und die Mitverantwortung Forschender für deren Existenz und Bestand

Die Mitverantwortung Forschender für Straftaten Dritter, das wird aus den Einzelfragen bereits deutlich, ist vordringlich eine Frage fahrlässiger

---

[2] Zur erforderlichen Differenzierung und Trennung der Fragestellungen hinsichtlich des eigenen Verhaltens von Forschenden, siehe den Beitrag von *Brodowski* (in diesem Band), S. 37 ff.

Mitverantwortung. Wissentlich, willentliches Ziel des Forschenden ist es in aller Regel nicht, durch oder mittels Dritter Straftaten zu begehen. Vielmehr ist es umgekehrt zentrales Anliegen Forschender, das Entstehen und Bestehen von Sicherheitslücken zu verhindern.[3] Fraglich ist damit auch, ob unser aktuelles Fahrlässigkeitsverständnis die Problematik der Mitverantwortung auffängt und aushält.[4]

Eine eigene individuelle Fahrlässigkeitsverantwortlichkeit des Forschenden ist nach deutschem Strafrecht denkbar, wenn ein Dritter ein unzureichend abgesichertes informationstechnisches System wissentlich und willentlich – vorsätzlich also – benutzt oder ausnutzt, um Straftaten zu begehen, sei das die Herbeiführung des Todes eines Menschen, eine körperliche Verletzung oder auch die rechtswidrige Verarbeitung von Daten im Datenschutzrecht.[5] Solches Ausnutzungsverhalten betrifft insbesondere Unternehmen und kritische Infrastruktur wegen der hohen Sensibilität und gesellschaftlichen Bedeutung der dort verarbeiteten Daten[6], sowie autonom betriebene Systeme – sei es auf der Straße im Zusammenhang mit Kraftfahrzeugen oder etwa im medizinischen Bereich bei medizintechnischen Produkten.[7] Jeweils steht für Forschende in Frage, ob sie für Verletzungen und Schäden mit heranzuziehen sind, etwa wegen fahrlässiger Tötung (§ 222 StGB), fahrlässiger Körperverletzung (§ 229 StGB) oder wegen Verstoßes gegen die DS-GVO bei der Datenverarbeitung (Art. 83 Abs. 2 S. 2 lit. b DS-GVO).

1. Schwerpunkt der Vorwerfbarkeit und Sorgfaltspflichtverletzung

Die Hauptfrage dreht sich zunächst darum, ob und was der Forschenden konkret überhaupt vorgeworfen werden kann an fahrlässiger Pflichtverletzung (a) mit dem Schwerpunkt eines Agierens oder Nichtagierens (b).

[3] Zur schwer unterscheidbaren Motivationslage von Forschern verglichen mit Cyberkriminellen, siehe Beitrag von *Golla* (in diesem Band), S. 3, 6 ff.

[4] Dazu schon *Valerius*, in: Hilgendorf (Hrsg.), Autonome Systeme und neue Mobilität, 2017, S. 9, 18 ff.; *Beck*, ebd., S. 117, 120 ff.; *Hilgendorf*, ebd., S. 143, 164 ff.

[5] *Brodowski*, in: Kipker (Hrsg.), Cybersecurity, 2020, Kap. 13 Rn. 84.

[6] In den Pandemiejahren waren häufig Corona-Testzentren betroffen, *BSI*, Lage der IT-Sicherheit in Deutschland, 2022, S. 19; *Bundeskriminalamt*, Bundeslagebild Cybercrime, 2020, S. 38. Auch sonst sind besonders Gesundheitseinrichtungen gefährdet, vgl. zum Fall des Uniklinikums Düsseldorf, *Bundeskriminalamt*, ebd., S. 26.

[7] *Bundeskriminalamt* (Fn. 6), S. 38. *BSI* (Fn. 6), S. 52; *Brodowski*, in: Kipker (Fn. 5), Rn. 85; *ders.*, in: Borges/Sorge (Hrsg.), Law and Technology in a Global Digital Society, 2022, S. 233, 248 f.

a) Objektive Sorgfaltspflichtverletzung bei objektiver Vorhersehbarkeit

Der zentrale Vorwurf in strafrechtlicher Hinsicht für fahrlässiges Handeln besteht bis heute nach (noch) vorherrschender Meinung in einer *objektiven Sorgfaltspflichtverletzung* bei *objektiver Vorhersehbarkeit* des tatbestandlichen Erfolges.[8] Bei aller erforderlichen Kritik an diesem Fahrlässigkeitsverständnis[9] ist hier nicht der Ort für eine umfassende Auseinandersetzung, soll doch vorliegend zunächst nicht das Fahrlässigkeitsverständnis selbst erfragt werden, sondern inwieweit Forschende in der Mitverantwortung stehen; eine etwaig erforderliche Neuformulierung der Fahrlässigkeit ist darin erst die anschließende zweite Frage. Auf der Basis eines zunächst mit der herrschenden Meinung begründeten Fahrlässigkeitsbegriffs bedeutet das, dass eine Mitverantwortung Forschender für Existenz und Bestand von Sicherheitslücken die Feststellung einer Sorgfaltspflichtverletzung erfordert, die kausal zu einer Veränderung in der Außenwelt führt (1), die für die Forschende objektiv vorhersehbar war (2) und die die Forschende bei Einhaltung der Sorgfaltspflicht hätte (objektiv) vermeiden können (3).[10]

Die Probleme treten auf allen Ebenen auf, will man daraus für die hiesigen Sachverhaltskonstellationen eine Strafbarkeit begründen: Art und Maß der Sorgfalt werden danach bestimmt, was von einem gewissenhaften und besonnenen Menschen in der konkreten Lage und nach seiner sozialen Rolle zu erwarten ist.[11] Verletzungen von Sorgfaltspflichten (1) sind erst nach ihrer Bestimmung möglich. Teilweise lassen sich Sorgfaltspflich-

---

[8] *Vogel/Bülte*, in: LK-StGB, 13. Aufl. 2020, § 15 Rn. 164 ff. m.w.N.

[9] Vgl. dazu ausführlich insbesondere *Duttge*, Zur Bestimmung des Handlungsunwerts des Fahrlässigkeitsdelikts, 2001, S. 76 ff., 207 ff.; *Gropp*, Conduct that the Actor Should Realize Creates a Substantial and Unreasonable Risk, in: Heinrich/Jäger/Schünemann u.a. (Hrsg.), Strafrecht als Scientia Universalis, Festschrift für Claus Roxin zum 80. Geburtstag, 2011, S. 786 f. Im Ergebnis soll vorab dennoch nicht verschwiegen werden, dass in der Tat einiges für einen solchen auch sog. subjektiven Fahrlässigkeitsbegriff spricht. Problematisch ist sowohl die Formulierung als auch Verankerung von Sorgfaltspflichten, wie sie die noch h.M. einfordert. Hinzu tritt aber insbesondere, dass die eigentliche Verantwortung für fahrlässiges Handeln eher im Verursachen oder Ausnutzen von Gefahren bestehen dürfte als in der Verletzung von zunächst zu bestimmenden Sorgfaltspflichten, in diesem Sinne bereits *Wörner* ZIS 2019, 41, 42.

[10] So aufgeführt auch bei *Gropp/Sinn*, Strafrecht Allgemeiner Teil, 5. Aufl. 2020, § 12 Rn. 20 (hier freilich nicht ohne Kritik im Nachgang); *Sternberg-Lieben/Schuster*, in: Schönke/Schröder, 30. Aufl. 2019, § 15 Rn. 121 ff.; *Vogel/Bülte*, in: LK-StGB (Fn. 8), § 15 Rn. 164 ff. m.w.N.

[11] BGH NStZ 2003, 657, 658; NStZ 2005, 446, 447; NJW 2015, 96 Rn. 35; *Sternberg-Lieben/Schuster*, in: Schönke/Schröder (Fn. 10), § 15 Rn. 135 m.w.N.

ten konkretisieren, so zB über § 19 TTDSG oder über §§ 5–9 BSIG, und damit spezifische Anforderungen an die Absicherung informationstechnischer Systeme stellen; der BSI-Grundschutzkatalog kann als Anhaltspunkt für den Stand der Technik herangezogen werden.[12] Oftmals jedoch sind sie noch nicht ausgereift und/oder nicht bekannt. Die daraus resultierende eigene Verantwortungslücke lässt sich ggf. nur mittels eines neu ausgerichteten Fahrlässigkeitsbegriffs abwenden.[13]

Die Frage, ob der Taterfolg im konkreten Fall objektiv vorhersehbar ist (2), erscheint jedenfalls nur bei bestimmten cyber-spezifischen Systemen vorstellbar, etwa beim autonomen Fahren und auch hier nicht überall.[14] Übertragen auf den Bereich der IT-Sicherheitsforschung muss nämlich je nach Konstellation, in der Forschende auftreten, unterschieden werden: Unabhängig Forschenden kann einerseits vorgeworfen werden, eine Sicherheitslücke in einem fremden System entdeckt und veröffentlicht zu haben, so dass Dritte davon Kenntnis erlangen und das (im Bereich der Lücke) ungeschützte System angreifen konnten. Andererseits kann der Vorwurf darin bestehen, eine entdeckte Sicherheitslücke verschwiegen zu haben, so dass Hersteller, Betreiber und/oder Nutzer keine entsprechenden Schutzvorkehrungen entwickeln und/oder treffen konnten. Zuletzt kann Forschenden, die an Entwicklung und Betrieb eines Systems beteiligt sind, vorgeworfen werden, Schwachstellen nicht entdeckt oder/und geschlossen zu haben. Im Kontext von Sicherheitslücken, so scheint es, können Forschende mithin gar nicht ohne Vorwurf agieren. Ob sie also letztlich die Vermeidemacht (3) besitzen, bedarf der Auseinandersetzung mit dem Schwerpunkt der Vorwerfbarkeit.

b) Schwerpunkt der Vorwerfbarkeit

Wagen wir eine Differenzierung: Nur im ersten Fall bezieht sich der Schwerpunkt der Vorwerfbarkeit erkennbar auf ein aktives Tun. Allerdings besteht dieser Vorwurf dann im *Bekanntmachen einer Sicherheitslü-*

---

[12] *Brodowski*, in: Kipker (Fn. 5), Kap. 13 Rn. 85; *Valerius*, in: Hilgendorf (Fn. 4), S. 9, 11.

[13] Im Überblick deutlich bereits *Gropp/Sinn*, AT (Fn. 10), § 12 Rn. 121 f. Vertiefend: *Gropp*, in: FS-Roxin II (Fn. 9), S. 779, 786 ff. Vgl. weiter auch *Freund/Rostalski*, Strafrecht Allgemeiner Teil, 3. Aufl. 2019, § 5 Rn. 43 ff.; *Roxin/Greco*, Strafrecht Allgemeiner Teil Band I, 5. Aufl. 2020, § 24 Rn. 12 ff., die ebenfalls den Sachverhaltsunwert der Fahrlässigkeitstat in der Schaffung einer unerlaubten Gefahr sehen; ähnlich und weitestgehend ausdifferenziert: *Duttge* (Fn. 9), S. 432.

[14] *Brodowski*, in: Kipker (Fn. 5), Kap. 13 Rn. 85.

cke.[15] Das Bekanntmachen von Sicherheitslücken, etwa auch in der Form von Forschungspapieren oder Veröffentlichungen, ist aber nicht mit dem Ausnutzen von Sicherheitslücken gleichzusetzen; es bietet allenfalls Tatgelegenheit für Dritte hierzu.[16] Wer im Nachbarhaus ein offenes Fenster entdeckt und dies – sei es auch mit dem Megafon – dem Nachbar zuruft, wird deshalb nicht zum Dieb, wenn ein Dritter den Zuruf hört und das offene Fenster zum Einstieg und Diebstahl benutzt.[17] Es fehlt ersichtlich am eigenen „In den Händen Halten" des Tatgeschehens, mithin an Tatherrschaft[18] oder auch wenigstens dem Willen zur Tatherrschaft.[19] Und solange und soweit das sicherheitsrelevante System nicht selbst als Produkt (mit)entwickelt wurde,[20] geht mit der Entdeckung der Sicherheitslücke und ihrer Bekanntgabe auch keine Herrschaft über das weitere Geschehen einher, schon weil faktisch Entdeckung und Bekanntgabe nicht auch zugleich die Kenntnis darüber bedeutet, dass der Produktverantwortliche die Lücke geschlossen hat.[21] Die Forschende kann für die Sicherheitslücke ebenso

---

[15] Ein Prozess zur verantwortungsbewussten Offenlegung ist das sog. *Coordinated Vulnerability Disclosure*-Verfahren (früher *Responsible Disclosure*): Die Schwachstelle soll zuerst dem Produktverantwortlichen offengelegt werden, so dass dieser die Lücke schließen kann, bevor in einem zweiten Schritt die Öffentlichkeit, namentlich die Produktadressaten, benachrichtigt werden, vgl. so auch § 7a Abs. 4 S. 3 BSIG sowie in einigen ISO/IEC-Normen, allerdings jeweils als rechtlich nicht bindende Empfehlung, dazu: *Wagner* DuD 2020, 111, 118 f.; *Balaban u.a.*, Whitepaper zur Rechtslage der IT-Sicherheitsforschung, 2021, S. 27 ff., https://sec4research.de/assets/Whitepaper.pdf (22.3.2023).

[16] Eine Strafbarkeit gem. §§ 202c, 263a Abs. 3, 303a Abs. 3, 303b Abs. 5 StGB wegen Vorbereitung einer Straftat scheitert außerdem bereits daran, dass die Forschenden mit der Veröffentlichung legitime Zwecke verfolgen. Die Absicht eine Straftat vorzubereiten wird jedenfalls nicht nach außen hin manifestiert werden, vgl. zu § 202c StGB BVerfGK 15, 491 Rn. 60 ff.; zum Kontext der IT-Sicherheitsforschung, *Golla* (in diesem Band), S. 3, 8.

[17] Weder wird Gewahrsam an einer fremden beweglichen Sache gebrochen (§ 242 StGB), noch dazu angestiftet (§ 26 StGB) oder auch nur bedingt vorsätzlich Beihilfe gleistet (§ 27 StGB); das soll umgekehrt alles verhindert werden.

[18] Grundlegend *Roxin*, Täterschaft und Tatherrschaft, 1. Aufl. 1963, mittlerweile erschienen in der 10. Aufl. 2019; im Schrifttum nunmehr herrschende Ansicht, vgl. *Heine/Weißer*, in: Schönke/Schröder (Fn. 10), vor § 25 Rn. 57; *Joecks/Scheinfeld*, in: MüKo-StGB, 4. Aufl. 2020, StGB § 25 Rn. 13, jeweils m.w.N.

[19] So die Rspr., vgl. nur BGH, Beschluss v. 25.3.1981 – 2 StR 130/81 = StV 1981, 275 Rn. 8; im Überblick *Roxin*, Die Abgrenzung von Täterschaft und Teilnahme in der höchstrichterlichen Rechtsprechung, in: Canaris (Hrsg.), 50 Jahre Bundesgerichtshof: Festgabe aus der Wissenschaft IV, 2000, S. 177, 194 f.

[20] Dazu unten II.2.

[21] Vgl. *Duttge*, Das Fahrlässigkeitsdelikt im Zeitalter moderner „Katastrophen" in: Joerden/Schmoller (Hrsg.), Rechtsstaatliches Strafen, Festschrift für Keiichi Yamanaka zum 70. Geburtstag, 2017, S. 29, 41. Mangels insoweit bestehender Produktherrschaft

wenig wie der Nachbar für das offene Fenster. Die Veröffentlichung der Sicherheitslücke gereicht daneben ebenso wie der Megafonausruf über das offene Fenster auch nicht für eine strafbare Beihilfe. Mindesterfordernis der strafbaren Teilnahme an der vorsätzlich rechtswidrigen Haupttat ist neben dem Fördern der Haupttat[22] durch eine entsprechende Beihilfehandlung der Vorsatz zu Haupttat und fördernder Hilfeleistung.[23] Für jenen Vorsatz wird man zwar – mangels Tatherrschaft über das Gesamtgeschehen – nicht die umfassende Kenntnis der Tat mit sämtlichen Tatbestands- und Verwirklichungsmerkmalen einfordern können,[24] jedoch im Mindestmaß das Wissen um Tatvoraussetzungen einer bestimmten Straftat.[25] Nur weil wir wissen, dass der Megafonausruf zum offenen Fenster von einer dritten Person zur Begehung eines Diebstahls ausgenutzt werden könnte, bedeutet das eben gerade nicht, die Begehung eines solchen Diebstahls ernsthaft für möglich zu halten. Übertragen: Die Sicherheitsforscherin zielt darauf ab, Sicherheitslücken zu entdecken, um sie zu schließen und Adressaten (Nutzer, Anwender, Dritte) zu warnen, damit diese entsprechende Schutzvorkehrungen treffen können, nicht hingegen um – bedingt vorsätzlich – die Möglichkeiten zur Begehung konkreter Straftaten zu eröffnen.[26]

Das schließt den Vorwurf fahrlässigen Verhaltens aber nicht von vornherein aus. Das Problem wird auch hier vielmehr das Fehlen konkreter Sorgfaltspflichten sein bzw. Klarheit darüber, wann der Forschende in ei-

---

besteht in diesem Fall gerade auch keine Rückholpflicht, siehe dazu in der Konstellation eigens erschaffener Produkte unten (II.2) mit BGHSt 37, 106 = NJW 1990, 2560 (Lederspray-Fall).

22 Fördern der Haupttat bedeutet i.d.S. jedenfalls die Vornahme einer Handlung, die die Haupttat in ihrer konkreten Gestalt ermöglicht oder erleichtert hat, aber nicht notwendigerweise äquivalent kausal für den Taterfolg war, vgl. dazu *Heine/Weißer*, in: Schönke/Schröder (Fn. 10), § 27 Rn. 4 m.w.N. Schon darüber ließe sich vorliegend zu Recht streiten und sagen, dass das Entdecken einer Sicherheitslücke und die entsprechende Bekanntgabe für sich gerade noch keine gesonderte Förderleistung zu ihrem Ausnutzen, sondern umgekehrt eine Förderleistung zu ihrem Schließen einerseits bzw. zum Treffen entsprechender Sicherheitsvorkehrungen gegen ihr Ausnutzen andererseits bedeuten.

23 Sog. Doppelvorsatz des Gehilfen, vgl. nur *Roxin*, Strafrecht Allgemeiner Teil II, 2003, § 26 Rn. 270 m.w.N. Freilich wird über die konkreten Erfordernisse des Vorsatzes zur Haupttat erheblich gestritten, vgl. im Überblick, ebd. Rn. 272 ff.; *Greco* ZIS 2019, 440, 444 m.w.N.

24 Ebenso BGH, Beschluss v. 20.1.2011 – 3 StR 420/10 = NStZ 2011, 399, 400 m.w.N.; *Schünemann/Greco*, in: LK-StGB (Fn. 8), § 27 Rn. 65.

25 *Roxin*, AT II (Fn. 23), § 26 Rn. 273, 277; *ders.* JZ 1997, 210, 212.

26 *Brodowski*, it – Information Technology 2015, 357, 360; *Böken*, in: Kipker (Fn. 5), Kap. 15 Rn. 91.

nem solchen Fall tatsächlich gefahrverursachend mitwirkt.[27] Die Gefahr liegt primär im Bestehen der Sicherheitslücke, die von dem Forschenden nur entdeckt worden ist.[28] Das weitere Vorgehen bei Veröffentlichung ist sodann aber nicht eindeutig festgelegt, sondern bringt jeweils seine Vor- und Nachteile mit: Die sofortige Information der Öffentlichkeit steigert zwar das Risiko eines Angriffs auf das insoweit ungeschützte System, ermöglicht aber zugleich den Produktadressaten, Sicherheitsvorkehrungen zu treffen.[29] Die Einhaltung von Coordinated-Vulnerability-Disclosure-Verfahren sind zwar anerkannt und üblich, aber nicht rechtlich verpflichtend.[30] Vielmehr wird zum Teil auch eine flexible Lösung empfohlen, um das Verfahren der Offenlegung der Art der Sicherheitslücke und des drohenden Angriffs anzupassen und so einen effektiveren Schutz zu gewährleisten.[31] Darüber hinaus ist fraglich, ob der Angriff eines Dritten im Zuge der Veröffentlichung dann dem Forschenden überhaupt zugerechnet werden kann.[32]

In allen weiteren, oben beschriebenen Konstellationen (der Nichtbekanntgabe entdeckter Sicherheitslücken) besteht der Vorwurf darin, dass Straftaten Dritter nicht verhindert wurden, weil Vorkehrungen vorab nicht getroffen oder/und Lücken vorab nicht rechtzeitig behoben wurden. Die strafrechtliche Verantwortlichkeit knüpft dann aber an ein *Unterlassen* und erfordert die tatsächliche Möglichkeit, den Erfolgseintritt mit an Sicherheit grenzender Wahrscheinlichkeit zu unterbinden (sog. Quasikausalität[33]), eine Garantenstellung und die daraus folgende Pflicht zur Verhinderung der Sicherheitslücke selbst oder der aus der Lücke folgenden Konsequenzen. Gesetzliche Verpflichtungen, Systeme vor dem Zugriff

---

[27] Oben II.1.(a).

[28] Anders im Falle des Waffenverkaufs im Darknet, vgl. LG München I, Urteil v. 19.1.2018 – 12 KLs 111 Js 239798/16, BeckRS 2018, 5795 Rn. 675 ff. oder der Nichtaufbewahrung einer Waffe, vgl. BGH, Beschluss v. 22.3.2012 – 1 StR 359/11 („Winnenden"), BeckRS 2012, 9450 Rn. 35. Hier verursacht der Täter selbst die im Taterfolg mündende Gefahr.

[29] *Balaban u.a.* (Fn. 15), S. 29; *ENISA*, European Union Agency for Network and Information Security, Good Practice Guide on Vulnerability Disclosure, 2015, S. 25.

[30] *Wagner* DuD 2020, 111, 119; *Vettermann/Wagner*, Verantwortungsbewusster Umgang mit Sicherheitslücken 2023, S. 11. Als Orientierung kann allerdings die CVD-Leitlinie des BSI dienen, https://www.bsi.bund.de/SharedDocs/Downloads/DE/BSI/CVD/CVD-Leitlinie.pdf?__blob=publicationFile&v=4 (23.3.2023).

[31] ENISA (Fn. 29), S. 25 f.

[32] Sogleich unter II.3.

[33] So die h.M., dazu *Gaede*, in: NK-StGB, 5. Aufl. 2017, § 13 Rn. 14 ff.; *Bosch*, in: Schönke/Schröder (Fn. 10), StGB § 13 Rn. 61; *Freund*, in: MüKo-StGB (Fn. 18), § 13 Rn. 213, jeweils m.w.N.

Dritter zu schützen, bestehen dabei nur punktuell, so gem. Art. 5 Abs. 1 lit. f, Art. 32 DS-GVO, sofern das System personenbezogene Daten verarbeitet und in den Anwendungsbereich nach Art. 2 und 3 DS-GVO fällt, oder gem. § 19 Abs. 4 Nr. 2 TTDSG für Anbieter von Telemedien.[34] Explizite Regelungen für IT-Forschende darüber hinaus fehlen. Als Garant für das Nichtbestehen von Sicherheitslücken eintreten müssen Forschende demnach in aller Regel gerade nicht. Aus vereinzelten Schutzerfordernissen lässt sich auch nicht auf eine allgemeine Garantenstellung schließen.[35] Sie widerspräche im Übrigen auch der für Forschende zentralen Wissenschaftsfreiheit aus Art. 5 Abs. 3 S. 1 GG,[36] deren umfassende Gewährleistung jedenfalls dann in Frage stünde, wenn und soweit Forschende zu spezifischen Ausrichtungen ihrer Forschung gezwungen wären.[37] Mit der Übernahme von Garantenpflichten wäre dies gerade der Fall.[38]

Hinzu tritt nicht zuletzt, dass das Entstehen, Entdecken und Bekanntgeben von Sicherheitslücken zum Schließen dieser erforderlich sind. Die damit einhergehenden strafrechtlichen Risiken lassen sich für die an dem dynamischen Entwicklungsprozess dieser Systeme nicht beteiligten Wissenschaftlerinnen insgesamt nicht vermeiden. Mit anderen Worten: es fehlt die Vermeidemacht[39] gegenüber mit der Sicherheitsforschung einhergehenden Risiken über das Entdecken, Entwickeln, Bekanntgeben und Schließen von Sicherheitslücken. Fehlt aber jene Vermeidemacht, so fehlt es selbst bei Hinzudenken des Bestehens einer Sorgfaltspflicht mit entsprechender Garantenpflicht an der objektiven Vermeidbarkeit gegenüber dem Erfolgseintritt.

Daraus folgt: Eine Pflicht zum Schließen von Sicherheitslücken ergibt sich allenfalls aus der Herrschaft über das Softwareprodukt als Gefahrenquelle. In Verbindung mit der bisherigen Rechtsprechung kann sich eine solche Verantwortung dann ggf. aus Ingerenz ergeben, begründet durch

---

[34] Vgl. *Brodowski*, in: *Kipker* (Fn. 5), Kap. 13 Rn. 87.

[35] Maßgeblich ist vielmehr die rechtliche Beziehung zum konkreten Rechtsgut und das berechtigte Vertrauen auf die Erfolgsabwendung durch den Garanten, vgl. *Gaede*, in: NK-StGB (Fn. 33), § 13 Rn. 34; *Bosch*, in: Schönke/Schröder (Fn. 10), § 13 Rn. 8, jeweils m.w.N.

[36] Zum Schutzbereich, BVerfGE 90, 1, 11 ff.; *Jarass*, in: Jarass/Pieroth, 17. Aufl. 2022, GG Art. 5 Rn. 138 m.w.N.

[37] Vgl. *Gärditz*, in: Dürig/Herzog/Scholz, 99. EL September 2022, GG Art. 5 Abs. 3 Rn. 144, 185 ff.; zum gleichen Ergebnis auf Ebene zivilrechtlicher Haftung, *Balaban u.a.* (Fn. 15), S. 22.

[38] Vgl. zur Androhung von Sanktionen gegenüber Forschenden, *Hufen* NVwZ 2017, 1265, 1268.

[39] *Duttge*, in: MüKo-StGB (Fn. 18), § 15 Rn. 216 a.E.; *ders.*, in: Festschrift für Yamanaka (Fn. 21), S. 29, 41.

das verantwortliche Inverkehrbringen eines unsicheren Produkts[40] (dazu sogleich 2.). Forschende, die *nicht* in die Entwicklung eines solchen Produkts eingebunden sind, laufen mithin auch nicht Gefahr, sich vorsätzlich durch die Mitteilung (Begehen) oder umgekehrt durch die unterbliebene oder verspätete Mitteilung einer Sicherheitslücke (Unterlassen) Strafbarkeitsrisiken auszusetzen.[41] Das gilt in gleicher Weise eben für die Fahrlässigkeit. Allerdings drohen hier Strafbarkeitsrisiken dadurch, dass Sorgfaltspflichten (nach-)formuliert werden.

2. Strafrechtliche Produkthaftung Forschender bei Entwicklung und Betrieb

Erfragen wir nun unter dem Stichwort „strafrechtlicher Produkthaftung" konkrete Pflichten zur Gewährleistung der IT-Sicherheit bei der Produktentwicklung für Hersteller und Forschende, so ist festzuhalten, dass jedenfalls bis heute „konkrete Pflichten" weitgehend nicht gesetzlich festgelegt sind.[42] Der Umfang des tatsächlich bestehenden Haftungsrisikos in der Form strafrechtlicher Verantwortlichkeit[43] bedarf mithin der Untersuchung der allgemeinen Grundsätze der strafrechtlichen Produkthaftung.[44] Die strafrechtliche Produkthaftung entspricht dabei hinsichtlich der geforderten Verhaltenspflichten im Ausgangspunkt der zivilrechtlichen Produzentenhaftung.[45] Den Hersteller treffen Konstruktions-, Fabrikations- und Instruktionspflichten, nach Inverkehrbringen des Produkts zudem Produktbeobachtungspflichten.[46] Damit gilt: An und mit Produkten Forschende sind, je nach arbeitsteiliger Einbindung in Entwicklung und Verantwortungsbereich in der Unternehmensorganisation, zumindest in der (Mit-)Verantwortung, unter Ausnutzung aller allgemein oder speziell zugänglichen Erkenntnisquellen dem Stand der Wissenschaft und Technik entsprechend zu erforschen und (Mit-)Entscheidungsträger klar und ein-

---

[40] BGHSt 37, 106 („Lederspray"-Fall) = NJW 1990, 2560.

[41] Vgl. *Brodowski* it (Fn. 26), 357, 358.

[42] Mit Ausnahme einiger technischer Regelwerke für kritische Infrastrukturen, vgl. *Rockstroh/Kunkel* MMR 2017, 77, 81.

[43] Der Umfang zivilrechtlichen Haftungsrisikos muss anderen Ausführungen vorbehalten bleiben, vgl. dazu nur *Wagner*, in: MüKo-BGB, 8. Aufl. 2020, § 823 Rn. 949 ff.

[44] So auch *Brodowski* it (Fn. 26), 357, 358 ff.

[45] *Sternberg-Lieben/Schuster*, in: Schönke/Schröder (Fn. 10), § 15 Rn. 216 m.w.N.; *Kuhlen* JZ 1994, 1142, 1146.

[46] *Kuhlen* JZ 1994, 1142, 1146; zur zivilrechtlichen Produzentenhaftung im Bereich der IT-Sicherheit, *Rockstroh/Kunkel* MMR 2017, 77, 80 f.; *Spindler*, in: Hornung/Schallbruch (Hrsg.), IT-Sicherheitsrecht, 2021, Kap. 11 Rn. 25 ff.

deutig über erkannte Mängel zu informieren.[47] Zur Beurteilung, ob ein unerlaubtes Risiko bei der Entwicklung, bei Konstruktion und/oder Fabrikation eines Produkts geschaffen wurde, ist ex ante auf die Einhaltung der Standards von Wissenschaft und Technik nach aktuellem Kenntnisstand abzustellen; so wird den Sorgfaltspflichten in Bezug auf Entwicklungsfehler genügt.[48] Schließlich sind Hersteller im Anschluss verpflichtet, das Produkt zu beobachten, Adressaten vor möglichen ex post erkannten Gefahren zu warnen und diesen unter Berücksichtigung aktueller zugänglicher wissenschaftlicher Erkenntnisse auch entsprechend nachzuforschen.[49] Die Pflicht, mögliche Sicherheitsmängel zugleich zu beheben – übertragen auf unsere hiesige Problematik: Sicherheitslücken zu beseitigen –, geht damit aber auch nach zivilrechtlichen Grundsätzen nur in drastischen Ausnahmefällen einher.[50]

Die Rechtsprechung des BGH in Strafsachen behilft sich und argumentiert seit der *Lederspray*-Entscheidung zudem mit der strafbewehrten Verantwortlichkeit aus Ingerenz: Bereits das Inverkehrbringen eines erst nachträglich als unsicher erkannten Produkts begründe eine Pflichtwidrigkeit, weil allein dies gegen das Verbot, die Rechtsgüter anderer zu gefährden, verstieße, unabhängig davon, ob dabei Sorgfaltspflichten verletzt worden sind oder nicht.[51] Jene Nachhaftung aus Ingerenz macht Hersteller letztlich zu Garanten für ex ante rechtlich erlaubtes Verhalten (Produktentwicklung und -vertrieb), dessen Gefährlichkeit sich erst anschließend erweist. Das schafft mithin eine Verantwortlichkeit für jegliches Vorverhalten, das schlicht ganz generell risikoreich ist.[52]

---

[47] BGHSt 37, 106 = NJW 1990, 2560, 2568 f.; *Spindler*, in: Hornung/Schallbruch (Fn. 46), Kap. 11 Rn. 28.

[48] *Sternberg-Lieben/Schuster*, in: Schönke/Schröder (Fn 10), § 15 Rn. 216 m.w.N.

[49] BGHSt 41, 206 Rn. 53; *Sternberg-Lieben/Schuster*, in: Schönke/Schröder (Fn. 10), § 15 Rn. 220.

[50] *Rockstroh/Kunkel* MMR 2017, 77, 81; *Spindler*, in: Hornung/Schallbruch (Fn. 46), Kap. 11 Rn. 30 ff.

[51] BGHSt 37, 106 („Lederspray"-Fall) = NJW 1990, 2560, 2562. In dem zugrundeliegenden Fall hatte nach Inverkehrbringen eines Ledersprays durch eine GmbH trotz zahlreicher Beschwerdemeldungen über gesundheitliche Schäden (Atembeschwerden, Übelkeit, Fieber) nach Benutzung des Sprays die Geschäftsführung entschieden, die Produkte nicht zurückzurufen. Der BGH bejahte eine Pflicht zum Rückruf der Produkte aus Ingerenz. Wer eine Gefahr schafft, indem er gefahrträchtige Produkte in Verkehr bringt, habe dafür einzustehen, dass sich diese Gefahr nicht verwirklicht. Bestätigt in BGHSt 41, 206 („Holzschutzmittel") und BGH NJW 1995, 2933 („Glycol-Wein").

[52] *Meier* NJW 1992, 3193, 3196, danach soll das für jedes Verhalten gelten, für das das Zivilrecht eine Gefährdungshaftung oder Versicherungspflicht vorsieht; krit. auch: *Samson* StV 1991, 182, 184.

Während der Umfang von der Rechtsprechung generierter Verpflichtungen im Einzelfall zurecht kritisiert[53] wird, besteht im Ergebnis dennoch weitgehend Einigkeit, dass die Hersteller jedenfalls eine strafbewehrte Erfolgsabwendungspflicht für unsichere Produkte treffen soll.[54] Einen hierzu tatsächlich tauglichen Anknüpfungspunkt bildet die Pflicht, eigens geschaffene Gefahrenquellen (ihrer Produkte) zu beherrschen und zu überwachen; sie sind insoweit Überwachergaranten.[55] Wegen der Sachkunde über das in Verkehr gebrachte Produkt, die allein die an Entwicklung und Vertrieb beteiligten Personen aufweisen, sind sie allein befähigt, einen effektiven Rechtsgüterschutz im Umgang mit dem Produkt zu gewährleisten.[56] Es handelt sich mithin um eine Garantenstellung aus Gefahrenherrschaft.[57] Im Verhältnis zum Ingerenzgaranten, der gerade pflichtwidrig die Gefahr schafft, ist sie zu begrenzen.[58] Denn den „Gefahrenherrschafts"-Garanten trifft im Gegensatz zum „Ingerenz"-Garanten gerade keine absolute Gefahrabwendungspflicht.[59] Die absolute Sicherheit eines Produkts einschließlich jedweder Gefahrabwendungspflicht einzufordern, käme einer strafrechtlichen Gefährdungshaftung gleich,[60] modifizierte das Strafrecht im Bereich der Produkthaftung – übertragen auf den Bereich der Datafizierung und Sicherheitsforschung – vollständig in ein umfassend präventives Gefährdungsstrafrecht.[61] Nicht zuletzt setzte dies jede Abgrenzung mit zivilrechtlicher Produkthaftung auf Schadensersatz aus.[62] Die Gefahrenquelle beherrschende („Gefahrenherrschafts"-)Garanten sind vielmehr *nur* zur Abwendung naheliegender Gefahren für die Rechtsgüter Dritter (der Produktadressaten) und unter Einsatz ihnen zu-

---

[53] *Samson* StV 1991, 182, 184; *Kuhlen* NStZ 1990, 566, 568; *Baumann/Weber/Mitsch/Eisele*, Strafrecht Allgemeiner Teil, 13. Aufl. 2021, § 21 Rn. 72.

[54] *Meier* NJW 1992, 3193, 3196; *Samson* StV 1991, 182, 184; *Kuhlen* NStZ 1990, 566, 568; a.A. *Brodowski*, it (Fn. 10), 357, 359.

[55] *Bosch*, in: Schönke/Schröder (Fn. 10), § 13 Rn. 12/13; *Rengier*, Strafrecht Allgemeiner Teil, 14. Aufl. 2022 § 50 Rn. 43; *Gropp/Sinn*, AT (Fn. 10), § 11 Rn. 66.

[56] BGHSt 37, 106 = NJW 1990, 2560, 2564; *Kuhlen* NStZ 1990, 566, 568; *Weigend*, in: LK-StGB (Fn. 8), StGB § 13 Rn. 53, m.w.N.; *Rengier*, AT (Fn. 55), § 50 Rn. 60.

[57] *Sternberg-Lieben/Schuster*, in: Schönke/Schröder (Fn. 10), § 15 Rn. 220; *Rengier*, AT (Fn. 55), § 50 Rn. 60; *Gropp/Sinn*, AT (Fn. 10), § 11 Rn. 82.

[58] *Weigend*, in: LK-StGB (Fn. 8), § 13 Rn. 49.

[59] Vgl. *Freund*, in: MüKo-StGB (Fn. 18), § 13 Rn. 109; *Gaede*, in: NK-StGB (Fn. 33), § 13 Rn. 46 f.

[60] Die mit dem deutschen Strafrecht unvereinbar ist, vgl. BGHSt 53, 42 Rn. 17; *Sternberg-Lieben/Schuster*, in: Schönke/Schröder (Fn. 10), § 15 Rn. 216 m.w.N.

[61] Mit Bezug zur Lederspray-Entscheidung *Kuhlen* JZ 1994, 1142, 1143.

[62] Dazu insgesamt *Hilgendorf*, Strafrechtliche Produzentenhaftung in der „Risikogesellschaft", 1993, S. 161 unter Verweis auf *Kuhlen*, Fragen einer strafrechtlichen Produkthaftung, 1989, S. 151.

mutbarer, erforderlicher und ausreichender Mittel verpflichtet; ohne konkret vorhersehbare Gefahr besteht keine Erfolgsabwendungspflicht.[63] Die abstrakte Gefährlichkeit eines Produkts genügt mithin nicht, um eine solche zu begründen, vielmehr bedarf es eines konkreten Verdachts (konkreter Vorhersehbarkeit), dass ein nicht ganz unerheblicher Schaden droht; *Weigend* spricht vom „situativen Anlass".[64] Je gravierender der mögliche Schaden, umso weniger muss sich der Verdacht konkretisiert haben.[65]

Dahinter steht der Grundgedanke, dass aus der Garantenstellung immer dann eine Garantenpflicht folgen soll, wenn die Allgemeinheit billigerweise darauf vertraut, dass der Unterlassende die Gefahr *beherrscht* und *deshalb* für Sicherheit sorgt. Geschützt werden mithin die Verhaltenserwartungen der Gesellschaft.[66] Jene Verhaltenserwartung an IT-Forschende als Gefahrenherrschafts-Garanten besteht – sind sie an Entwicklung und Betrieb von IT-Produkten beteiligt – darin, dass produkthaftungsrechtliche Verkehrssicherungspflichten eingehalten werden, namentlich die Produktbeobachtungspflicht.[67] Das beinhaltet im Grundsatz die Auswertung öffentlicher Berichterstattung, insb. auch in Fachzeitschriften und Internetforen, im Fall negativer Berichterstattung und bei Beschwerden auch die Überprüfung und Nachforschung am und über das Produkt.[68] Von IT-Forschenden wird mithin nicht mehr verlangt als von Gefahrenherrschafts-Garanten allgemein. Nicht erwartet wird die ständige Nachbesserung und Softwarepflege.[69] IT-Forschende sind gerade nicht pauschal zur ständigen Überprüfung und intensiven Erforschung ihrer oder gar weiterer (dritter) Softwareprodukte und/oder sonstiger IT-Produkte verpflichtet. Erst bei Vorliegen tatsächlicher Anhaltspunkte für das Bestehen von Sicherheitslücken treten Verpflichtungen ein, die dann auch einschließen, in Nachforschungen zu investieren.

---

[63] BGH, Urteil v. 11.9.2019 – 2 StR 563/17, BeckRS 2019, 34879 Rn. 34.

[64] „Situativer Anlaß", *Weigend*, Zum Verhaltensunrecht der fahrlässigen Straftat, in: Dölling (Hrsg.), Festschrift für Karl Heinz Gössel zum 70. Geburtstag, 2002, S. 129, 135.

[65] *Sternberg-Lieben/Schuster*, in: Schönke/Schröder (Fn. 10), § 15 Rn. 220 m.w.N.; vgl. *Brodowski*, in: Borges/Sorge (Fn. 7), S. 233, 250. Mit Hinweis auf den Bestimmtheitsgrundsatz *Valerius*, in: Hilgendorf (Fn. 4), S. 9, 21.

[66] *Sieber*, in: Hoeren/Sieber/Holznagel, Handbuch Multimedia-Recht, 48. EL 03/2022, Teil 19.1. C. Rn. 48; *Weigend*, in: LK-StGB (Fn. 8), § 13 Rn. 48; vgl. *Otto/Brammsen* Jura 1985, 530, 536 f.

[67] *Rockstroh/Kunkel* MMR 2017, 77, 80 f.; *Spindler*, in: Hornung/Schallbruch (Fn. 46), Kap. 11 Rn. 30.

[68] *Spindler*, in: Hornung/Schallbruch (Fn. 46), Kap. 11 Rn. 30.

[69] Vgl. *Spindler*, in: Hornung/Schallbruch (Fn. 46), Kap. 11 Rn. 41.

3. Zurechnung der Vorsatztaten Dritter

Fraglich ist nun noch, ob für IT-Sicherheitsforschende über jene Gefahrenherrschaftsgaranz hinaus weitergehende Pflichten – verbunden mit strafrechtlichen Risiken – gelten, wenn sie im Einzelfall, sei es im Zuge ihrer Forschungsfreiheit, sei es, weil bestehende Risiken von IT-Produkten nicht erkannt oder auch nur unterschätzt, Sicherheitslücken gleichwie nicht behoben werden und Dritte jene Sicherheitslücke für die vorsätzliche Begehung von Straftaten ausnutzen. Eine strafrechtliche (Mit-)Verantwortung ist nicht deshalb etwa von vornherein ausgeschlossen, weil die den Taterfolg herbeiführende Tathandlung des vollverantwortlich vorsätzlich agierenden *dritten* Angreifers tatherrschaftlich erfolgt und deutlich schwerer wiegt.[70] Die Frage lautet mithin, ob IT-Sicherheitsforschende für mit Forschung und Entwicklung einhergehende, verbleibende Restrisiken einzustehen haben, deren Realisierung als Straftaten durch Dritte ihnen zuzurechnen sind, oder gar das Pflichtenprogramm anzupassen wäre.

Zwar darf im Grundsatz darauf vertraut werden, dass Dritte gerade keine Vorsatztaten begehen, sofern keine gegenteiligen Anhaltspunkte ersichtlich sind.[71] Alles andere setzt gesamtgesellschaftliche Regelungsmechanismen aus; meint Regeln werden im Sinne der Befolgung und gerade nicht zur zielgerichteten Übertretung gesetzt. Gesellschaft fußt auf dem Grundgedanken gemeinsamen regelmäßigen Miteinanders.[72] Für den gesamten Bereich der IT-Sicherheitsforschung wird nun argumentiert, dass sie selbst in einem Bereich erfolge, der solche gesamtgesellschaftlichen Regelwerke einerseits noch nicht enthalte und dass die Forschung andererseits gerade darauf gerichtet sei, solche (Sicherheits-)Regelwerke zu setzen. Es solle die IT-Forschenden gerade die Pflicht treffen, IT-Systeme vor Vorsatztaten *Dritter* zu schützen. Mithin sei es gerade Ziel der Forschungen, einzugreifen, wenn auch nur die Möglichkeit einer Sicherheitslücke besteht oder mit ihr und sodann damit gerechnet werden muss, dass Dritte

---

[70] *Vogel/Blüte*, in: LK-StGB (Fn. 8), § 15 Rn. 246; *Duttge*, in: MüKo-StGB (Fn. 18), § 15 Rn. 148; siehe aber bereits oben II.1 m.w.N. Zu den Fragen strafbarer vorsätzlicher Beteiligung.

[71] *Roxin/Greco*, AT I (Fn. 13), § 24 Rn. 26; *Duttge*, in: MüKo-StGB (Fn. 18), § 15 Rn. 149; a.A. Lehre des Regressverbotes, vgl. *Freund*, in: MüKo-StGB (Fn. 18), Vor § 13 Rn. 410 m.w.N.

[72] Vgl. *Jakobs*, Strafrecht Allgemeiner Teil, 2. Aufl. 1991, 7. Abschn. Rn. 35; *Duttge*, in: MüKo-StGB (Fn. 18), § 15 Rn. 145; *Vogel/Blüte*, in: LK-StGB (Fn. 8), § 15 Rn. 224. Alles andere bedeutete Chaos, vgl. zur Chaostheorie *Beyme*, Theorie der Politik im 20. Jhdt., 1991, S. 217 ff.; *Peitgen*, Chaos in der Ordnung – Ordnung im Chaos, in: Lenk/Poser (Hrsg.), Neue Realitäten, 1993, S. 160, 164 ff.

diese für die Begehung von Straftaten ausnutzen.[73] In der Konsequenz bedeutet dies dann freilich doch, dass die an IT-Sicherheitsforschende herantragenden Verpflichtungen konkret insoweit zwingend über den durchschnittlichen Gefahrenherrschafts-Garanten hinausweisen, als er gerade zur Schließung von etwaigen Sicherheitslücken forscht; dann ist die Berufung, berechtigt auf das rechtskonforme Verhalten anderer Akteure zu vertrauen, inhaltsleer.

4. Zwischenergebnis zur Fahrlässigkeitsverantwortlichkeit

Die Mitverantwortlichkeit IT-Forschender im Bereich der Fahrlässigkeitshaftung beschränkt sich somit weitgehend auf solche, die in die Entwicklung von Softwareprodukten eingebunden sind. Unabhängig Forschenden kann mangels Garantenstellung kein Unterlassen vorgeworfen werden. Strafrechtlicher Verantwortlichkeit sehen sie sich nur dann ausgesetzt, wenn sie Sicherheitslücken fremder Systeme veröffentlichen, ohne die beruflichen Standards[74] einzuhalten.[75] Die umfassende Diskussion darüber freilich, was diese Standards sein sollen sowie das gesamte Risiko, wie und in welchem Umfang sich diese Standards entwickeln, tragen derzeit die Forschenden selbst. Der umfassende gesellschaftliche Diskurs fehlt (noch).

Der Rückgriff auf die allgemeinen Grundsätze der strafrechtlichen Fahrlässigkeitshaftung aber zeigt, dass das Strafrecht durchaus in der Lage ist, umfassendes (präventives) Gefährdungsstrafrecht, mit anderen Worten reines Risikostrafrecht,[76] zu verhindern und die Pflichtigkeit von IT-For-

---

[73] Ähnl. *Brodowski*, in: Borges/Sorge (Fn. 7), 233, 250. Dafür sprechen die zunehmenden Fallzahlen im Bereich von Cybercrime und die zunehmende Professionalisierung der Täter (insb. Cybecrime-as-a-Service), vgl. *Bundeskriminalamt* (Fn. 6), S. 9 f.

[74] Insoweit verhalten sich die strafrechtlichen Risiken IT-Sicherheitsforschender ebenso wie jene von Ärzten und Medizinalpersonen im medizinischen Bereich, vgl. zu dortigen Parallelproblemen ausführlich nur *Schroth*, in: Roxin/Schroth (Hrsg.), Handbuch des Medizinstrafrechts, 4. Aufl. 2010, Kap. II, 1. S. 145 f.; *Ulsenheimer*, in: Laufs/Kern/Rehborn (Hrsg.), Handbuch des Arztrechts, 5. Aufl. 2019, § 149 Rn. 45 f.; *Ulsenheimer/Gaede*, Arztstrafrecht in der Praxis, 6. Aufl. 2020, Kap. 1, Rn. 63.

[75] Dabei besteht die Gefahr, dass Verfahren wie das Coordinated-Vulnerability-Disclosure (siehe Fn. 30) basierend auf Einzelfallkasuistik als Standard festgelegt werden.

[76] Dass es zudem des umfassenden Diskurses über an Gefahren anknüpfendes Gefährdungsstrafrecht und auf Risiken rekurrierenden Risikostrafrechts bedürfte, kann hier aus Platzgründen nicht vertieft werden. Freilich ist das Zusammenführen beider Begriffe hier nicht mit deren Gleichsetzung zu verstehen. Gemeint ist vielmehr, dass die strafrechtliche Haftungsfrage aus Sicht des IT-Sicherheitsforschenden – und jene Perspektive soll hier vertieft werden – gleichlautend ist. Zum Gefährdungsstrafrecht vgl. *Wohlers*, Deliktstypen des Präventionstrafrechts, 2000, 281 ff.; *Herzog*, Gesellschaftliche

schenden auf ein angemessenes Maß zu begrenzen. Durch Steigerung des Umfangs und der Anforderungen an die Überprüfung im Zuge der insoweit zielgerichteten Sicherheitsforschung abhängig von den durch das entwickelte oder/und betreute System begründeten erkennbaren Risiken für die Rechtsgüter der Adressaten, lässt sich effektiver Rechtsgüterschutz gewährleisten. Nicht verschwiegen sei, dass eine solche Abwägung unweigerlich die Gefahr hochgradiger Unbestimmtheit birgt. Es sind die Aufgaben der IT-Sicherheitsforschung selbst, von Gesetzgebung, Rechtsprechung und Forschungspraxis konkrete Regelwerke zu schaffen, die die Anforderungen an Softwareprodukte und den forschenden Umgang mit ihnen einschließlich konkreter Gefahrtragungspflichten festlegen und für IT-Forschende und Hersteller einen rechtssicheren Rahmen bieten.[77]

III. Strafrechtliche Mitverantwortung beim Betreiben sog. „Honeypots"

Ein Sonderproblem der strafrechtlichen Mitverantwortlichkeit Forschender stellt sich beim Einsatz sog. „Honeypots" zum Ausfindigmachen von Sicherheitslücken. „Honeypots" simulieren Systeme oder Systemteile auf Hardwarearchitekturen, die mit Schwachstellen versehen sind, und dokumentieren die Interaktion Dritter mit dem System.[78] Man verwendet sie in der Forschung freilich deshalb, weil man mittels der so gestellten „Falle" die Ursachen und das Vorgehen von Dritt-Angriffen auf Systeme am besten beobachten und im Zuge der so gestellten Simulation zukünftig auch am besten verhindern kann.[79] Nach Analyse der protokollierten Angriffsmuster können somit mittels entsprechender Si-

---

Unsicherheit und Daseinsvorsorge, 1991, 1 ff.; *Puschke,* Grund und Grenzen des Gefährdungsstrafrechts am Beispiel der Vorbereitungsdelikte, in: Hefendehl (Hrsg.), Grenzenlose Vorverlagerung des Strafrechts? 2010, 9, 14 ff.; *Kinderhäuser*, Gefährdung als Straftat, 1989, S. 163 ff.; zum Risikostrafrecht vgl. *Wolters,* Objektive und personale Zurechnung von Verhalten. Gefahr und Verletzung in einem funktionalen Straftatsystem, 1981, S. 36. *Seelmann* KritV 1992, 452 ff.; *Prittwitz,* Strafrecht und Risiko, 1993, 261 ff.

[77] Auch insoweit verhält sich die Entwicklung ganz wie im medizinalen Bereich. Aus dortigen Erfahrungswerten kann man Regelungsmechanismen übertragen.

[78] Zur Funktionsweise im IoT am Beispiel des IoTPOT, *Gerling/Rossow* DuD, 2016, 507, 508 f.; hinsichtlich der Verhinderung von DDoS-/DRDoS-Angriffen, *Vogelgesang/Möllers/Potel* MMR 2017, 291, 292.

[79] *Vogelgesang/Möllers/Potel* MMR 2017, 291, 292; *Böken*, in: Kipker (Fn. 5), Kap. 15 Rn. 80 f.

cherheitsvorkehrungen die Ursachen von Cyberangriffen (umfassender) verhindert werden. Im Grundfall ist das als Vorgehen strafrechtlich völlig unproblematisch.[80]

Einen Grenzfall bildet jedoch die Nutzung von „Honeypots" zur Analyse von DDoS-Attacken: Denn damit werden bestimmte Systeme gerade mittels der stimulierten Attacke gezielt durch riesige Datenmengen überlastet, so dass der Zugang zum System insgesamt erschwert oder ganz unmöglich gemacht wird. Der Angreifer selbst kann sich je nach Fallkonstellation gem. § 303b StGB wegen Computersabotage und § 303a StGB wegen Datenunterdrückung strafbar machen.[81] Solche Angriffe werden gerade um der Vermögensabschöpfung und Gewinnerzielung willen begangen, so dass in vielen Fällen die Begehung einer strafbaren Erpressung (mit Absicht rechtswidriger Bereicherung) nach § 253 StGB hinzutritt.[82] Forschende, die einen „Honeypot" als Lockmittel nutzen[83], um damit einen solchen Angriff zu beobachten, setzen sich mithin „in das Boot" jener Angreifer. Der Angriff wird mittels „Honeypot" erst ermöglicht. Dies wirft in diesem Sonderfall somit erneut die Frage nach einer Beihilfestrafbarkeit der Forschenden auf.[84] Weil der „Honeypot" gezielt, mithin wissentlich und willentlich – also vorsätzlich – installiert wird (sogleich 2.), damit ein Angriff erfolgt, diesen also gerade kausal herbeiführt (sogleich 1.), kann hier umgekehrt Straffreiheit nur Folge einer gesonderten Erlaubnisnorm zum Einsatz sein (sogleich 3.).

1. *Kausale Beihilfe mittels „Honeypot"*

Der Einsatz eines „Honeypots" ermöglicht kausal im Sinne der Äquivalenztheorie die Begehung der DDoS-Attacke auf das entsprechende System. Trotz der ausdrücklichen Zulässigkeit des Einsatzes von „Honeypots"[85] und deren typischer Anwendung im Bereich der IT-Sicherheitsforschung[86] ist der Taterfolg im Fall des Angriffs der Forschenden auch objektiv zuzurechnen. Etwas anderes könnte nur dann gelten, wenn es sich beim gezielten „Honeypot"-Einsatz um eine lediglich neutrale (weil

80 So auch *Böken*, in: Kipker (Fn. 5), Kap. 15 Rn. 80.

81 BT-Drs. 16/3656; LG Düsseldorf MMR 2011, 624; *Wieck-Noodt*, in: MüKo-StGB (Fn. 18), § 303b Rn. 12.

82 *Vogelgesang/Möllers/Potel* MMR 2017, 291, 292 f.

83 Zur Vorgehensweise *Böken*, in: Kipker (Fn. 5), Kap. 15 Rn. 81.

84 Ebenso *Vogelgesang/Möllers/Potel* MMR 2017, 291, 294.

85 So gem. § 12 Abs. 1 S. 2 TTDSG, § 7b Abs. 4 Nr. 2 BSIG.

86 *Hornung/Schindler*, in: Hornung/Schallbruch (Fn. 46), Kap. 21 Rn. 63.

berufstypische) Handlung ohne deliktischen Bezug handelte; das ist nicht der Fall.[87] Denn es kommt den Forschenden gerade gezielt darauf an, dass der Einsatz zur Durchführung eines Angriffs führt und damit zur Herbeiführung des deliktischen Taterfolgs (im Sinne der §§ 303a, 303b, 253 StGB sowie ggf. weiterer Delikte) genutzt wird. Auch wenn die Tatmotive Forschender und Angreifer nicht übereinstimmen, liegt im Vorgehen eine Art subjektiver Solidarisierung. Der deliktische Sinnbezug außerhalb des erlaubten Risikos ist gerade beabsichtigt.[88] Selbst wenn man ganz objektiv eine Vermutung der Tatbestandslosigkeit im Falle des regelkonformen beruflichen Handelns annähme,[89] liegen aufdrängende außergewöhnliche Umstände vor, die die professionelle wie soziale Adäquanz des Handelns entfallen lassen.

2. *Vorsätzliche Beihilfe mittels „Honeypot"*

Eine Beihilfestrafbarkeit scheitert auch nicht am subjektiven Tatbestand. Denn zur beihilfemäßigen Mitverantwortung genügt es, dass der Forschende die wesentlichen Umstände der Haupttat in die Vorstellung vom Ablauf der Tathandlung aufgenommen hat. Die etwaig umfassende Kenntnis jedweder Einzelheiten ist nicht erforderlich,[90] Tatherrschaft wird eben gerade nicht verlangt.[91] Der Forschende setzt den „Honeypot" gerade als Lockmittel zur Begehung einer DDoS-Attacke ein, nimmt diese DDos-Attacke selbst als tatherrschaftlich vom Dritten begangenen Handlungsakt also bewusst in seinen Willen und sein Wissen auf. Dass die Täterin selbst nicht bemerkt, dass ihr mittels „Honeypot" eine „Falle" gestellt ist, führt nicht etwa zum Ausschluss des Vorsatzes auf Seiten der Einsetzenden oder

---

[87] *Joecks/Scheinfeld*, in: MüKo-StGB (Fn. 18), StGB § 27 Rn. 48 m.w.N.

[88] Zum Streitstand der neutralen Beihilfe, *Heine/Weißer*, in: Schönke/Schröder (Fn. 10), § 27 Rn. 9 ff.; *Joecks/Scheinfeld*, in: MüKo-StGB (Fn. 18), § 27 Rn. 54 ff.

[89] Sog. professionelle Adäquanz, *Hassemer* wistra 1995, 41, 81, 85; dem folgend *Behr* wistra 1999, 245, 249; krit. *Müller*, Beihilfe durch wirtschaftliches Handeln, in: Amelung (Hrsg.), Strafrecht, Biorecht, Rechtsphilosophie, Festschrift für Hans-Ludwig Schreiber zum 70. Geburtstag, 2003, S. 343, 348.

[90] *Joecks/Scheinfeld*, in: MüKo-StGB (Fn. 18), § 27 Rn. 104; *Heine/Weißer*, in: Schönke/Schröder (Fn. 10), § 27 Rn. 29, jeweils m.w.N.

[91] Das ist die Konsequenz des restriktiven Täterbegriffs, vgl. *Roxin*, AT II (Fn. 23), § 25 Rn. 5. Die strafrechtliche Mitverantwortung in der Form der strafbaren Beihilfe gem. § 27 StGB wirkt damit strafbarkeitserweiternd über die Täterschaft hinaus, *Roxin*, Täterschaft und Tatherrschaft (Fn. 18), S. 365; *Joecks/Scheinfeld*, in: MüKo-StGB (Fn. 18), § 25 Rn. 9; *Maurach/Gössel/Zipf*, Strafrecht Allgemeiner Teil II, 8. Aufl. 2014, § 47 Rn. 21.

auf Seiten der Provozierenden.[92] Der Kenntnis des Haupttäters von der (physischen) Hilfeleistung bedarf es gerade nicht.[93] Auch dass Forschende mittels des Einsatzes von „Honeypots" letztlich die Verbesserung der IT-Sicherheit anstreben, ändert an dem Vorsatz bezogen auf einen konkreten DDoS-Angriff nichts. Es kommt für die strafrechtliche Verantwortlichkeit eben nicht darauf an, ob der Taterfolg der Haupttat dem Gehilfen auch erwünscht ist. Entscheidend ist allein, ob eine Handlung bewusst nach Vorstellung des Handelnden geeignet ist, die (Haupt-)Tat zu fördern. Einer Willensübereinstimmung von Gehilfen und Haupttäter bedarf es nicht.[94] Noch weniger kann es auf ein kollusives Zusammenwirken ankommen.[95]

3. *Rechtfertigungstatbestand Forschung?*

Eine materiellrechtliche Straflosigkeit von Forschenden kann somit letztlich nur auf der Ebene der Rechtfertigung erreicht werden. Insoweit erinnert die Diskussion um den zulässigen, von einer Erlaubnisnorm gedeckten, Einsatz von „Honeypots" im Sicherheitsforschungsbereich doch stark an jene zum Einsatz verdeckter Ermittler und die dort bestehende Frage, ob das Begehen von und Verleiten zu Straftaten (idR in Form der Anstiftung) durch verdeckt ermittelnde Beamte von einer Erlaubnisnorm gedeckt und materiell-strafrechtlich gerechtfertigt werden darf.[96]

---

92 *Vogelgesang/Möllers/Potel* MMR 2017, 291, 293. Hier entspricht die Fallkonstellation ganz der sog. Diebesfalle, OLG Celle JR 1987, 253 ff. m. Anm. *Hillenkamp*; oder auch übertragen der Sonderproblematik des Einsatzes verdeckt ermittelnder Beamter im weiteren Sinne zur Begehung von Straftaten, vgl. nur *Rönnau* JuS 2015, 19 ff.

93 BGH NStZ 2012, 347, 348; *Schild*, in: NK-StGB (Fn. 33), § 27 Rn. 15; *Heine/Weißer*, in: *Schönke*/Schröder (Fn. 10), § 27 Rn. 18.

94 BGHSt 46, 107 = NJW 2000, 3010; *Heine/Weißer*, in: Schönke/Schröder (Fn. 10), § 27 Rn. 18; *Heger*, in: Lackner/Kühl/Heger, 30. Aufl. 2023, § 27 Rn. 7. Die zuweilen aufscheinende Diskussion des Erfordernisses eines Unrechtspakts kann gerade nicht für die verantwortungserweiterende (in diesem Sinne extensive) beihilferechtliche Verantwortung gelten, vgl. zur Diskussion (insbesondere im Rahmen der Anstiftung), *Puppe* GA 1984, 101, 112.

95 So *Böken*, in: Kipker (Fn. 5), Kap. 15 Rn. 83, der den Vorsatz in Anlehnung an die Rspr. des BVerfG zur dual-use-Problematik des § 202c StGB ablehnt. Der „Honeypot" als zulässiges Mittel zur Erhöhung der Cybersicherheit begründe nur dann einen Vorsatz, wenn Täter und Forschender kollusiv zusammenwirken.

96 Vgl. ausführlich *Nitz*, Einsatzbedingte Straftaten verdeckter Ermittler, 1993, S. 90 ff.; *Könnecke*, Die Strafbarkeit verdeckter Ermittler im Hinblick auf einsatzbedingte Straftaten, 2001, 2. Teil § 4; siehe schon *Gropp/Wörner (derzeit Schubert)/Wörner*, in: *Gropp/Huber*, Rechtliche Initiativen gegen organisierte Kriminalität, 2001, S. 134, 144 f.; *Rogall*, Der Verdeckte Ermittler – einsamer Wolf in schwankendem Floß,

Notwehr (§ 32 StGB) als Erlaubnisnorm scheidet allerdings von vornherein aus. Der „Honeypot" stellt kein geeignetes Mittel dar, um den Angriff abzuwenden: Er ist Mittel, die Angriffsformate zu beobachten und *zukünftige Angriffe* besser abzuwehren.[97] Weder Notwehr als Abwehr des *gegenwärtig* rechtswidrigen Angriffs noch Notstand als Abwehr *gegenwärtiger* Gefahr kommen damit in Betracht.[98]

Ein Einverständnis der Verfügungsberechtigten zur Preisgabe betroffener Daten und (ggf.) Datenverarbeitungsprozesse i.V.m. §§ 303a, 303b StGB wirkte bereits tatbestandsausschließend[99], als rechtfertigend wirkende Einwilligung entfiele im Fall einer Erpressung nach § 253 StGB die Rechtswidrigkeit. Das Problem liegt hier an anderer Stelle: Die Forschende kennt in aller Regel das Angriffsziel der Täter, die den „Honeypot" finden und ausnutzen, gerade nicht. Unkenntnis über das Angriffsziel bedeutet Unkenntnis über die Angegriffenen; eine vorherige Erklärung der über die zur Datenverfügung berechtigten Tatopfer scheidet faktisch aus.[100] Darüber hinaus ist auch generell fraglich, ob vorab und unter der Prämisse der Ermöglichung umfassender Angriffsanalysen und Systemverbesserungen von zukünftigen Opfern solche Zustimmungen auch nur halbwegs realistisch erlangt werden könnten. Immerhin, ihnen zugeordnete Systeme würden attackiert, ggf. „lahmgelegt" mit denkbar gravierenden wirtschaftlichen Folgen, die ein solcher Angriff nach sich ziehen kann.[101]

IT-Sicherheitsforschende können darüber hinaus keinen eigenen, speziell für die konkrete Situation geltenden Erlaubnistatbestand als Rechtfertigungsgrund anführen, etwa mit der Begründung, nur in Ausübung ihrer spezifischen beruflichen Pflichten zu handeln, ähnlich §§ 184b Abs. 5, 86 Abs. 3, 91 Abs. 2 Nr. 1, 201a Abs. 4, 202d Abs. 3 StGB; denn eine solche Regelung besteht nicht.[102] Zwar können Angehörige des Bundesamtes für

---

in: Duttge (Hrsg.), Freiheit und Verantwortung in schwieriger Zeit: kritische Studien aus vorwiegend straf(prozeß-)rechtlicher Sicht zum 60. Geburtstag von Prof. Dr. Ellen Schlüchter, 1998, 71, 80 ff.; *Krey*, Rechtsprobleme des strafprozessualen Einsatzes Verdeckter Ermittler, 1993, Rn 555 ff.; *Schwarzburg* NStZ 1995, 469, 472 f.

[97] *Vogelgesang/Möllers/Potel* MMR 2017, 291, 292; *Böken*, in: Kipker (Fn. 5), Kap. 15 Rn. 80 f.

[98] *Vogelgesang/Möllers/Potel* MMR 2017, 291, 293.

[99] *Wieck-Noodt*, in: MüKo-StGB (Fn. 18), StGB § 303a Rn. 17; § 303b Rn. 26.

[100] *Vogelgesang/Möllers/Potel* MMR 2017, 291, 294.

[101] Vgl. Online-Demonstration zu Lasten der Lufthansa. Es entstand im Rahmen der zweistündigen Blockaden ein materieller Schaden von insgesamt 47.867,19 €, OLG Frankfurt/M., Beschluss v. 22.5.2006 – 1 Ss 319/05 = MMR 2006, 547 m. Anm. *Gercke*.

[102] *Vogelgesang/Möllers/Potel* MMR 2017, 291, 294; *Golla* JZ 2021, 985, 990.

Sicherheit in der Informationstechnik sowie Anbieter und Betreiber von Telekommunikationsdiensten, -netzen und -anlagen im Sinne des § 3 Abs. 2 TTDSG, § 7b Abs. 4 BSIG und § 12 Abs. 1 S. 2 TTDSG als Erlaubnisnormen für sich ins Feld führen. Forschende sind davon jedoch nicht erfasst. Ähnlich wie zu Beginn für den Einsatz von Verdeckten Ermittlern in Strafverfahren geschehen,[103] lässt sich nun auch hier darüber nachdenken, diese Normen zur Rechtfertigung analog zugunsten der Forschenden heranzuziehen. Zwar handelt es sich um enge Ausnahmevorschriften, jedoch sind keine Anhaltspunkte ersichtlich, dass der Gesetzgeber es beabsichtigte, Forschende bei Anwendung von Methoden zur Verbesserung der Cybersicherheit der Strafbarkeit auszusetzen; vielmehr liegt nahe, dass der Gesetzgeber jenes Strafbarkeitsrisiko nicht im Blick hatte.[104] Die Situation der Forschenden müsste aber auch mit den in § 7b Abs. 4 BSIG und § 12 Abs. 1 S. 2 TTDSG geregelten Sachverhalten vergleichbar sein. Das wäre seinerseits nur dann nicht der Fall, wenn berechtigte Gründe dafür sprächen, warum allein das Bundesamt für Sicherheit informationstechnischer Systeme bzw. Anbieter und Betreiber von Telekommunikationsanlagen zum Einsatz von „Honeypots" berechtigt sein sollten. Für das Bundesamt kann insoweit vorgetragen werden, dass es als Hoheitsträger über die erforderlichen Zugänge zu den staatlichen Sicherheitsinformationen verfügt und allein den grundrechtsschonenden Einsatz solcher (riskanten bis schadensträchtigen) Forschungsmethoden sicherstellen könne.[105] Seiner besonderen Stellung als staatliche Behörde bedarf es zudem, um Strafverfolgungs-, Polizei- und Verfassungsschutzbehörden zu unterstützen.[106] Für die in gleicher Weise mitberechtigten Anbieter von Telekommunikationsanlagen gilt dies jedoch nicht. Sie werden zum Einsatz von „Honeypots" deshalb ermächtigt, um ihrem besonderen Interesse an der Störungsbeseitigung und Missbrauchsverhinderung Rechnung zu tragen.[107] Dieses Interesse ist doch aber auch der IT-Sicherheitsforschung immanent: Die IT-(Sicherheits-)Forschende agiert gerade im Interesse der Verbesserung der IT-Infrastruktur und zur Verhinderung von Missbrauch; eine Forschung, die verfassungsrechtlich über Art. 5 Abs. 3

---

[103] Vgl. *Krey* (Fn. 96), Rn. 441 ff.; krit.: *Nitz* (Fn. 96), S. 44 f., 173 f.; *Rogall*, in: Festschrift für Schlüchter (Fn. 96), S. 71, 72.

[104] Es fehlt an einem ganzheitlichen Konzept im Umgang mit Sicherheitslücken, vgl. *Bundesinnenministerium (BMI)*, Cybersicherheitsstrategie für Deutschland, 2021, S. 46 f.

[105] BT-Drs. 11/7029 S. 6.

[106] BT-Drs. 11/7029 S. 2, 6.

[107] *Bär*, in: BeckOK-StPO, 46. Ed. 1.1.2023, TTDSG § 12 Rn. 1.

S. 1 GG geschützt ist. Aus dieser Perspektive erschließt sich nicht, weshalb Telekommunikationsdienstleister zum Einsatz von „Honeypots“ berechtigt sein sollen, IT-Forschende dagegen nicht. Der in § 12 Abs. 1 S. 1 TTDSG geregelte Vorbehalt der Erforderlichkeit (zum Einsatz) stellt seinerseits ausreichend sicher, dass ein verhältnismäßiger und grundrechtsschonender Einsatz von „Honeypots“ gewährleistet werden kann.

Neben diesem Plädoyer für die analoge Anwendung bestehender Rechtfertigungsnormen wird für IT-Sicherheitsforschende über eine Rechtfertigung vermittelt, unmittelbar durch die besondere Stellung als Forschende aus Art. 5 Abs. 3 S. 1 GG nachgedacht.[108] Denn Art. 5 Abs. 3 S. 1 GG schützt die Forschung frei von staatlichem Einfluss, allein in persönlicher und autonomer Verantwortung des Forschenden.[109] Umfasst ist die gesamte (praktische) Durchführung eines Forschungsprojekts einschließlich der freien Wahl der Methodik zum Zweck des wissenschaftlichen Erkenntnisgewinns[110]: Das schließt die Wahl von „Honeypots“ somit durchaus ein. Allerdings endet die Freiheit des Forschenden, wo der Einsatz der wissenschaftlichen Forschungsmethode zur strafbaren Teilnahme an einem verübten Angriff auf mit Strafrecht geschützte Rechtsgüter wird.[111] Der Schutz der betroffenen Dritten durch Strafrecht ist mithin in den Abwägungsprozess einzustellen. Das betrifft eben in aller Regel das Nutzungs- und Integritätsinteresse der Berechtigten an ihren Daten und Datenverarbeitungsprozessen gem. §§ 303a, 303b StGB, gegebenenfalls ihr Vermögen und ihre Willensfreiheit i.V.m. § 253 StGB.[112] Zwar kann Forschenden nicht abverlangt werden, sämtliche gesellschaftlichen Auswirkungen ihrer Forschung zu bedenken.[113] Sie sind aber gehalten, schwerwiegende Folgen für

---

[108] *Müller*, in: Festschrift für Schreiber (Fn. 89), S. 343, 357; so z.B. für Rechtsanwälte und Steuerberater über Art. 2 GG i.V.m dem Rechtsstaatsprinzip, *Mallison*, Rechtsauskunft als strafbare Teilnahme 1979, S. 114 ff.; zu Grundrechten als strafrechtliche Rechtfertigungsgründe, *Schmidt* ZStW 2009, 645, 661; *Brand/Winter* JuS 2021, 113, 115 f.

[109] BVerfGE 47, 327 Rn. 149 = NJW 1978, 1621.

[110] BVerfGE 35, 79, 113 = NJW 1973, 1776; *Gärditz*, in: Dürig/Herzog/Scholz (Fn. 37), GG Art. 5 Abs. 3 Rn. 94; *Jarass*, in: Jarass/Pieroth (Fn. 36), GG Art. 5 Rn. 137 f.

[111] Vgl. *Gärditz*, in: Dürig/Herzog/Scholz (Fn. 37), GG Art. 5 Abs. 3 Rn. 170; für den vorliegenden Beitrag dabei nicht diskutiert werden soll, ob und inwieweit das Strafrecht Rechtsgüter (so statt vieler *Weigend*, in: LK-StGB (Fn. 8), Einl. Rn. 1), Verfassungsgüter (so statt vieler *Hassemer/Neumann*, in: NK-StGB (Fn. 33), vor. § 1 Rn. 118) oder ggf. auch weitergehend Werte (so etwa *Roxin/Greco,* AT I (Fn. 13), § 2 Rn. 51 ff.) schützt. Der jedenfalls insoweit betroffene seinerseitige Grundrechtsschutz von Betroffenen kann ersichtlich nicht ausgestellt werden.

[112] S.o. II. Einf.

[113] BVerfGE 47, 327 Rn. 183.

verfassungsrechtlich geschützte (Gemeinschafts-)Güter in Abwägung mit ihrer wissenschaftlichen Verpflichtung zu berücksichtigen und die Allgemeinheit vor gefährlichen Auswirkungen der Wissenschaft zu schützen.[114] Insoweit verpflichtet Wissenschaft zugleich.[115]

Zu beachten ist vorliegend freilich, dass die Rechtsgutsverletzung primär von den Haupttätern der geführten Cyberattacke ausgeht. Der Tatbeitrag der Forschung beschränkt sich auf den Einsatz des „Honeypots" als Lockmittel mit dem Ziel, den Angriff detailgenau zu dokumentieren und durch Analyse Erkenntnisse zur Verbesserung der IT-Sicherheit und der Cyberinfrastruktur zu generieren. Davon profitieren auch die Betroffenen: Die Beschäftigung der Wissenschaft garantiert langfristig höhere Sicherheitsstandards und verbessert Möglichkeiten des technischen Schutzes.[116] Der forschungsmäßige Einsatz von „Honeypots" dient generell der Aufdeckung, im Optimalfall der Behebung von Sicherheitslücken und ermöglicht gesellschaftlich gewünschte Ergebnisse. Mit zunehmender Datafizierung und Digitalisierung nehmen Relevanz und Bedeutung der IT-Sicherheitsforschung weiter und entscheidend zu.[117] Dann aber ist doch zu fragen, ob der Schutz (der Sicherheit) der Allgemeinheit als Forschungszweck der IT-(Sicherheits-)Forschung damit den möglichen Schaden im Einzelfall und für einzelne Adressaten – so im Fall eines „Honeypot"-provozierten Angriffs per DDos-Attacke – doch überwiegen muss; muss also zum Schutz der Allgemeinheit der verfassungsrechtliche Schutz dahingehender Forschungsmethoden doch gerade in das Strafrecht fortwirken.[118] Wegen der für die Forschenden hiermit dennoch einhergehenden und verbliebenen Rechtsunsicherheit bleibt es aber Aufgabe des Gesetzgebers, einen entsprechenden Rechtfertigungsgrund unter Berücksichtigung der einzubeziehenden Verfassungsgüter explizit zu normieren und die konkreten Anforderungen an den ordnungsgemäßen Einsatz von „Honeypots" festzulegen.[119]

---

[114] BVerfGE 47, 327 Rn. 183; *Vettermann/Wagner* InTer 2020, 126, 132.

[115] *Hufen* NVwZ, 2010, 1256, 1266; vgl. *Losch* NVwZ 199, 625 m.w.N.

[116] Zur Bedeutung von „Honeypots" für die Forschung, *Perkins/Howell*, in: Lavorgna/Holt (Hrsg.), Researching Cybercrimes, 2021, S. 233 ff.; *Vettermann/Wagner* InTer 2020, 126, 132.

[117] Dazu ausführlich, *Balaban u.a.* (Fn. 15), S. 39 ff.

[118] Vgl. *Mallison* (Fn. 108), S. 134; vgl. *Schlehofer*, in: MüKo-StGB (Fn. 18), vor § 32 Rn. 13; *Schmidt* ZStW 2009, 645.

[119] Zum Vorschlag eines Erforderlichkeitsgrundsatzes, *Vettermann/Wagner* InTer 2020, 126, 133; *Golla* schlägt für die Wahrnehmung berechtigter Forschungsinteressen einen Tatbestandsausschluss vor, ähnlich wie in §§ 86 Abs. 3, 91 Abs. 2 Nr. 1 und 201a Abs. 4 StGB (in diesem Band, S. 3, 19 f.), siehe dort auch zum amerikanischen Vorbild der Leitlinien einer „good-faith security research".

IV. Erforschung spezifischer IT-Sicherheitsbereiche

Verblieben ist damit die Frage, ob IT-(Sicherheits-)Forschende die strafrechtliche Verantwortung schließlich auch dafür tragen, bestimmte und konkrete Bereiche der IT-Sicherheit zu erforschen und vor den Straftaten Dritter zu schützen. Art. 5 Abs. 3 S. 1 GG gewährleistet grundlegend die wissenschaftliche Tätigkeit ganz frei von gesellschaftlichen Nützlichkeits- und Zweckmäßigkeitsvorstellungen.[120] Zwar ist den Forschenden die Pflicht auferlegt, in gewissem Maße für Auswirkungen der Forschungen auf besonders geschützte Rechtsgüter (Eigen-)Verantwortung zu übernehmen.[121] Das geht aber eben nicht so weit, dass eine umfassende Berücksichtigung sämtlicher Auswirkungen eingefordert werden dürfte.[122] Nicht verlangt werden kann, vorab Auswirkungen der Forschung in den Blick zu nehmen, die daraus resultieren, dass in ein Forschungsgebiet *nicht* investiert wird. Insgesamt gilt also, dass die Freiheit zur Forschung nicht eine Verpflichtung einschließen kann, in ein bestimmtes Gebiet Forschung zu investieren; das käme grundrechtlicher Inpflichtnahme gleich.[123] Eine erhöhte Risikoanfälligkeit im Cyberraum allein kann dafür nicht genügen.[124] Insbesondere das *Nicht*erforschen eines bestimmten Bereichs, also ein Unterlassen, kann nur dann strafrechtsrelevant werden, wenn eine besondere Garantenverantwortlichkeit des Forschenden vorliegt. In diesem Sinne wird über die Grundsätze strafrechtlicher Produkthaftung eine intensivere Sicherheitsforschung in risikoreiche Systeme, die in der Lage sind, hochrangige Rechtsgüter nicht nur unerheblich zu gefährden, lanciert.[125] Darüber hinaus können Forschende nicht zu bestimmten Forschungsrichtungen, die sich besonders positiv zugunsten der Gesellschaft auswirken, verpflichtet und schon gar nicht strafrechtlich dafür zur Verantwortung gezogen werden, Forschungen in ein bestimmtes Gebiet nicht zu betreiben und damit insoweit nicht vor Straftaten Dritter zu schützen.[126] Forschung bleibt in der Wahl des For-

---

[120] BVerfGE 47, 327 Rn. 154 = NJW 1978, 1621 f.

[121] BVerfGE 47, 327 Rn. 185 = NJW 1978, 1621, 1623.

[122] So schon BVerfGE 47, 327 Rn. 183 = NJW 1978, 1621, 1623; siehe dazu auch bereits oben III.2.

[123] *Gärditz*, in: Dürig/Herzog/Scholz (Fn. 37), GG Art. 5 Abs. 3 Rn. 144 u.a. zu sog. Zivilklauseln Rn. 185 f.

[124] Sie verpflichtete auch zunächst den Staat selbst zu entsprechenden Schutzmaßnahmen, die dieser nicht zugleich auf Forschende verpflichtend übertragen dürfte, vgl. *Golla/Derin* NJW 2019, 1111, 1114; *Hoffmann-Riem* JZ 2008, 1009, 1015 ff.

[125] Siehe oben II.2.

[126] Vgl. BVerfGE 47, 327 = NJW 1978, 1621; *Losch* NVwZ 1993, 625, 627 f.

schungsfeldes, -zweckes und -ziels frei und ohne grundsätzliche Erfolgsabwendungspflicht.[127]

Das ändert freilich im Ergebnis nichts daran, dass die IT-(Sicherheits-)Forschung eine „gefahrgeneigte Tätigkeit" bleibt.[128] Weder bei der Entwicklung noch bei der Untersuchung von Sicherheitslücken besteht ein rechtssicherer Rahmen, der als Handlungsorientierung dienen kann.[129] Klare Regelungen sind in diesen Bereichen nicht nur wünschenswert, sondern zwingend erforderlich, will man den wissenschaftlichen und auch gesellschaftlichen Fortschritt nicht erheblich hemmen. Die Bedeutung des Rechts wird zumeist noch unterschätzt. Der Gesetzgeber ist gehalten, den Fokus des Cybersicherheitsrechts auf Hersteller, Programmierer, Anwender und Forschende und alle weiteren Adressaten zu legen, anstatt ausschließlich auf den vorsätzlich attackierenden Täter zu zielen. Gemeinsames Ziel ist in jeder Hinsicht die Gewährleistung einer sicheren Entwicklung der Informationstechnologie.[130]

[127] *Gärditz*, in: Dürig/Herzog/Scholz (Fn. 37), GG Art. 5 Abs. 3 Rn. 185.
[128] Siehe den Beitrag von *Brodowski* (in diesem Band), S. 37, 50 f.
[129] Siehe auch *Bundesinnenministerium (BMI)* (Fn. 104), S. 46 f.
[130] Dazu *Brodowski*, in: Borges/Sorge (Fn. 7), S. 233, 243.

Das Urheberrecht als Grenze der IT-Sicherheitsforschung

Linda Kuschel/Darius Rostam

Computerprogramme sind ein zentrales Objekt von IT-Sicherheitsforschung, zugleich aber auch Schutzgegenstand des Urheberrechts. Dass bestimmte Nutzungen deshalb Rechtsinhabern vorbehalten sind, kann IT-Sicherheitsforschung beeinträchtigen. Wo Konflikte zwischen Urheberrecht und IT-Sicherheitsforschung auftreten und wie sie unter dem geltenden Recht aufgelöst werden können, ist Gegenstand dieses Beitrags.

I. Einleitung

Das Urheberrecht soll durch sein Schutzversprechen literarische, wissenschaftliche und künstlerische Leistungen fördern. Indem der Schutz auf Ausdruck und konkrete Gestaltung begrenzt ist, wird verhindert, dass Ideen, Theorien und Informationen monopolisiert und der wissenschaftliche und gesellschaftliche Fortschritt behindert werden. Auch für Computerprogramme gilt: „Ideen und Grundsätze, die einem Element eines Computerprogramms zugrunde liegen [...] sind nicht geschützt" (§ 69a Abs. 2 S. 2 UrhG). Und dennoch können sich aus dem Urheberrecht für Computerprogramme spürbare Einschränkungen für die IT-Sicherheitsforschung ergeben, weil das Testen und Untersuchen eines Computerprogramms häufig mit urheberrechtlich relevanten, teilweise strafbewehrten (vgl. §§ 106, 108a, 108b UrhG) Handlungen einhergehen. Es ist Kernaufgabe des Urheberrechts, die Interessen von Rechtsinhabern mit den Interessen der Allgemeinheit bestmöglich in Ausgleich zu bringen. Auch IT-Sicherheit ist ein solches Allgemeininteresse und muss daher in den Interessenausgleich einbezogen werden. Der Beitrag zeigt auf, wie das unter geltendem Recht geschieht. Zunächst werden die Besonderheiten von Computerprogrammen als Gegenstand des Urheberrechts und Objekt der IT-Sicherheitsforschung dargestellt (II.) und konkrete Maßnahmen, die in der IT-Sicherheitsforschung eingesetzt werden, urheberrechtlich eingeordnet (III.). Von entscheidender Bedeutung ist, unter welchen Umständen Maßnahmen der IT-Sicherheitsforschung durch urheberrechtliche Schranken privilegiert sind (IV.). Daneben haben sich in der Praxis verschiedene Mechanismen etabliert, die negativen Auswirkungen des urheberrechtlichen Schutzes auf vertraglichem Wege begegnen (V.).

II. Gegenstand des Urheberrechts

Dass die Regelungen des Urheberrechts für die IT-Sicherheitsforschung überhaupt relevant sind, liegt vor allem daran, dass essentieller Bestandteil jeder IT-Infrastruktur Computerprogramme sind.[1] Sie sind urheberrechtlich geschützt, „wenn sie individuelle Werke in dem Sinne darstellen, daß sie das Ergebnis der eigenen geistigen Schöpfung ihres Urhebers sind" (§ 69a Abs. 3 S. 1 UrhG). Weitere Voraussetzungen, wie etwa ein ästhetischer Gehalt oder eine überragende handwerkliche Leistung des Programmierers[2], bestehen dafür nicht. Es gelten folglich keine höheren Schutzanforderungen als bei anderen Werkarten, so dass auch bei Computerprogrammen bereits die „kleine Münze", also jedes nicht ganz banale Programm, potentiell urheberrechtlich geschützt ist.[3] Und doch unterscheiden sich Computerprogramme in einigen Punkten wesentlich von anderen Schutzgegenständen: Sie sind nicht für die menschliche Wahrnehmung bestimmt, sondern schöpfen ihren Wert aus den Funktionen, die sie Computern im Wege einer Abfolge von Befehlen vermitteln. Zwar werden Computerprogramme in einer für Menschen verständlichen Programmiersprache als sog. Quellcode verfasst, sie müssen dann aber regelmäßig kompiliert, also in eine maschinenlesbare Form, den sog. Objektcode (oder: Maschinencode), übersetzt werden.[4] Obwohl dieser Objektcode für Menschen unverständlich ist, ist auch er geschützt, da sich das Urheber-

[1] Daneben können auch andere Werkarten betroffen sein, wenn etwa das Computerprogramm urheberrechtlich geschützte Grafiken oder Musikdateien enthält, vgl. hierzu *Kuschel/Rostam*, in: Ebers/Steinrötter (Hrsg.), Künstliche Intelligenz und smarte Robotik im IT-Sicherheitsrecht, 2021, S. 361, 362 f.

[2] So noch BGHZ 94, 276, 286, worin seinerzeit manche eine „grundsätzliche Bejahung und praktische Verneinung des Urheberrechtsschutzes für Computerprogramme" sahen, *Bauer* CR 1985, 5, 10. Mit Umsetzung der Computerprogramme-Richtlinie (2009/24/EG) ist dieses Erfordernis weggefallen.

[3] *BGH* GRUR 2013, 509, 510, Rn. 24; vgl. *Schack*, Urheber- und Urhebervertragsrecht, 10. Aufl. 2021, Rn. 208; Eingehend hierzu *Böcker*, Computerprogramme zwischen Werk und Erfindung, 2009, S. 144 ff.

[4] Teilweise werden Programme auch nur in eine maschinennahe „low-level" Zwischensprache kompiliert oder müssen gar nicht kompiliert werden, sondern werden im Augenblick der Ausführung von einem weiteren Programm interpretiert, vgl. *Franzen/Maier/Wagner* DuD 2020, 511, 513; *Böcker* (Fn. 3), S. 45 f.; *Ernst*, in: Hoeren/Sieber/Holznagel (Hrsg.), Handbuch Multimedia-Recht, 58. Aufl. 2022, Teil 7.1 Grundlagen des Urheberrechts Rn. 11.

recht auf Computerprogramme in jeder Ausdrucksform erstreckt (§ 69a Abs. 2 S. 1 UrhG).[5] Dadurch entsteht allerdings eine gewisse Diskrepanz zum urheberrechtlichen Grundsatz der Dichotomie von Ausdrucksform und Idee:[6] Allein erstere ist vom Schutz erfasst, während die in ihr enthaltene Idee – zumindest urheberrechtlich – stets frei bleibt. Auch die Ideen und Grundsätze, die in einem Computerprogramm niedergelegt sind, sind prinzipiell frei (§ 69a Abs. 2 S. 2 UrhG), soweit jedoch nur der Objektcode zur Verfügung steht, sind sie dem menschlichen Verständnis entzogen. Die Überprüfung des Programms auf Sicherheitslücken oder Fehler ist allein auf Grundlage des Objektcodes nur bedingt, deren Berichtigung gar nicht möglich. Anders als bei allen anderen Werkarten kann bei Computerprogrammen also die Nutzung und der Zugang zu den ungeschützten Ideen und Grundsätzen eines Programms eine urheberrechtlich geschützte Handlung erfordern, nämlich die Übersetzung des Objektcodes in eine für Menschen lesbare Form. Diese Besonderheiten von Computerprogrammen gilt es bei der Auslegung und Anwendung der urheberrechtlichen Regelungen zu berücksichtigen.[7]

III. Urheberrechtlich relevante Handlungen in der IT-Sicherheitsforschung

In der IT-Sicherheitsforschung kommen verschiedene Instrumente zur Untersuchung eines Computerprogramms auf Sicherheitslücken oder Fehler zum Einsatz. Beim sog. Black-Box-Testing etwa wird beobachtet und analysiert, wie ein Programm auf die Eingabe verschiedener Befehle

[5] Vgl. *EuGH*, Urteil v. 6.10.2021 – C 13/20, *Top System*, ECLI:EU:C:2021:811, Rn. 36; *Schack* (Fn. 3), Rn. 209; *EuGH*, Urteil v. 2.5.2012 – C 406/10, *SAS Institute*, ECLI:EU:C:2012:259, Rn. 37 f.; *EuGH*, Urteil v. 22.12.2010 – C 393/09, *BSA*, ECLI:EU:C:2010:816, Rn. 33–35; *OLG Frankfurt a.M.* GRUR 2015, 784, 785; *Kaboth/Spies*, in: Ahlberg/Götting/Lauber-Rönsberg (Hrsg.), BeckOK UrhR, 35. Ed. 15.1.2022, § 69a Rn. 5; *Dreier*, in: Dreier/Schulze (Hrsg.), Urheberrechtsgesetz, 7. Auflage 2022, § 69a Rn. 19. Theoretisch ist freilich nicht ausgeschlossen, dass Fachleute bestimmten Objektcode auch verstehen können.

[6] Siehe hierzu *GA Szpunar*, Schlussantrag v. 10.3.2021 – C 13/20, *Top System*, ECLI:EU:C:2021:193, Rn. 7 m.w.N. Siehe hierzu auch *Böcker* (Fn. 3), S. 136 ff.; *Grützmacher*, in: Wandtke/Bullinger (Hrsg.), Urheberrecht, 6. Aufl. 2022, § 69a Rn. 23, 28–33 sowie zum Hintergrund dieser Dichotomie und der Rolle der Gerichte bei der Grenzziehung zwischen Ausdruck und Idee *Spindler*, in: Schricker/Loewenheim (Hrsg.), Urheberrecht, 6. Aufl. 2020, § 69a Rn. 8 f.; Siehe zudem Begr. RegE BT-Drucks. 12/40224, 9.

[7] Ähnlich auch *GA Szpunar*, Schlussantrag v. 10.3.2021 – C 13/20, *Top System*, ECLI:EU:C:2021:193 Rn. 8.

hin abläuft.[8] Die internen Strukturen der Software müssen dabei nicht offengelegt werden. Stattdessen erlauben der Programmablauf und seine Ergebnisse Rückschlüsse auf die Grundsätze des Programms oder decken bereits Fehlfunktionen auf. Auch das System Monitoring, bei dem die Kommunikation zwischen verschiedenen Programmen beobachtet und analysiert wird, ist von passiver Natur.[9] In beiden Fällen wird das zu untersuchende Programm lediglich im Zuge des Programmablaufs im Arbeitsspeicher vervielfältigt.[10]

Deutlich effektiver ist IT-Sicherheitsforschung, wenn sie auf Ebene des Softwarecodes selbst und nicht lediglich bei dessen Ausführung ansetzt. Um eine entsprechende Analyse des Softwarecodes vornehmen zu können, muss dieser in ein lesbares Format transferiert werden. Das kann im Wege der Dekompilierung, der Disassemblierung oder des Binary Lifting geschehen. Bei der Dekompilierung wird der Objektcode in einen Quellcode zurückübersetzt.[11] Das Ergebnis dieser Übersetzung ist allerdings nicht mit dem Originalquellcode des Programms identisch, weshalb bei einer Rückübersetzung auch von „Quasi-Quellcode" gesprochen wird.[12] Das Programm liegt danach also in einer weiteren Version vor. Für die Disassemblierung wird der nur maschinenlesbare Objektcode mithilfe eines Disassemblers interpretiert und als für Fachleute lesbares Assemblerprogramm ausgegeben.[13] Eine weitere Methode, die in der IT-Sicherheitsforschung eingesetzt wird, ist das Binary Lifting. Hier werden die im Objektcode vorhandenen Befehle „herausgehoben" und in eine für Menschen verständliche, aber immer noch maschinennahe (*low-level*) Sprache gebracht.[14]

---

[8] *Hoeren/Pinelli* CR 2019, 410, 411; *Schweyer*, Die rechtliche Bewertung des Reverse Engineering in Deutschland und den USA, 2012, S. 74; *Triebe* WRP 2018, 795, 796 Rn. 6; *Müller-Hengstenberger/Kirn* CR 2008, 755, 759.

[9] *Schweyer* (Fn. 8), S. 75.

[10] *Schweyer* (Fn. 8), S. 88 ff.

[11] Oder: „Rückentwicklung" ähnlich einem „reverse engineering", vgl. *GA Szpunar*, Schlussantrag v. 10.3.2021 – C 13/20, *Top System*, ECLI:EU:C:2021:193, Rn. 40. Vgl. auch *Spindler*, in: Schricker/Loewenheim (Fn. 6), § 69e Rn. 4.

[12] Vgl. *EuGH*, Urteil v. 6.10.2021 – C 13/20, *Top System*, ECLI:EU:C:2021:811, Rn. 37; *GA Szpunar*, Schlussantrag v. 10.3.2021 – C 13/20, *Top System*, ECLI:EU:C:2021:193, Rn. 41; *Schmidt*, in: Auer-Reinsdorff/Conrad (Hrsg.), Handbuch IT- und Datenschutzrecht, 3. Aufl. 2019, § 1 Rn. 204; *Schneider*, in: Schneider (Hrsg.), Handbuch EDV-Recht, 5. Aufl. 2017, G. Urheberschutz für Software, Rn. 340.

[13] Vgl. *Spindler*, in: Schricker/Loewenheim (Fn. 6), § 69e Rn. 6; *Franzen/Maier/Wagner* DuD 2020, 511, 513.

[14] Vgl. hierzu *Franzen/Maier/Wagner* DuD 2020, 511, 513.

Dekompilierung, Disassemblierung und Binary Lifting gehen mit einer Vervielfältigung des Objektcodes im Arbeitsspeicher einher, die die Rechte des Urhebers gem. § 69c Nr. 1 UrhG berührt.[15] Darüber hinaus wird zumindest bei der Dekompilierung auch eine Übersetzung des Objektcodes in einen (neuen) Quellcode und dessen Vervielfältigung vorgenommen. Damit ist das Umarbeitungsrecht des Urhebers gem. § 69c Nr. 2 UrhG betroffen.[16] Bei Disassemblierung und Binary Lifting kommt es auf die Umstände des Einzelfalls an: Eine Umarbeitung setzt voraus, dass wesentliche Züge des Originalprogramms übernommen werden, wobei auch die Übernahme der Programmstruktur, des Programmablaufs sowie von Modulen oder Befehlsgruppen genügt.[17] Wenn also bei einer Disassemblierung oder einem Binary Lifting der gesamte Objektcode oder sämtliche darin enthaltenen Befehlsabfolgen übersetzt und in der neuen Version wiedergegeben werden, sind die Übernahmen so wesentlich, dass von einer Umarbeitung auszugehen ist. Werden hingegen nur einzelne Befehlssätze aufgegriffen und dargestellt, ist unwahrscheinlich, dass wesentliche individuelle Züge des Computerprogramms in der neuen Version übernommen wurden und eine Umarbeitung nach § 69c Nr. 2 UrhG scheidet aus. Das Umarbeitungsrecht für Computerprogramme ist bereits im Zeitpunkt der Herstellung einer veränderten Version betroffen und greift – anders als das Bearbeitungsrecht der Urheber anderer Werkarten nach § 23 UrhG – nicht erst mit ihrer Veröffentlichung.

Im Übrigen geht IT-Sicherheitsforschung häufig auch mit einer Veröffentlichung der Ergebnisse und des untersuchten Quellcodes einher. Idealerweise beherzigt eine solche Veröffentlichung die Grundsätze der Responsible Disclosure bzw. der Coordinated Vulnerability Disclosure[18] – aus urheberrechtlicher Perspektive stellt eine Veröffentlichung des Quellcodes allerdings eine öffentliche Zugänglichmachung nach § 69c Nr. 4 UrhG (bei Veröffentlichung im Internet) oder eine Verbreitung i.S.v. § 69c Nr. 3 UrhG (bei Veröffentlichung in einem Print-Medium) dar.

---

[15] *Schweyer* (Fn. 8), S. 88 ff.; vgl. *Hoeren/Pinelli* CR 2019, 410, 411; *Imhof*, in: Bisges (Hrsg.), Handbuch Urheberrecht, 1. Aufl. 2016, Rn. 202; *Kuschel/Rostam*, in: Ebers/Steinrötter (Fn. 1), S. 361, 367; vgl. *Strobel*, Reverse Engineering im Spannungsfeld der Sonderschutzrechte, 2022, S. 156–158; für die Dekompilierung siehe auch *Fiedler*, Der Computerprogrammschutz und die Schutzrechtskumulation von Urheber- und Patentrecht, 2013, S. 204 sowie *Wiebe* JIPITEC 2011, 89, 90 Rn. 9.

[16] Vgl. *EuGH*, Urteil v. 6.10.2021 – C 13/20, *Top System*, ECLI:EU:C:2021:811, Rn. 39; *Vettermann/Wagner* InTer 2020, 126, 127 f.; *Wagner* DuD 2020, 111, 112; *Kuschel/Rostam*, in: Ebers/Steinrötter (Fn. 1), S. 361, 367; *Strobel* (Fn. 15), S. 159 f.

[17] *Spindler*, in: Schricker/Loewenheim (Fn. 6), § 69c Rn. 15, 17.

[18] Siehe hierzu *CEPS*, Software Vulnerability Disclosure in Europe, 2018, S. 5 ff.

Schließlich kommt in der IT-Sicherheitsforschung die sog. Code Emulation zum Einsatz, mithilfe derer Computerprogramme außerhalb der für sie eigentlich vorgesehenen Softwareumgebung ausgeführt und beobachtet werden können.[19] Beispielsweise lassen sich so die Betriebssysteme von Mobiltelefonen auf anderen Geräten virtualisieren und auf Schwachstellen überprüfen.[20] Ein Emulator ahmt dazu das Verhalten einer CPU (*central processing unit*) nach und interpretiert die Anweisungen des Objektcodes des jeweiligen Programms, was ausführlichere und spezifischere Analysen und Dokumentationen ermöglicht, als wenn das Programm auf der CPU des Herstellers abläuft.[21] Die Code Emulation setzt eine Vervielfältigung des Computerprogramms in der emulierten Umgebung voraus. Eine Umarbeitung findet demgegenüber nicht statt, denn das Computerprogramm selbst bleibt unverändert, nur die Umgebung ist eine andere.

Ist das jeweilige Computerprogramm mit technischen Schutzmaßnahmen versehen, kann eine Umgehung dieser Maßnahmen erforderlich sein, um das Programm zu untersuchen, insbesondere zu dekompilieren, disassemblieren oder ein Binary Lifting durchzuführen. Technische Schutzmaßnahmen sind bei Computerprogrammen weit verbreitet, insbesondere bei auf Endnutzergeräten gespeicherter proprietärer Software. Sie verhindern den Zugriff auf bestimmte Systembereiche, den Quellcode oder Veränderungen des Codes. Die Umgehung der technischen Schutzmaßnahmen geht zum einen mit einer urheberrechtlich relevanten Umarbeitung gem. § 69c Nr. 2 UrhG einher. Zum anderen ist sie nach § 95a Abs. 1 UrhG ausdrücklich verboten, wenn die Schutzmaßnahme zugleich andere urheberrechtlich geschützte Gegenstände als das Computerprogramm selbst schützt, etwa im Programm enthaltene Grafiken.[22]

IV. Gesetzliche Privilegierungen der IT-Sicherheitsforschung

Nicht jeder Umgang mit einem urheberrechtlichen Schutzgegenstand greift auch in die Ausschließlichkeitsrechte ein. Zum einen sind Handlungen nach § 69d Abs. 1 UrhG vom Ausschließlichkeitsrecht ausgenommen, wenn sie für eine bestimmungsgemäße Benutzung des Computerprogramms notwendig sind (1.). Zum anderen dürfen Berechtigte gemäß

---

[19] Vgl. hierzu *Franzen/Maier/Wagner* DuD 2020, 511, 513.

[20] Siehe dazu auch das Verfahren von Apple gegen den Virtualisierungsdienstleister Corellium, *Apple Inc. v. Corellium, LLC,* 510 F. Supp. 3d 1269 (S.D. Fla. 2020).

[21] Vgl. hierzu *Franzen/Maier/Wagner* DuD 2020, 511, 513.

[22] *Kuschel/Rostam*, in: Ebers/Steinrötter (Fn. 1), S. 361, 364 ff.

§ 69d Abs. 3 UrhG analysieren, wie ein Programm funktioniert, um die zugrundeliegenden Ideen oder Grundsätze zu ermitteln (2.). Zu klären ist, in welchem Umfang IT-Sicherheitsforschung durch diese Ausnahmen privilegiert ist.

1. Anforderungen des § 69d Abs. 1 UrhG

a) Bestimmungsgemäße Nutzung

§ 69d Abs. 1 UrhG stellt Vervielfältigungen und Umarbeitungen frei, die für die bestimmungsgemäße Nutzung eines Computerprogramms durch einen zur Verwendung Berechtigten notwendig sind. Dazu gehört auch die Fehlerberichtigung. Im Folgenden soll zunächst betrachtet werden, welche Handlungen im Zusammenhang mit IT-Sicherheitsforschung einen bestimmungsgemäßen Gebrauch des Programms darstellen (aa)). Anschließend werden die Fehlerbehebung und Fehlersuche in den Blick genommen (bb)). Schließlich ist das Verhältnis zur Dekompilierung gemäß § 69e UrhG zu klären (cc)).

aa) Für die bestimmungsgemäße Nutzung notwendige Handlungen

Die oben genannten Techniken der IT-Sicherheitsforschung gehen mit Vervielfältigungen und Umarbeitungen von Software einher. § 69d Abs. 1 UrhG erlaubt diese Handlungen unter der Bedingung, dass sie für den bestimmungsgemäßen Gebrauch einer Software erforderlich sind. Zum zulässigen Normalgebrauch gehört etwa, die Software in den Arbeitsspeicher zu laden und sie ablaufen zu lassen.[23] Deshalb sind passive Analysetechniken wie das Black-Box-Testing oder System Monitoring, die sich an den normalen Ablauf einer Software heften, nach § 69d Abs. 1 UrhG zulässig. Techniken wie die Dekompilierung, Disassemblierung, Code Emulation, das Binary Lifting und die Responsible Disclosure führen dagegen zu Vervielfältigungen oder Umarbeitungen, die meist nicht für die bloße bestimmungsgemäße Nutzung notwendig sind.[24] Sie können möglicherweise aber unter die Fehlerbehebung gefasst werden.

bb) Fehlerbehebung

Im Kontext der IT-Sicherheitsforschung stellt sich zunächst die Frage, ob ein mangelndes Sicherheitsniveau ein Fehler im Sinne von § 69d Abs. 1

[23] *Grützmacher*, in: Wandtke/Bullinger (Fn. 6), § 69d Rn 9.

[24] Zum Begriff der bestimmungsgemäßen Nutzung sogleich unter bb) (1).

UrhG ist (1). Anschließend ist zu klären, welche Maßnahmen zur Fehlerbehebung von § 69d Abs. 1 UrhG gedeckt sind, wobei neben die Fehlerberichtigung (2) die Fehlersuche (3) tritt.

(1) Mangelndes Sicherheitsniveau als Fehler

Nach dem Gesetz zählt zur bestimmungsgemäßen Verwendung auch die Berichtigung von Fehlern. Den Fehlerbegriff hat der *EuGH* für den zugrundeliegenden Art. 5 Abs. 1 Computerprogramm-RL näher bestimmt: Fehler sind danach alle Defekte in einem Computerprogramm, die zu einer Fehlfunktion führen und die Möglichkeit zur bestimmungsgemäßen Benutzung beeinträchtigen.[25] Was einen Fehler konstituiert, steht folglich immer in Bezug dazu, wie das Computerprogramm benutzt werden soll.

Bisher geht die herrschende Ansicht davon aus, dass sich die bestimmungsgemäße Nutzung nach dem Überlassungszweck und sonstigen vertraglichen Umständen zwischen Rechtsinhaber und Erwerber richtet.[26] Nach teilweise vertretener Ansicht soll dazu sogar allein die vom Rechtsinhaber festgelegte Bestimmung entscheidend sein.[27] Folgt man diesem subjektiven Verständnis können nur Beeinträchtigungen des vereinbarten Programmablaufs einen Fehler konstituieren. Damit ein mangelndes IT-Sicherheitsniveau einen berücksichtigungsfähigen Fehler darstellt, müsste es also die vertraglich vorgesehene Benutzung des Programms beeinträchtigen. Eine solche Beeinträchtigung können etwa Viren oder trojanische Pferde darstellen.[28] Sie sind auch dann Fehler, wenn sie im Programm nicht selbst angelegt sind, sondern erst nach Erstellung von außen wirken.[29] Auch wenn Sicherheitslücken einer Software einen rechtskonformen Einsatz nicht mehr erlauben, ist die bestimmungsgemäße Nutzung für gewöhnlich beeinträchtigt.[30] Grenzen für einen konformen Einsatz bilden

[25] Vgl. *EuGH*, Urteil v. 6.10.2021 – C 13/20, *Top System*, ECLI:EU:C:2021:811, Rn. 58 ff.

[26] *Grützmacher*, in: Wandtke/Bullinger (Fn. 6), § 69d Rn. 7; *GA Szpunar*, Schlussantrag v. 10.3.2021 – C 13/20, *Top System*, ECLI:EU:C:2021:193, Rn. 75.

[27] *GA Szpunar*, Schlussantrag v. 10.3.2021 – C 13/20, *Top System*, ECLI:EU:C:2021:193, Rn. 75; *Lehmann*, in: Festschrift für Schricker zum 60. Geburtstag, 1995, S. 543, 560, 568; *LG Düsseldorf* CR 1996, 737, 738.

[28] Vgl. *Dreier*, in: Dreier/Schulze (Fn. 5), § 69d Rn. 9; *Kaboth/Spies*, in: BeckOK UrhG (Fn. 5), § 69d Rn. 7; *Spindler*, in: Schricker/Loewenheim (Fn. 6), § 69d Rn. 10; *Grützmacher*, in: Wandtke/Bullinger (Fn. 6), § 69d Rn. 21.

[29] *Spindler*, in: Schricker/Loewenheim (Fn. 6), § 69d Rn. 10; *Dreier*, in: Dreier/Schulze (Fn. 5), § 69d Rn. 9.

[30] Vgl. *Halder* jurisPR-ITR 6/2022 Anm. 3, D.IV; *Vettermann/Wagner* InTeR 2020, 126, 133; vgl. auch *Bodden/Rasthofer/Richter/Roßnagel* DuD 2013, 720, 725.

etwa Art. 32 Abs. 1 lit. d DSGVO, § 8c BSIG und Sorgfaltspflichten im Rahmen von § 823 Abs. 1 BGB. Kein Fehler ist es hingegen nach dem subjektiven Begriff, wenn eine Software veraltet ist – Bezugspunkt ist nämlich stets der ursprüngliche Bestimmungszweck.[31]

Allerdings könnte auch ein objektiver Bestimmungsbegriff greifen: Der EuGH hat sich in *Top System* gerade nicht dem Vorschlag des Generalanwalts angeschlossen, auf die vom Urheber festgelegte oder zwischen den Parteien bestimmte Vereinbarung abzustellen.[32] Dass er stattdessen nur von einer „Fehlfunktion" spricht, deutet an, dass auch objektive Umstände für die bestimmungsgemäße Nutzung zu berücksichtigen sein können. Das stünde im Einklang mit den jüngsten europäischen Reformen des Mängelgewährleistungsrechts, die an einen objektiven Mangelbegriff anknüpfen und die Sicherheit von Kaufgegenständen zum Leistungsmerkmal erklären (vgl. etwa Art. 8 Abs. 1 lit. b DI-RL, Art. 7 Abs. 1 lit. d WK-RL). Danach begründet ein unübliches und vom Nutzer nicht zu erwartendes Sicherheitsniveau einer Software einen Mangel (vgl. §§ 434 Abs. 3 S. 1 Nr. 2, S. 2, 327e Abs. 3 S. 1 Nr. 2, 475b Abs. 4 Nr. 1 BGB). § 69d Abs. 1 UrhG könnte nun parallel zum kaufrechtlichen Mängelgewährleistungsrecht auszulegen sein:[33] Wenn das Sicherheitsniveau objektiv vertragswidrig ist, besteht danach ein Fehler, der auf Grundlage von § 69d Abs. 1 UrhG berichtigt werden kann. Nach diesem objektiven Verständnis kann auch eine technische Veralterung ein Fehler sein, soweit sie den objektiven Anforderungen widerspricht (vgl. § 327e Abs. 3 S. 1 Nr. 5, 327f, 475b Abs. 4 Nr. 2 BGB). Der Kreis berichtigungsfähiger Fehler erweitert sich dann um Beeinträchtigungen, die in den Vereinbarungen zwischen Hersteller und Nutzer keine Berücksichtigung fanden, Nutzer aber dennoch objektiv im Gebrauch stören. Ein Interesse des Verkäufers, den Fehler selbst zu beheben, kann über das Merkmal der Notwendigkeit Berücksichtigung finden.[34]

(2) Fehlerbeseitigung

Wenn die bestimmungsgemäße Benutzung durch eine Sicherheitslücke beeinträchtigt ist, stellt sich die Frage, welche Handlungsmöglichkeiten das

---

[31] *GA Szpunar*, Schlussantrag v. 10.3.2021 – C 13/20, *Top System*, ECLI:EU:C:2021:193, Rn. 76 f.

[32] Vgl. *GA Szpunar*, Schlussantrag v. 10.3.2021 – C 13/20, *Top System*, ECLI:EU:C:2021:193, Rn. 75.

[33] *Gülker* InTeR 2022, 22, 26; in diese Richtung auch *Schack* (Fn. 3), Rn. 473.

[34] *Gülker* InTeR 2022, 22, 24 f., dazu sogleich unter IV.1.c).

Urheberrecht IT-Sicherheitsforschern gewährt. § 69d Abs. 1 UrhG erlaubt die Vervielfältigung, Übersetzung, Bearbeitung, das Arrangement und andere Umarbeitungen des Computerprogramms, sofern es für die bestimmungsgemäße Benutzung notwendig ist. Dazu gehört ausdrücklich auch die *Fehlerberichtigung*. Erlaubt sind damit Eingriffe in die Software, um Programmfehler zu entfernen oder zu umgehen und Funktionsstörungen zu beseitigen.[35] Soweit IT-Sicherheitslücken einen Fehler begründen, dürfen sie also beseitigt werden. Das kann etwa umfassen, ein zusätzlich erstelltes Softwaremodul einzubauen oder ein Antiviren-Programm einzusetzen.[36] Dagegen gehören Verbesserungen und Anpassungen an veränderte gesetzliche oder technische Anforderungen nach der Literatur nicht zur Fehlerbeseitigung.[37] Das kann nach dem Wortlaut allerdings nur gelten, soweit sie über den bestimmungsgemäßen Gebrauch hinausgehen.[38] Alle Handlungen, die für einen bestimmungsgemäßen Gebrauch notwendig sind, dürfen nämlich auch ohne Zustimmung des Rechtsinhabers erfolgen. Entscheidend für das Fehlerbeseitigungsrecht ist damit, ob eine Sicherheitslücke überhaupt ein Fehler ist – wenn das der Fall ist, sind auch Berichtigungshandlungen erlaubt.

(3) Fehlersuche

IT-Sicherheitsforschung betrifft nicht nur die Beseitigung bekannter Schwachstellen, sondern auch deren Aufdeckung. Sie widmet sich insbesondere Sicherheitslücken, die noch nicht in Erscheinung getreten sind. Infrage steht deshalb, ob nicht nur die Fehler*berichtigung*, sondern auch schon die Fehler*suche* von § 69d Abs. 1 UrhG gedeckt sein kann.

Der Wortlaut der Norm beschränkt sich zwar auf die Fehlerbeseitigung. Der Begriff kann aber auch so verstanden werden, dass die vorgelagerte Suche in der Fehlerbeseitigung als ein Minus enthalten ist. Wer Fehler sogar beseitigen darf, muss sie auch überhaupt erst feststellen können. Denn es können nur Fehler beseitigt werden, die auch bekannt sind.[39] Mit Blick auf die Interessen des Rechtsinhabers liegt deshalb ein Argumentum a fortiori nahe: Wenn § 69d Abs. 1 schon die eingriffsintensivere Feh-

---

[35] Vgl. *Wiebe*, in: Spindler/Schuster (Hrsg.), Recht der elektronischen Medien, 4. Aufl. 2019, § 69d Rn. 15; *Grützmacher* in: Wandtke/Bullinger (Fn. 6), § 69d Rn. 21.

[36] Vgl. BGH GRUR 2008, 866, 868; *Spindler*, in: Schricker/Loewenheim (Fn. 6), § 69d Rn. 10, *Kaboth/Spies*, in: BeckOK UrhG (Fn. 5), § 69d Rn. 7.

[37] Vgl. *Spindler*, in: Schricker/Loewenheim (Fn. 6), § 69d Rn. 10; *Kaboth/Spies*, in: BeckOK UrhG (Fn. 5), § 69d Rn. 7; *Dreier*, in: Dreier/Schulze (Fn. 5), Rn. 9.

[38] So auch *Dreier*, in: Dreier/Schulze (Fn. 5), § 69d Rn. 9.

[39] Vgl. *Vettermann/Wagner* InTeR 2020, 126, 128.

lerbeseitigung erlauben soll, muss die bloße Fehlersuche erst recht zulässig sein.[40]

Dafür spricht auch das Telos der Vorschrift. § 69d UrhG soll die besonderen Charakteristika von Software als Schutzgegenstand des Urheberrechts ausgleichen.[41] Bereits der bestimmungsgemäße Gebrauch erfordert eine Vervielfältigung, fällt also unter das Verbotsrecht des Rechtsinhabers (vgl. § 69c Nr. 1 UrhG). Der Rechtsinhaber gewinnt dadurch eine dem Urheberrecht fremde Monopolmacht über die zugrundeliegende Idee.[42] § 69d UrhG soll deshalb die Ausschließlichkeitsrechte zugunsten berechtigter Nutzer beschränken, indem Handlungen für einen bestimmungsgemäßen Gebrauch zustimmungsfrei zulässig sind.[43] Klar ist daher: Wenn ein Fehler sich zeigt und der bestimmungsgemäße Gebrauch bereits beeinträchtigt ist, kann für seine Korrektur keine Erlaubnis erforderlich sein. Denn anderenfalls würden sich technische Besonderheiten von Software gerade „artfremd“[44] zulasten berechtigter Nutzer auswirken. Diese Gefahr besteht aber auch, wenn die Fehler*suche* von der Zustimmung des Rechtsinhabers abhängt. Denn Software hat die Besonderheit, dass ihr Inhalt im Wege einer „einfachen sensorischen Analyse“ normalerweise nicht zur Kenntnis genommen werden kann.[45] Computerprogramme können deshalb nicht hinreichend auf Mängel untersucht werden, ohne zugleich in das Ausschließlichkeitsrecht des Urhebers einzugreifen. Wenn sich ein Fehler nun erst bemerkbar machen müsste und nicht proaktiv aufgefunden werden dürfte, würde diese Besonderheit[46] von Software für berechtigte Nutzer Nachteile erzeugen. Nach § 377 Abs. 1, 2, 381 Abs. 2 HGB haben gewerbliche Käufer eine Ware unverzüglich zu untersuchen und über Mängel eine Anzeige zu machen – anderenfalls gilt die Ware als genehmigt.[47] Wenn

---

[40] *Hoeren/Pinelli* CR 2019, 410, 413; *Grützmacher*, in: Wandtke/Bullinger (Fn. 6), § 69d Rn. 21.

[41] Vgl. *Grützmacher*, in: Wandtke/Bullinger (Fn. 6), § 69d Rn. 1: Begrenzung der „aus den technischen Gegebenheiten von Software resultierenden, dem Urheberrecht aber artfremde (sic) Befugnisse des Rechtsinhabers“.

[42] Vgl. *Grützmacher*, in: Wandtke/Bullinger (Fn. 6), § 69d Rn. 1.

[43] Vgl. *Dreier*, in: Dreier/Schulze (Fn. 5), § 69d Rn. 1, *Spindler*, in: Schricker/Loewenheim (Fn. 6), § 69d Rn. 1; *Grützmacher*, in: Wandtke/Bullinger (Fn. 6), § 69d Rn. 1.

[44] Vgl. *Grützmacher*, in: Wandtke/Bullinger (Fn. 6), § 69d Rn. 1.

[45] *GA Szpunar*, Schlussantrag v. 10.3.2021 – C 13/20, *Top System*, ECLI:EU:C:2021:193, Rn. 6 f.

[46] *GA Szpunar*, Schlussantrag v. 10.3.2021 – C 13/20, *Top System*, ECLI:EU:C:2021:193, Rn. 6: „ungewöhnlich“.

[47] Vgl. zur Anwendung auf Software *BGH* NJW 2000, 1415.

die Fehlersuche von § 69d Abs. 1 UrhG nicht gedeckt wäre, müssten Käufer darauf warten, dass sich ein Mangel zeigt, bevor sie tätig werden können. Dann können Gewährleistungsansprüche gemäß §§ 434 Abs. 1 Nr. 3, 327j Abs. 1 S. 1, 634a Abs. 1 Nr. 1 BGB allerdings bereits verjährt sein. Nutzer drohen also Mängelrechte zu verlieren, wenn sie die Software nicht auf Fehler überprüfen dürfen.[48]

Außerdem überzeugt die Differenzierung zwischen Fehlerberichtigung und Fehlersuche nicht, weil § 69d Abs. 1 UrhG jede Handlung freistellt, die *für eine bestimmungsgemäße Nutzung notwendig* ist. Die Norm stellt nicht auf einen subjektiven, sondern einen objektiven Fehlerbegriff ab; nicht nur bekannte, sondern auch unbekannte Fehler sind deshalb berichtigungsfähig – entscheidend ist, dass die bestimmungsgemäße Nutzung es erfordert. Unbekannte Fehler wie etwa Sicherheitslücken beeinträchtigen die „normale Benutzung" genauso wie bekannte Programmfehler.[49] Ob Angreifer Fehler der Software im Geheimen ausnutzen können oder das in Kenntnis der Nutzer tun: stets ist die bestimmungsgemäße Benutzung der Software eingeschränkt oder sogar ausgeschlossen. Nach wohl einhelliger Ansicht in der Literatur ist beispielsweise ein berichtigungsfähiger Fehler gegeben, wenn eine Software mit einem Virus oder Trojaner infiziert ist.[50] Der Fehler muss nicht erst hervortreten, indem die Software falsche Ergebnisse erzeugt oder den Dienst einstellt, damit eine Fehlerberichtigung nach § 69d Abs. 1 UrhG zulässig ist. Deshalb ist auch die Fehlersuche erlaubt, wenn sie der Aufdeckung eines noch unbekannten Fehlers dient.

Problematisch ist aber, dass zum Zeitpunkt der Fehlersuche nie sicher ist, ob es einen unbekannten Fehler überhaupt gibt. Denkbar wäre daher, jede Fehlersuche zuzulassen. Dadurch würde sich aber ein Missbrauchspotential eröffnen, wenn unter dem Deckmantel der Fehlersuche ein Reverse Engineering stattfindet. Idealerweise ist eine Fehlersuche und -berichtigung also nur dann erlaubt, wenn ein Fehler vorliegt – aufgrund der Unwissenheit über den Fehler könnte man sich allerdings nie sicher sein, dass diese Voraussetzung erfüllt ist. Deswegen darf die Erlaubnis

---

[48] *Hoeren/Pinelli* CR 2019, 410, 413. Auch *Grützmacher*, in: Wandtke/Bullinger (Fn. 6), § 69d Rn. 21 sieht deshalb die Fehlersuche umfasst.

[49] Vgl. *Vettermann/Wagner* InTeR 2020, 126, 128; ähnlich *Halder* jurisPR-ITR 6/2022 Anm. 3, D.IV.

[50] *Spindler*, in: Schricker/Loewenheim (Fn. 6), § 69d Rn. 10, *Kaboth/Spies*, in: BeckOK UrhG (Fn. 5), § 69d Rn. 7; *Dreier*, in: Dreier/Schulze (Fn. 5), § 69d Rn. 9; *Grützmacher*, in: Wandtke/Bullinger (Fn. 6), § 69d Rn. 21; *Triebe* WRP 2018, 795, 798 Rn. 26.

nicht von einem tatsächlich vorhandenen Fehler abhängen, sondern muss bereits dann eingreifen, wenn *die Umstände des Einzelfalls einen verdeckten Fehler nahelegen*.[51] Das kann z.B. der Fall sein, wenn Sicherheitslücken in einer weit verbreiteten Programmbibliothek bekannt werden, die auch in der vom Berechtigten verwendeten Software eingesetzt sein könnte[52] oder eine besonders angreifbare Methode der Kryptographie implementiert ist.[53] Anlass zur Fehlersuche kann schließlich auch bestehen, wenn bekannt wird, dass der Softwarehersteller in anderen Zusammenhängen fehlerhaft gearbeitet hat.

Dieses Auslegungsergebnis steht auch im Einklang mit Art. 13 und 17 Abs. 2 GrCh. Das durch Art. 17 Abs. 2 GrCh geschützte Partizipationsinteresse des Rechtsinhabers ist realisiert, indem § 69d Abs. 1 UrhG nur zur Verwendung Berechtigte privilegiert und die Norm zum Teil unter dem Vorbehalt besonderer vertraglicher Bestimmungen steht.[54] Die Wissenschaftsfreiheit nach Art. 13 GrCh, der die IT-Sicherheitsforschung ggf. unterfällt, könnte sich demgegenüber nicht entfalten, wenn Forschung grundsätzlich verboten und nur unter dem Vorbehalt der Zustimmung des Rechtsinhabers erlaubt wäre – jedenfalls, soweit es dafür kein anerkennenswertes Interesse des Rechtsinhabers gibt.[55]

cc) Verhältnis zu § 69e UrhG

§ 69d Abs. 1 UrhG nimmt auf alle in § 69c Nr. 1 und 2 UrhG genannten Handlungen Bezug. Gedeckt wäre nach dem Wortlaut deshalb auch das Dekompilieren, weil es eine Vervielfältigung und Übersetzung der Codeform bedeutet. Allerdings besteht mit § 69e UrhG eine speziellere Regelung, die die Dekompilierung nur zur Herstellung von Interoperabilität mit anderen Programmen unter restriktiven Bedingungen erlaubt. In der Vergangenheit ist die herrschende Ansicht deshalb davon ausgegangen,

---

[51] Daneben begrenzt auch das Merkmal der Notwendigkeit den Kreis zulässiger Handlungen, dazu sogleich unter c).

[52] S. jüngst etwa die Sicherheitslücke in der weitverbreiteten Java-Logging-Bibliothek *Log4j*, vgl. https://www.heise.de/news/Kritische-Zero-Day-Luecke-in-log4j-gefaehrdet-zahlreiche-Server-und-Apps-6291653.html, archiviert unter perma.cc/FM5H-3YQM.

[53] Vgl. dazu die Schilderung eines Falls von *Franzen/Vettermann/Wagner* DuD 2020, 511, 512.

[54] Dazu sogleich IV.1.d.

[55] Vgl. zum Eingriff *Jarass*, in: Jarass (Hrsg.), Charta der Grundrechte der EU, 4. Aufl. 2021, Art. 13 Rn. 11; vgl. auch zur Perspektive nach deutschem Verfassungsrecht *Vettermann/Wagner* InTeR 2020, 126, 131.

dass eine Dekompilierung für eine bestimmungsgemäße Benutzung auf Grundlage von § 69d Abs. 1 UrhG nicht zulässig sein kann.[56]

Diese Ansicht ist mit der Entscheidung des *EuGH* in der Sache *Top System* überholt. Überzeugend begründet der *EuGH*, dass die Dekompilierungsausnahme in Art. 6 der Computerprogramm-RL[57] die Anwendung von Art. 5 Abs. 1 der RL nicht sperrt. Die Normen sind nahezu wortgleich in §§ 69d, 69e UrhG umgesetzt. Der Wortlaut gibt jeweils keinen Anhaltspunkt für eine Sperrwirkung.[58] Wenn die Dekompilierung von Art. 5 der RL ausgenommen wäre, müsste sie auch von den Ausschließlichkeitsrechten des Art. 4 der RL ausgenommen sein – dann gäbe es absurderweise aber keine Vorschrift, die die Dekompilierung untersagen würde.[59] Auch aus der Gesetzeshistorie folgt nichts anderes, denn Art. 6 der RL sollte von vornherein nur die Dekompilierung außerhalb der gewöhnlichen Benutzung regeln. Dass die Vorschrift im Gesetzgebungsprozess eingeschränkt wurde, lag nur daran, dass von Art. 6 der RL – anders als von Art. 5 – keine vertragliche Abweichung möglich war.[60] Entscheidend aber ist für den *EuGH*, dass beide Vorschriften unterschiedliche Zwecke verfolgen: Während Art. 6 der RL die Interoperabilität sicherstellen und damit Wettbewerb begünstigen soll, dient Art. 5 der RL der Gewährleistung der bestimmungsgemäßen Nutzung und richtet sich damit an den Nutzer.[61] Es wäre außerdem der praktischen Wirksamkeit der Fehlerberichtigung abträglich, wenn kein Zugriff auf den Quellcode bestünde.[62] Aus diesem Grund kann die Dekompilierung auch nach § 69d Abs. 1 UrhG ohne Zustimmung des Urhebers zulässig sein.

---

[56] *Grützmacher*, in: Wandtke/Bullinger (Fn. 6), § 69d Rn. 26; *Spindler*, in: Schricker/Loewenheim (Fn. 6), § 69d Rn. 3; für eine wissenschaftsfreundliche Auslegung aber schon *Vettermann/Wagner* InTeR 2020, 126, 133.

[57] RL 91/250/EWG des Rates vom 14.5.1991 über den Rechtsschutz von Computerprogrammen.

[58] *GA Szpunar*, Schlussantrag v. 10.3.2021 – C 13/20, *Top System*, ECLI:EU:C:2021:193, Rn. 54.

[59] *GA Szpunar*, Schlussantrag v. 10.3.2021 – C 13/20, *Top System*, ECLI:EU:C:2021:193, Rn. 60.

[60] *GA Szpunar*, Schlussantrag v. 10.3.2021 – C 13/20, *Top System*, ECLI:EU:C:2021:193, Rn. 59, 63.

[61] Vgl. *EuGH*, Urteil v. 6.10.2021 – C 13/20, *Top System*, ECLI:EU:C:2021:811, Rn. 49; *Gülker* InTeR 2022, 22, 23.

[62] Vgl. *EuGH*, Urteil v. 6.10.2021 – C 13/20, *Top System*, ECLI:EU:C:2021:811, Rn. 52.

b) Privilegierter Personenkreis

Der Personenkreis, der von § 69d Abs. 1 UrhG profitieren kann, ist begrenzt. Nach Art. 5 Abs. 1 Computerprogramm-RL sind lediglich Handlungen für die bestimmungsgemäße Nutzung von „rechtmäßigen Erwerber[n]“ ausgenommen. § 69d Abs. 1 UrhG stellt dagegen auf „jeden zur Verwendung eines Vervielfältigungsstücks des Programms Berechtigten“ ab. Die deutsche Umsetzung korrigiert dadurch ein Redaktionsversehen in der Richtlinie, die Lizenznehmer nicht vom Anwendungsbereich ausschließen wollte.[63]

Berechtigt sind IT-Sicherheitsforscher also zunächst, wenn sie als Ersterwerber bzw. Lizenznehmer vom Rechtsinhaber Nutzungsbefugnisse erworben haben. Sie können aber auch als Zweiterwerber berechtigt sein, wenn der Ersterwerber die Software an sie überlassen durfte.[64] Eine geschlossene Kette an Nutzungsrechtseinräumungen zum Rechtsinhaber ist dagegen nicht erforderlich. § 69d Abs. 1 UrhG wirkt insofern wie eine gesetzliche Lizenz, die zu den genannten Handlungen selbstständig berechtigt.[65] Es reicht deshalb aus, wenn ein Nutzer ein Vervielfältigungsstück des Computerprogramms rechtmäßig erworben hat, der Erwerb also nicht gegen urheberrechtliche Vorschriften verstoßen hat.[66] Auch Personen, die keine eigenen Nutzungsbefugnisse erworben haben, können durch eine Gestattung des Berechtigten in den Anwendungsbereich fallen; dazu gehören etwa Familienmitglieder, Freunde und Angestellte.[67]

Der Wortlaut der Norm erzwingt es im Übrigen nicht, dass eine berechtigte Person die freizustellenden Handlungen selbst vornimmt. Die Handlungen müssen lediglich für eine bestimmungsgemäße Benutzung durch einen Berechtigten notwendig sein. Berechtigt muss also lediglich die Person sein, die von den Handlungen profitiert – nicht die Person, die die Handlungen vornimmt. Es ist deshalb auch möglich, dass Dritte das Recht zur Fehlerbeseitigung ausüben, solange die weiteren Voraussetzungen vorliegen.[68] IT-Sicherheitsforscher können also von Berechtigten beauf-

---

[63] *Grützmacher*, in: Wandtke/Bullinger (Fn. 6), § 69d Rn. 28.

[64] *Spindler*, in: Schricker/Loewenheim (Fn. 6), § 69d Rn. 4a; *Dreier*, in: Dreier/Schulze (Fn. 5), § 69d Rn. 6.

[65] *Grützmacher*, in: Wandtke/Bullinger (Fn. 6), § 69d Rn. 30.

[66] *Grützmacher*, in: Wandtke/Bullinger (Fn. 6), § 69d Rn. 30; *Wiebe*, in: Spindler/Schuster (Fn. 35), § 69d Rn. 8.

[67] *Spindler*, in: Schricker/Loewenheim (Fn. 6), § 69d Rn. 4b, *Wiebe*, in: Spindler/Schuster (Fn. 35), § 69d Rn. 10.

[68] *BGH* GRUR 2000, 866, 868; *Spindler*, in: Schricker/Loewenheim (Fn. 6), § 69d Rn. 5; *Gülker* InTeR 2022, 22, 24.

tragt werden, um die zur bestimmungsgemäßen Benutzung notwendigen Handlungen vorzunehmen.

c) Notwendigkeit

Eingeschränkt wird § 69d Abs. 1 UrhG dadurch, dass die betroffenen Handlungen für die bestimmungsgemäße Benutzung *notwendig* sein müssen.

Für IT-Sicherheitsforschungsmaßnahmen wie die Fehlerberichtigung und Fehlersuche ist häufig der Zugriff auf den (Quasi-)Quellcode erforderlich, weil der Objektcode zu diesem Zweck nicht ausreichend lesbar ist.[69] Handlungen wie das Dekompilieren, die den Quellcode zugänglich machen, sind daher im Sinne von § 69d Abs. 1 UrhG erforderlich – es sei denn, der Quellcode ist auf anderem Wege rechtlich oder vertraglich[70] zugänglich. Regelmäßig ist dann auch ein Zugang zum *gesamten* Quellcode notwendig. Zwar erfordert die Fehlerbeseitigung Änderungen normalerweise lediglich in einem kleinen Teil des Quellcodes, allerdings kann der Fehler nur beseitigt werden, wenn die zu berichtigenden Stellen zunächst durch die Analyse ausfindig gemacht werden.[71]

Im Rahmen von § 69d Abs. 1 UrhG sind wiederum Wertungen aus dem Kaufrecht zu berücksichtigen: Soweit aufgrund eines Fehlers ein Nacherfüllungsanspruch besteht, ist der Zugang zum Quellcode nicht erforderlich – Handlungen zur Herstellung des bestimmungsgemäßen Gebrauchs sind dann erst notwendig, wenn Vertragspartner die Mängelbeseitigung verweigern.[72] Außerdem kann der Zugang zum Quellcode nicht erforderlich sein, wenn Hersteller kostenlose Sicherheitsupdates bereitstellen.[73]

Für die IT-Sicherheitsforschung spielt außerdem der weitere Umgang mit den gewonnenen Erkenntnissen eine große Rolle. Anders als § 69e Abs. 2 UrhG enthält § 69d UrhG keine ausdrücklichen Vorgaben, wie mit dem Quasi-Quellcode umzugehen ist. Allerdings wirkt hier die Erforderlichkeit erneut als Grenze: Vervielfältigungen des Quellcodes dürfen nur

[69] Vgl. *EuGH*, Urteil v. 6.10.2021 – C 13/20, *Top System*, ECLI:EU:C:2021:811, Rn. 62; *GA Szpunar*, Schlussantrag v. 10.3.2021 – C 13/20, *Top System*, ECLI:EU:C:2021:193, Rn. 79.

[70] Zur Rolle besonderer vertraglicher Bestimmungen sogleich.

[71] *GA Szpunar*, Schlussantrag v. 10.3.2021 – C 13/20, *Top System*, ECLI:EU:C:2021:193, Rn. 85.

[72] *Gülker* InTeR 2022, 22, 24 f.

[73] Vgl. *Gülker* InTeR 2022, 22, 25.

dann an Dritte gegeben werden, wenn dies für die bestimmungsgemäße Benutzung der Software notwendig ist.[74] Das führt zu Schwierigkeiten, wenn Forscher die Existenz und Schließung von Sicherheitslücken im Rahmen einer *coordinated vulnerability disclosure* bekannt geben möchten.[75] Notwendig kann die Weitergabe gegenüber dem Hersteller sein (sog. *limited disclosure*[76]), wenn dessen Mitwirkung bei der Wiederherstellung der bestimmungsgemäßen Nutzbarkeit erforderlich ist. Die Veröffentlichung des vulnerablen Quellcodes gegenüber der Öffentlichkeit (sog. *full disclosure*[77]) hingegen wird für die bestimmungsgemäße Nutzung eines Programms nie notwendig sein – sie erfordert daher die Erlaubnis des Rechtsinhabers (vgl. § 69c Nr. 3 S. 1 UrhG). Davon sind aber die Ideen und Grundsätze nicht erfasst, auf denen eine Software und ihre Sicherheitslücken basieren. Diese unterfallen von vornherein nicht dem urheberrechtlichen Schutz, können also frei kommuniziert werden.

d) Rolle besonderer vertraglicher Bestimmungen

§ 69d Abs. 1 UrhG ist nur anwendbar, soweit keine „besonderen vertraglichen Bestimmungen" bestehen. Das bedeutet allerdings nicht, dass der Rechtsinhaber die Erlaubnis zur Fehlerbeseitigung und -suche schlicht vertraglich ausschließen kann. Denn nach der Rechtsprechung des *EuGH* darf die Berichtigung von Fehlern, die die Funktion beeinträchtigen, nicht vollständig untersagt werden.[78] Die Parteien dürfen § 69d Abs. 1 UrhG lediglich insofern einschränken, dass primär der Rechtsinhaber für die Fehlerbeseitigung zuständig ist.[79] § 69d Abs. 1 UrhG hat also einen abredefesten Kern, nämlich eine prinzipielle Möglichkeit der Fehlerbeseitigung; nicht zwingend ist hingegen, dass gerade *der Nutzer* den bestimmungsgemäßen Zustand wiederherstellen kann. Hat der Rechtsinhaber sich die Fehlerbeseitigung vertraglich vorbehalten, darf der Nutzer sie selbst dann nicht eigenhändig vornehmen, wenn der Rechtsinhaber untätig bleibt. In diesem Fall bleibt dem Nutzer nur die Möglichkeit, die Fehlerbeseitigung

---

[74] Vgl. *EuGH*, Urteil v. 6.10.2021 – C 13/20, *Top System*, ECLI:EU:C:2021:811, Rn. 69 ff.

[75] Zum Prozess s. *CEPS*, Software Vulnerability Disclosure in Europe (Fn. 18), S. 5 ff.

[76] S. dazu *Balaban u.a.*, Whitepaper zur Rechtslage der IT-Sicherheitsforschung, 2021, abrufbar unter https://sec4research.de/assets/Whitepaper.pdf, S. 30.

[77] S. dazu *Balaban u.a.*, Whitepaper (Fn. 76), S. 29.

[78] Vgl. *EuGH*, Urteil v. 6.10.2021 – C 13/20, *Top System*, ECLI:EU:C:2021:811, Rn. 65 f.; vgl. auch schon *BGH* GRUR 2000, 866, 868.

[79] Vgl. *EuGH*, Urteil v. 6.10.2021 – C 13/20, *Top System*, ECLI:EU:C:2021:811, Rn. 67.

gerichtlich zu erzwingen.[80] Die Fehlersuche hingegen kann vertraglich nicht ausgeschlossen werden, weil anderenfalls der Berechtigte seine Mängelrechte nicht ausüben könnte.[81]

2. *Anforderungen des § 69d Abs. 3 UrhG*

Auf den ersten Blick relevant für die IT-Sicherheitsforschung scheint § 69d Abs. 3 UrhG. Die Norm stellt allerdings lediglich klar, dass keine Zustimmung des Rechtsinhabers erforderlich ist, um Ideen und Grundsätze eines Programms zu gewinnen, indem ein Berechtigter[82] es beobachtet, untersucht oder testet, denn Ideen und Grundsätze sind nach § 69a Abs. 2 S. 2 UrhG ohnehin vom Schutz ausgenommen. § 69d Abs. 3 UrhG beschränkt die zulässigen Handlungen zudem auf das Laden, Anzeigen, Ablaufen, Übertragen oder Speichern des Programms. Zu diesen Handlungen sind Nutzer bereits gemäß § 69d Abs. 1 UrhG berechtigt.[83]

Der Erklärungsgehalt der Norm liegt deshalb weniger in einer Freistellung, sondern zum einen darin, den Kreis zulässiger Handlungen zur Programmanalyse *nicht* zu erweitern. Zulässig für Programmtests sind also keine Eingriffe in den Code wie Vervielfältigungen, Änderungen oder Übersetzungen. Das Dekompilieren kann damit nicht auf § 69d Abs. 3 UrhG gestützt werden.[84] Erlaubt sind dagegen IT-Sicherheitsforschungsmaßnahmen passiver Art, wie das Black-Box-Testing, Speicherabzüge/Memory Dumps, System Monitoring, Debugging oder Line Tracing.[85] Die zu gewinnenden Ideen und Grundsätze können dabei beliebigen Zwecken, also auch der IT-Sicherheitsforschung dienen.[86]

In Verbindung mit § 69g Abs. 2 UrhG stellt § 69d Abs. 3 UrhG zum anderen klar, dass vertragliche Abweichungen insofern nichtig sind. Die dem Programm zugrundeliegenden Ideen und Grundsätze können deshalb nicht durch einen Lizenzvertrag geschützt werden.[87] Die Norm berück-

---

[80] *Gülker* InTeR 2022, 22, 25.

[81] S. dazu bereits IV.1.a)bb)(1).

[82] S. dazu schon oben IV.1.b).

[83] Vgl. *EuGH*, Urteil v. 2.5.2012 – C 406/10, *SAS Institute*, ECLI:EU:C:2012:259, Rn. 59; *Spindler*, in: Schricker/Loewenheim (Fn. 6), § 69d Rn. 23.

[84] *Czychowski*, in: Fromm/Nordemann (Hrsg.), Urheberrecht, 12. Aufl. 2018, § 69d Rn. 28.

[85] Vgl. *Czychowski*, in: Fromm/Nordemann (Fn. 84), § 69d Rn. 29; *Dreier*, in: Dreier/Schulze (Fn. 5), § 69d Rn. 22; *Grützmacher*, in: Wandtke/Bullinger (Fn. 6), § 69d Rn. 76 f. mit Beschränkung auf das „normale Maß".

[86] Vgl. *Spindler*, in: Schricker/Loewenheim (Fn. 6), § 69d Rn. 22.

[87] *EuGH*, Urteil v. 2.5.2012 – C 406/10, *SAS Institute*, ECLI:EU:C:2012:259, Rn. 51.

sichtigt dadurch die Besonderheit von Computerprogrammen, deren Ausdrucksform für Menschen nicht wahrnehmbar ist, wodurch sich zugrundeliegende Ideen leicht verbergen ließen.[88] Problematisch ist in dieser Hinsicht, dass § 69d Abs. 3 UrhG nur für Rechte an Computerprogrammen gilt. Eingriffe in Rechte an anderen Werken deckt die Vorschrift nicht unmittelbar ab.[89] Programmtests von softwarebasierten hybriden Werken können in diesen Fällen aber nach einer teleologischen Auslegung von §§ 44a, 57 UrhG zulässig sein.[90]

3. Zwischenergebnis

Auch wenn IT-Sicherheitsforschung die Ausschließlichkeitsrechte des Urhebers berührt, sind bestimmte Handlungen ohne Zustimmung des Rechtsinhabers zulässig: Erlaubt ist zunächst die passive Beobachtung von Programmen, soweit sie dem bestimmungsgemäßen Gebrauch dient oder Ideen und Grundsätze gewonnen werden sollen. Aber auch Eingriffe in den Code durch Umarbeitungen einschließlich der Dekompilierung sind zulässig, wenn sie für die Berichtigung eines Fehlers erforderlich sind. Schließlich ist auch die Fehlersuche unter den Voraussetzungen des § 69d Abs. 1 UrhG erlaubt, wenn die Umstände des Einzelfalls einen verdeckten Fehler nahelegen. Dagegen erfordern anlasslose Eingriffe in den Code, die weder der Fehlerberichtigung dienen noch für den bestimmungsgemäßen Gebrauch notwendig sind, eine Erlaubnis der Rechtsinhaber.

V. Rechtsgeschäftliche Erlaubnis von IT-Sicherheitsforschung

IT-Sicherheitsforschung abseits der gesetzlichen Ausnahmen hängt grundsätzlich von der Erlaubnis der Rechtsinhaber ab. Häufig haben auch sie ein Interesse daran, Sicherheitslücken aufzudecken und zu schließen. In der Praxis sind deshalb Wege entstanden, IT-Sicherheitsforschung vertraglich zu erlauben.

---

[88] *GA Szpunar*, Schlussantrag v. 10.3.2021 – C 13/20, *Top System*, ECLI:EU:C:2021:193, Rn. 7.

[89] Vgl. *BGH* GRUR 2017, 266, 273 Rn. 65, 67; *Grützmacher*, in: Wandtke/Bullinger (Fn. 6), § 69d Rn. 75; *Vettermann/Wagner* InTeR 2020, 126, 129.

[90] Vgl. dazu *Grützmacher* ZGE 9 (2017), 423, 439.

1. *Open Source Software*

Zunächst können Rechtsinhaber den Nutzern ihrer Software den Quellcode offenlegen und sie mit Nutzungsrechten ausstatten, die IT-Sicherheitsforschung ermöglichen. Das ist insbesondere bei Open Source Software der Fall, wenn also das Computerprogramm nicht proprietär vermarktet wird, sondern quelloffen zugänglich ist. Für Rechtsinhaber bietet das neben einem höheren Verbreitungsgrad auch Vorteile für die IT-Sicherheit. Die Suche nach Fehlern und ihre Behebung stehen einer großen Menge von IT-Sicherheitsforschern und Entwicklern offen. Da jeder den Code auf seine Funktionsweise und Sicherheitslücken überprüfen kann, steigt das Vertrauen in die Software. Gleichzeitig können Schwachstellen sofort bekannt gegeben werden, ohne dass Vertraulichkeitsvereinbarungen der Hersteller berücksichtigt werden müssen.

Für Rechtsinhaber bietet es sich insofern an, auf bestehende Open Source Software-Lizenzen zurückzugreifen. Nahezu alle gängigen Lizenzen erlauben die für die IT-Sicherheitsforschung erforderliche Vervielfältigung und die Bearbeitung des Quellcodes. Beispielsweise gestattet die weitverbreitete GNU General Public License (GPL), die Software zu vervielfältigen, zu verbreiten und zu bearbeiten (Version 2) oder zu modifizieren und zu propagieren (Version 3). Die MIT License stellt sogar jede Nutzung der lizenzierten Software frei.[91] IT-Sicherheitsforscher müssen dann lediglich die weiteren Lizenzbedingungen beachten: im Falle der MIT License etwa, dem lizenzierten Material stets die Lizenz und einen Hinweis darauf beizufügen; im Fall der GPL, Veränderungen hervorzuheben und unter derselben Lizenz zugänglich zu machen. Bei einem Verstoß gegen die Bedingungen entfällt die Nutzungsrechtseinräumung.[92]

2. *Vulnerability Disclosure Policies und Bug-Bounty-Programme*

Hersteller von Software können Sicherheitsforschung auch im Rahmen sog. Vulnerability Disclosure Policies (kurz VDP, auch Responsible Disclosure Policies genannt) erlauben. VDP werden vom Hersteller einer Software zugänglich gemacht und beschreiben den Meldeweg für Sicherheitsforscher, die auf eine Sicherheitslücke gestoßen sind. Sie benennen einen Kontakt für die Meldung und geben einen Zeitplan für eine Emp-

[91] https://opensource.org/licenses/mit-license.php, archiviert unter https://perma.cc/5X8Z-9TCN.

[92] Vgl. *OLG Hamm* GRUR-RR 2017, 421, 424.

fangsbestätigung und weitere Statusupdates vor.[93] Sie dienen dem Ausgleich zwischen dem Interesse der Allgemeinheit, vor Sicherheitslücken schnellstmöglich gewarnt zu werden und dem Interesse der Hersteller, Zeit zur Behebung zu gewinnen, damit Nutzer nicht gefährdet werden.[94] Daneben können Hersteller auch sog. Bug-Bounty-Programme auflegen. Sie verfolgen den Zweck, Sicherheitsforscher zur Analyse von Software anzureizen, indem sie Prämien (*bounties*) für aufgefundene Sicherheitslücken ausloben. Gleichzeitig legen die Programmbedingungen fest, unter welchen Umständen die Sicherheitsforschung erfolgen darf.

VDP begründen meist keine Privilegierung für IT-Sicherheitsforschung.[95] Sie skizzieren lediglich den idealtypischen Meldeprozess, treffen aber keine Regelungen zum Auffinden einer Lücke. Sie erfassen einen wichtigen Teil von IT-Sicherheitsforschung deshalb nicht. Bug-Bounty-Programme dagegen regeln für gewöhnlich, welche Handlungen vorgenommen werden dürfen. Sie bezwecken es gerade, IT-Sicherheitsforschern Rechtssicherheit zu verschaffen. Nicht selten adressieren die Bedingungen auch explizit Eingriffe in das Urheberrecht des Software-Herstellers. Nach den Bedingungen der „Apple Security Bounty“ etwa werden Handlungen von Teilnehmern des Programmes nicht als Verletzung der Lizenzbedingungen von Apple-Software angesehen, wenn drei Bedingungen erfüllt sind: Es muss sich um redliche Sicherheitsforschung mit dem Ziel einer Responsible Disclosure handeln, die Aktivitäten müssen während der Teilnahme am Bug-Bounty-Programm erfolgt sein und die übrigen Bedingungen des Programms müssen eingehalten worden sein.[96] Zu diesem Zweck stellt Apple einigen Sicherheitsforschern Geräte ohne übliche Schutzmaßnahmen zur Verfügung.[97] Das Bug-Bounty-Programm von Meta legt fest, dass das Unternehmen keine Zivilverfahren gegen Teilnehmer anstrengen wird, wenn die Bestimmungen des Programms gewahrt sind.[98] Dazu gehören ausdrücklich auch Forderungen nach dem Digital Millenium Copyright Act (DMCA) aufgrund der Umgehung technischer Schutzmaßnahmen. Das Bug-Bounty-Programm von Microsoft schließlich eröffnet einen Safe Harbor, indem es Sicherheitsforschung im Ein-

---

[93] Vgl. Provision 5.2–1 der ETSI EN 303 645 V2.1.1 (2020–06) Cyber Security for Consumer Internet of Things: Baseline Requirements.

[94] *Balaban u.a.*, Whitepaper (Fn. 76), S. 54.

[95] Vgl. *Wagner* DuD 2020, 111, 119: „reine Selbstverpflichtung“.

[96] https://developer.apple.com/security-bounty/requirements/, archiviert unter perma.cc/R3TF-D3KA.

[97] Apple Security Research Device Program, https://developer.apple.com/programs/security-research-device/, archiviert unter perma.cc/G9VK-ST9J.

[98] https://de-de.facebook.com/whitehat, archiviert unter perma.cc/9CHH-R92L.

klang mit den Bedingungen als autorisiert ansieht und auf Ansprüche nach dem DMCA verzichtet.[99]

Die Erlaubnis zur IT-Sicherheitsforschung durch die Programme erlaubt auch Eingriffe in das Software-Urheberrecht. Sie können urheberrechtlich unterschiedlich gewürdigt werden: Widersprüche ergeben sich etwa, wenn Unternehmen einerseits auf Ansprüche verzichten wollen, andererseits aber die Einstellung des Programmes in das eigene Ermessen stellen. Die Auslegung nach dem Übertragungszweck (vgl. § 31 Abs. 5 S. 2 UrhG) legt dann nahe, dass kein dauerhafter Anspruchsverzicht im Sinne eines Erlassvertrages (§ 397 BGB)[100] gemeint ist. Vielmehr kann man in diesen Fällen von einer Einräumung einfacher Nutzungsrechte ausgehen. Dafür spricht, dass die Unternehmen häufig hohe Geldbeträge ausloben und so Sicherheitsforscher zu Investitionen in die Ermittlung von Lücken motivieren. Folglich besteht ein legitimes Interesse der Forscher an einer verlässlichen Rechtsposition.

3. Konkludente Erlaubnis

Wenn Rechtsinhaber und Nutzer keine ausdrücklichen vertraglichen Abreden treffen, ist an eine konkludente Erlaubnis für die IT-Sicherheitsforschung zu denken. Bei normalen Software-Lizenzverträgen ist dazu auf die Umstände des Einzelfalls, insbesondere den Vertragszweck und die vorangegangene Vertragspraxis sowie die Branchenübung abzustellen.[101] Zwar werden Sicherheitstests von Software in mehr und mehr Branchen üblich. Nach dem Übertragungszweckgedanken (vgl. §§ 69a Abs. 4, 31 Abs. 5 UrhG) erwirbt der Nutzer im Zweifel aber nur die Rechte, die zur Erreichung des Vertragszwecks erforderlich sind. Häufig sind die Vertragswerke im Softwareurheberrecht so ausdifferenziert, dass sie wenig Raum für eine konkludente Erlaubnis lassen.[102] Denkbar ist eine konkludente Erlaubnis also nur dann, wenn IT-Sicherheitsforschungsmaßnahmen an der Software nach den Umständen des Einzelfalls wie der Branchenüblichkeit zulässig sein sollten und die expliziten Abreden nicht als abschließend betrachtet werden können.

Mehr Raum für konkludente Einwilligungen bieten Bug-Bounty-Programme. Enthalten deren Bedingungen keine urheberrechtliche Regelung,

---

[99] https://www.microsoft.com/en-us/msrc/bounty-safe-harbor, archiviert unter perma.cc/M3WM-2F5P.

[100] Vgl. dazu *Schack* (Fn. 3), Rn. 348.

[101] *OLG Frankfurt a.M.* MMR 2014, 661, 662.

[102] *Hoeren/Pinelli* CR 2019, 410, 412.

kann man von einer konkludenten Erlaubnis im Wege einer schlichten Einwilligung ausgehen.[103] Es wäre widersprüchlich, wenn ein Rechtsinhaber einerseits dazu anreizt, Lücken aufzuspüren und davon profitiert, andererseits dafür erforderliche Nutzungshandlungen aber nicht billigen möchte. Die schlichte Einwilligung bezieht sich dann allerdings lediglich auf Nutzungshandlungen, die mit den Bedingungen des Programms im Einklang stehen und für die Sicherheitsforschung notwendig sind.

VI. Fazit

Im Kern ist IT-Sicherheitsforschung keine Tätigkeit, die mit dem exklusiven Schutzbereich des Urheberrechts konfligiert, weil sie sich mit der Funktionalität und den Ideen und Grundsätzen von Computerprogrammen beschäftigt. Sie berührt das Urheberrecht aber reflexhaft, weil ihre Forschungsmethoden mit urheberrechtlich relevanten Handlungen, insbesondere der Vervielfältigung und Umarbeitung, einhergehen. Einen Interessenausgleich zwischen IT-Sicherheitsforschern und Rechtsinhabern stellen, wie auch sonst im Urheberrecht, die urheberrechtlichen Schranken her. Die gesetzliche Erlaubnis für Handlungen zur bestimmungsgemäßen Benutzung stellt dabei nicht nur die normale Ausführung des Programms und die Behebung von Fehlern frei, sondern ermöglicht richtigerweise auch die anlassbezogene Fehlersuche. In einer kürzlich ergangenen Entscheidung hat der *EuGH* zudem eine weitere Hürde für die IT-Sicherheitsforschung abgebaut, indem er auch die Dekompilierung zur bestimmungsgemäßen Nutzung zählt und außerhalb der Herstellung von Interoperabilität zulässt. Abseits der gesetzlichen Schranken sind vertragliche Regelungen in Gestalt von Open Source-Lizenzen, Vulnerability Disclosure Policies oder Bug-Bounty-Programmen maßgeblich – sie liegen auch im Interesse der Hersteller. Weder diese vertraglichen Modelle noch die gesetzlichen Schrankenbestimmungen vermögen es allerdings, IT-Sicherheitsforschung einen idealen urheberrechtlichen Boden zu bereiten. Dies wird dem großen gesellschaftlichen Interesse an IT-Sicherheit nicht gerecht. Wünschenswert wäre *de lege ferenda* daher eine explizite Privilegierung der IT-Sicherheitsforschung im Rahmen der urheberrechtlichen Regelungen für Computerprogramme.

---

[103] So auch *Halder* jurisPR-ITR 6/2022 Anm. 3, D.IV.

Zum Spannungsfeld von Strafrecht und IT-Sicherheitsforschung aus Praktiker-Perspektive

Malaika Nolde

Bei praxisorientierter Betrachtung zeigen Kriminalstatistiken und Rechtsprechungsübersichten aktuell keine hohen Sanktionsrisiken der IT-Sicherheitsforschung. Zwischen Einleitung und Einstellung der feststellbaren Ermittlungsverfahren wirken sich allerdings allgemeine Baustellen des (IT-)Strafverfahrensrechts sehr nachteilig für die Beschuldigten aus, u.a. unzureichende technische Ausbildung und Ausrüstung, Personalknappheit und intransparente Zuständigkeiten. Lösungen in diesem Bereich wirken daher effektiver und dringender als weitere legislative Korrekturen im Besonderen Teil.

I. Problemaufriss aus der Praxis für die Praxis

Wer aktuell „aus der Praxis für die Praxis" an der Schnittstelle von Strafrecht und IT-Sicherheit berichten will, muss sich die Frage stellen, ob zu dieser Thematik nicht ohnehin bereits mehr Aufsätze und Kommentierungen geschrieben als gerichtliche Entscheidungen gefällt wurden. Dies gilt für § 202a StGB, besonders aber für den vermeintlichen Hackertool- oder Hacker-Paragraphen § 202c StGB.

15 Jahre nach der Einführung dieser Norm wird weiter vor allem das Unsicherheits*gefühl* von IT-Sicherheitsforschern betont, das u.a. zu Selbstbeschränkungen bei der Wahl der Arbeitsmittel und Penetrationstests führt – mit der Folge eines gesamtgesellschaftlichen Risikos. Soll das Sicherheitsgefühl der Bevölkerung erhöht oder zumindest stabilisiert werden, wird üblicherweise der Ruf nach schärferen Strafgesetzen laut. Anders im IT-Strafrecht, wo sich Experten einen – gesamtgesellschaftlichen – Zugewinn an Sicherheit von der Klarstellung oder gar gänzlichen Abschaffung des § 202c StGB versprechen.

Auch wenn das Anliegen nachvollziehbar und dringend ist, sind Rechtspolitiker und -praktiker stets gut beraten, sich mehr von Fakten leiten zu lassen als „nach (Sicherheits-)Gefühl" zu agieren, zumal dies individuell und oft unersättlich ist. Im IT-Strafrecht, das ohnehin schon mit reichlich Symbolpolitik aufgeladen ist, gilt dies in besonderem Maße.[1]

Im Sinne einer IF-/ELSE-Struktur: Falls das Schrifttum und potentiell Betroffene eine Rechtsunsicherheit ohne hinreichende Tatsachenbasis heraufbeschwören, gibt es ggf. effektivere Maßnahmen zur Beruhigung des Sicherheitsgefühls als jahrelang fruchtlos bleibende Appelle an die Legislative. Andernfalls ist zu prüfen, ob die in der Diskussion dominierenden Lösungsansätze einer gesetzlichen Verankerung einer responsible disclosure-Kontaktaufnahme und der Anpassung des § 202c StGB geeignet sind, den Konflikt zu entschärfen und das Anliegen der IT-Sicherheitsforschung einen Schritt voranzubringen.

II. Phänomenologie: § 202a StGB

Fähige Penetrationstester sind längst so nachgefragt, dass sie sich in Vollzeit darauf beschränken könnten, Sicherheitslücken nur bei konkreter Beauftragung zu prüfen, statt sie unaufgefordert offenzulegen.[2] Einen Anreiz mögen Bug Bounty-Programme bieten, also von Software-Herstellern oder anderen privaten und öffentlichen Stellen initiierte Aufforderungen zur Identifizierung, Behebung und Bekanntmachung von Sicherheitslücken unter Auslobung einer Prämie.[3] Gerade solche präventiv geregelten Offenlegungsverfahren werden bislang aber vor allem von Unternehmen in Betracht gezogen, die auch sonst nicht zu den Sorgenkindern in Sachen IT-Sicherheit zählen.

Parallel zu dieser Entwicklung besteht allerdings unverändert ein schon seit den Anfängen des BTX-Hacks 1984 zu beobachtendes Muster fort, dass nach einer unaufgeforderten Meldung unkooperativ reagiert wird, aufgezeigte Lücken heruntergespielt und Gegenvorwürfe erhoben werden. Dies führt schnell zur Eskalation, bis hin zu breiter negativer Medienberichterstattung, die viele Unternehmen noch mehr scheuen als hoheitliche Sanktionen.

---

[1] *Golla* JZ 2021, 985, 988 zur „symbolischen Expansion mit Nebenwirkungen".

[2] Zu den Folgen der Beauftragung im Lichte von Erwägungsgrund 17 der EU-Richtlinie zur Cyberkriminalität (ABl. 2013 L 218) *Kipker/Rockstroh* ZRP 2022, 240, 241.

[3] *Biselli*, Sicherheit für die Sicherheitsforschung, https://netzpolitik.org/2022/hackerparagrafen-sicherheit-fuer-die-sicherheitsforschung/ (zuletzt abgerufen am 4.4.2023).

1. BTX-Hack

Mitglieder des Chaos Computer Clubs (CCC) hatten im interaktiven Informationsdienst Bildschirmtext (BTX) schon früh zahlreiche Sicherheitslücken entdeckt und die Deutsche Bundespost als Betreiberin darauf hingewiesen, fanden jedoch kein Gehör. Im November 1984 wurde schließlich unter Nutzung der Zugangsdaten der Hamburgischen Sparkasse (Haspa) über Stunden die gebührenpflichtige BTX-Seite des CCC aufgerufen. Der BTX- oder Haspa-Hack wurde mit dem Narrativ eines digitalen Bankraubs durch moderne Robin Hoods medial begleitet, breit rezipiert und prägt die öffentliche Wahrnehmung von (White Hat) Hackern bis heute.[4] Die dabei erlangten rund 135.000 DM gaben die CCC-Hacker *Steffen Wernéry* und *Wau Holland* zurück bzw. verzichteten auf das Entgelt.

Die Bundespost hatte im direkten Kontakt mit den Sicherheitsforschern Defizite und Lücken zunächst geleugnet, diese sodann aufgrund von medialem Druck eingeräumt, dann aber später wieder bestritten und die Hacker beschuldigt, falsche Angaben zur Erlangung des Zugriffs gemacht zu haben.[5] Ein Buffer Overflow im Publikationssystem könne z.B. gar nicht die Quelle der Zugangsdaten gewesen sein, da diese verschlüsselt abgelegt worden seien.

2. § 202a StGB als Zäsur

Für das Strafrecht war der Streit rund um den beim BTX-Hack erlangten Zugang damals noch ohne Belang. § 202a StGB wurde erst durch das 2. Gesetz zur Bekämpfung der Wirtschaftskriminalität (2. WiKG) vom 14.5.1986 eingeführt.

In Umsetzung des Rahmenbeschlusses der EU über Angriffe auf Informationssysteme 2005/222/JI[6] und des Übereinkommens des Europarates

---

[4] *Böck*, Der ungeklärte BTX-Hack, https://www.golem.de/news/chaos-computer-club-der-ungeklaerte-btx-hack-1411–110607.html (zuletzt abgerufen am 4.4.2023) mit Verweis auf Informationen der Wau Holland Stiftung zum Jahrestag, archiviert unter https://web.archive.org/web/20160313200656/https://www.wauland.de/de/hackerarchiv/1984–11–17_btx-hack.html (zuletzt abgerufen am 4.4.2023).

[5] *Goos*, „Nicht nur der Sparkasse den Nonsens verkauft", in: Die Welt vom 4.12.1984, archiviert noch verfügbar unter https://web.archive.org/web/20160413000741/http://www.wauland.de/de/hackerarchiv/btx-hack/1984–12–04_Nonsens.pdf (zuletzt abgerufen am 4.4.2023).

[6] ABl. 2005 Nr. L 69, S. 67. Zur weiteren Entwicklung und dem Verhältnis des Rahmenbeschlusses zur EU-Richtlinie zur Cyberkriminalität, *Kipker/Rockstroh* ZRP 2022, 240, 241.

über Computerkriminalität[7] wurde die Norm dann – begleitet von erheblicher Kritik – 2007 geändert, gerade um bereits „reines Hacking" eindeutig zu erfassen.[8] Seither ist bereits die Zugriffsmöglichkeit auch ohne (Absicht der) Kenntnisnahme oder sonstiges Verschaffen von Daten strafbewehrt. Dies gilt jedoch nur dann, wenn dabei unbefugt eine *besondere Zugangssicherung*[9] überwunden wurde.[10] Entsprechend sind vor allem invasive und nicht-invasive Vorgehensweisen beim Aufdecken von Sicherheitslücken zu unterscheiden.[11]

3. Nicht-invasiver Hacktivismus?

Öffentlichkeitswirksam waren zuletzt Verfahrenseinleitungen nach der Publikation von Sicherheitslücken, für deren Entdeckung die Akteure selbst betonen, gerade keine invasiven Hacking-Skills oder -Tools eingesetzt zu haben. Oft treten die mit derartigen Sicherheitsrisiken konfrontierten Unternehmen dem Vorwurf unzureichender Zugangssicherungen pauschal per Exkulpationsversuch unter Verweis auf externe IT-Dienstleister und Programmierer entgegen.[12]

a) Kurz ./. LEG

Mitte 2019 wollte ein Informatikstudent prüfen, ob die Kündigung seines Mietverhältnisses im Portal seiner Vermietergesellschaft eingegangen und hinterlegt war. Ihm fiel auf, dass seine Vertragsnummer im Klartext Bestandteil der entsprechenden URL war. Durch eine bloße Addition einer 1 zu seiner eigenen Vertragsnummer gelangte er zu Daten anderer Kunden. Nach einer Meldung an die Datenschutzaufsicht von Nordrhein-West-

---

[7] ETS Nr. 185 – Cybercrime-Konvention.

[8] Zur Historie z.B. *Eisele*, in: Schönke/Schröder (Begr.), StGB, 30. Aufl. 2019, § 202a Rn. 1.

[9] Zum dahinterstehenden „viktimodogmatischen Konzept": *Eisele/Nolte*, CR 2020, 488, 489.

[10] *Brodowski/Golla* in Balaban et al., Whitepaper zur Rechtslage der IT-Sicherheitsforschung https://sec4research.de/assets/Whitepaper.pdf, S. 9 (zuletzt abgerufen am 4.4.2023).

[11] *Klaas* MMR 2022, 187, 188.

[12] In dem unter I. 3. a) beschriebenen Beispielsfall betonte die *LEG* etwa in einem Rundschreiben an die Mieter, u.a. auch an den vermeintlichen „Täter" (Kurz) selbst: Die Sicherheit des Portals werde durch „unseren Dienstleister und weitere Dienstleister regelmäßig überprüft". Sie sei in der Vergangenheit „stets garantiert" worden, so im Rundschreiben unter https://mdxdave.de/it-fails/reaktion-leg (zuletzt abgerufen am 4.4.2023).

falen – als selbst von dem Leck Betroffener – stellte er Screenshots seines Funds anonymisiert online und informierte die Medien. Die Kontaktaufnahme mit dem Vermieter über die Hotline sei stets langwierig und schwierig gewesen. Das Wohnungsunternehmen informierte seine Mieter, ein potentieller Angriffspunkt des Portals sei „mit krimineller Energie ausgenutzt" worden. Auch von einer Strafanzeige gegen den Studenten wird berichtet.[13]

b) Wittmann ./. CDU

Auch *Lilith Wittmann* betont, dass es gerade keiner intensiven Hacking-Bemühungen bedurfte, als sie im Mai 2021 Sicherheitslücken in der Wahlkampf-App „CDU Connect" entdeckte. Sie hatte das Bundesamt für Sicherheit in der Informationstechnik (BSI)[14] informiert und parallel auch selbst versucht, die CDU zu erreichen. An die Öffentlichkeit ging sie erst, als die App bereits offline war.[15]

In der Folge hat die CDU Strafanzeige erstattet: Man sei von *Wittmann* über eine Sicherheitslücke informiert worden. Recherchen auf Seiten der CDU hätten daraufhin „ungewöhnliche Anfragen" und „die Ausgabe recht großer Datenmengen" ergeben. Aufgrund des Dateiformats bei dieser Ausgabe sei davon auszugehen, „die komplette User-Liste von 18.000 Personen" sei „abgezogen" worden.[16] Ein Tweet habe auch darauf hingewiesen, dass die Daten „im Darkweb hübsch aufgearbeitet"[17] angeboten würden.

---

[13] https://tarnkappe.info/artikel/leg-strafanzeige-als-dankeschoen-fuer-aufdeckung-einer-sicherheitsluecke-36408.html (zuletzt abgerufen am 4.4.2023).

[14] Das BSI bietet u.a. ein Online-Formular zum Schwachstellenmanagement an, in dem auch ausgewählt werden kann, ob das Amt einen Coordinated Vulnerability Prozess koordinieren soll oder dieser schon angestoßen ist, etc. https://www.bsi.bund.de/DE/IT-Sicherheitsvorfall/IT-Schwachstellen/Online_Meldung_Schwachstellen/schwachstellenmeldung_node.html (zuletzt abgerufen am 4.4.2023). Zu Schwächen des Schwachstellenmanagements *Dickmann/Vettermann* MMR 2022, 740, 743.

[15] *Wolfangel*, Danke für den Hinweis, Anzeige ist raus, Zeit Online vom 5. August 2021, https://www.zeit.de/digital/datenschutz/2021–08/cdu-connect-app-it-sicherheit-lilith-wittmann-forscherin-klage (zuletzt abgerufen am 4.4.2023).

[16] *Wittmann* veröffentlichte u.a. die ursprüngliche Strafanzeige der Datenschutzbeauftragten der CDU und Schreiben des damaligen CDU-Bundesgeschäftsführers an das LKA Berlin, unter https://lilithwittmann.medium.com/die-staatsanwaltschaft-sagt-ich-habe-die-cdu-nicht-gehackt-86c1ebf83f63 (zuletzt abgerufen am 4.4.2023).

[17] So der Tweet-Verfasser @*syndorphin*, gerichtet an @connectCDU, gem. Screenshot aus der Ermittlungsakte bei *Wittmann*, https://lilithwittmann.medium.com/die-staatsanwaltschaft-sagt-ich-habe-die-cdu-nicht-gehackt-86c1ebf83f63 (zuletzt abgerufen am 4.4.2023).

Ein Hinweis auf die Kontaktaufnahme im Vorfeld der Veröffentlichung in Form einer Meldung der Sicherheitslücke im Rahmen des responsible disclosure-Verfahrens auch an das BSI sei nicht erfolgt, so *Wittmann*, die Auszüge der Ermittlungsakte nach erfolgter Akteneinsicht veröffentlichte.[18] Im weiteren Verlauf der Ermittlungen wurde sodann u.a. ein fiktives Beispiel eines Datensatzes als Screenshot eines (beim Zugriff angeblich verschafften) Inhalts fehlinterpretiert. Die Staatsanwaltschaft Berlin vermutete ein Abfangen von Daten gem. § 202b StGB und „bat" um eine Strafanzeige bei der örtlich zuständigen Polizeidienststelle. Die ursprünglich kontaktierte Abteilung für Cybercrime[19] des BKA sei nicht zuständig.

Erst die spätere Überprüfung durch einen technisch qualifizierten Ermittler bestätigte die Feststellung *Wittmanns*, dass die Daten mangels einer Sicherung der API-Schnittstelle – etwa durch Identifizierung der anfragenden Stelle – öffentlich zugänglich waren. Die Staatsanwaltschaft stellte daher das Verfahren gem. § 170 Abs. 2 StPO mit der Begründung ein, es seien keine „Sicherheitsmerkmale" oder Zugriffssicherungen überwunden worden, da der Zugriff auf die von der App gespeicherten Daten aufgrund einer Sicherheitslücke möglich war.[20]

Zuvor hatte die CDU nach der intensiven öffentlichen Debatte auch den Strafantrag zurückgenommen und den responsible disclosure-Kontakt im Vorfeld offengelegt. Die Sicherheitslücke sei Folge eines Programmierfehlers.

Ein Prüfungsverfahren gegen die CDU durch die Datenschutzaufsicht folgte.[21] Die breite Medienberichterstattung führte im Übrigen zur kollektiven Suche nach weiteren Sicherheitslücken in der App und zu einer weiteren Anzeige der CDU über die Internet-Wache unter Verweis auf „mehrere Gruppen von Hackern", die sich als Reaktion auf die ersten Ermittlungen gegen Wittmann gebildet hätten.[22]

---

[18] Vgl. https://lilithwittmann.medium.com/die-staatsanwaltschaft-sagt-ich-habe-die-cdu-nicht-gehackt-86c1ebf83f63 (zuletzt abgerufen am 4.4.2023).

[19] https://www.bka.de/DE/DasBKA/OrganisationAufbau/Fachabteilungen/Cybercrime/cybercrime_node.html (zuletzt abgerufen am 4.4.2023).

[20] *Wittmann*, https://lilithwittmann.medium.com/die-staatsanwaltschaft-sagt-ich-habe-die-cdu-nicht-gehackt-86c1ebf83f63 (zuletzt abgerufen am 4.4.2023).

[21] https://heise.de/-6157570 (zuletzt abgerufen am 4.4.2023).

[22] Lt. Auszug aus der Ermittlungsakte, Screenshot veröffentlicht durch *Wittmann*, https://lilithwittmann.medium.com/die-staatsanwaltschaft-sagt-ich-habe-die-cdu-nicht-gehackt-86c1ebf83f63 (zuletzt abgerufen am 4.4.2023).

c) Steier u.a. ./. Modern Solution

„Hausdurchsuchung statt Bug Bounty“[23] titelte *heise* wenig später. Der Programmierer *Steier* soll bei der technischen Problemlösung für einen seiner Kunden festgestellt haben, dass ein Schnittstellen-Dienstleister für Online-Händler seine Kunden nicht über eine zugangsgesicherte API-Schnittstelle mit großen Online-Marktplätzen vernetzte, sondern der Datenaustausch über eine im Klartext einsehbare Verbindung erfolgte.

Potentiell seien 700.000 Datensätze großer Online-Marktplätze betroffen, teils inklusive der Bankverbindungen. Der Dienstleister wurde kontaktiert, bestritt die Lücke, nahm aber den Server offline. Daraufhin wurde der Fund noch am Tag der Kontaktaufnahme von dem Entdecker (und einem unterstützenden Blogger) veröffentlicht. Auch in diesem Fall folgte einige Monate später ein Ermittlungsverfahren gegen *Steier*, inklusive einer Durchsuchung mit Beschlagnahme sämtlicher Hardware.[24] Der Ursprung bzw. initiale Anlass der Ermittlungsmaßnahmen ist jedoch nicht eindeutig bekanntgeworden.

d) Fortsetzung der Phänomenologie

Nachdem *Lilith Wittmann* über diesen Modern-Solution-Vorfall twitterte, bildeten sich zwei Initiativen zur Listung von Unternehmen, die sich in einem responsible disclosure-Verfahren nicht kooperativ gezeigt hatten. Auch wer der partiellen Schwarz-Weiß-Darstellung der Konflikte in den Medien reserviert gegenübersteht, kann dort nun eine fortlaufende Übersicht zur weiteren Auseinandersetzung und praxisnahen Risikobewertung finden.[25] Bereits die drei zuvor genannten Beispiele mögen jedoch schon ansatzweise deutlich machen, wie facettenreich und differenziert der Grundkonflikt werden kann durch variable Parameter wie eigene Betroffenheit, betroffene Personenkreise, geschützte Rechtsgüter, Sensitivität der betroffenen Daten, Erreichbarkeit der Verantwortlichen, kontaktierte Stellen, öffentliches Interesse, etc.

Aus kriminologischer Sicht können Zweifel daran aufkommen, dass derartige Prangerwirkungen im gesamtgesellschaftlichen (Präventions-)

---

[23] *Scherschel*, Datenleck bei Modern Solution: Hausdurchsuchung statt Bug Bounty, https://heise.de/-6222165 (zuletzt abgerufen am 4.4.2023).

[24] taz, Kein Dankeschön, sondern Polizei, https://taz.de/IT-Experte-wird-angezeigt/!5808171/.

[25] *Wittmann*, Tweet vom 14.10.2021, https://twitter.com/LilithWittmann/status/1448737265849704452 (zuletzt abgerufen am 4.4.2023) mit Verweis auf https://better-save-then-sorry.de und https://unverantwortli.ch.

Interesse sind. Als erfolgreiches *reintegrative shaming* im Sinne der Theorie von *Braithwaite*[26] – also „Beschämung bei gleichzeitigem Angebot der Wiederaufnahme in die Gemeinschaft" – stellen sich eskalierende Auseinandersetzungen und öffentliche Debatten nach Hacktivismus-Aktionen bislang jedenfalls selten dar. Die Theorie ist im Bereich des IT-Strafrechts bisher u.a. herangezogen worden, um jugendliche Hacker über „Victim-Offender Panels" zu reintegrieren.[27] Aspekte gelingenden *reintegrative shamings* bereits im responsible disclosure-Prozess zu berücksichtigen, idealerweise wechselseitig, könnte allen Beteiligten weiterhelfen. Gerade angesichts der fließenden Grenzen zwischen Verantwortlichkeit für und Betroffenheit von Sicherheitslücken und aufgrund der Vorverlagerung der Strafbarkeit lässt sich ohnehin kaum noch trennscharf bestimmen, wer „Victim" und wer „Offender" ist.

III. Phänomenologie: § 202c StGB

In der Publikation der Polizeilichen Kriminalstatistik 2021 finden sich unter dem für § 202c StGB maßgeblichen Schlüssel 1219 Fälle.[28] Auffallend gering ist allerdings die Aufklärungsquote von 5,2%. Als Aufklärungsquote der Polizei gilt dabei das Verhältnis der Fälle, in denen *ein Tatverdächtiger ermittelt* werden konnte, zu den insgesamt erfassten Straftaten. Für § 202c StGB sind 66 Tatverdächtige (49 männliche, 17 weibliche) verzeichnet.

Über Einstellungen bereits im Ermittlungsverfahren ist damit noch nichts gesagt. Rechtsprechungsübersichten könnten Anzeichen für den weiteren Verlauf liefern. Insbesondere zu § 202c StGB sind diese sehr überschaubar. Es drängt sich auf, was sich auch bereits im Praxisalltag abzeichnet: Gerade die Verlagerung weit ins Vorfeld konkreter Rechtsgutsverletzungen macht die Tatbestände des IT-Strafrechts vor allem zu einer auch mit zivilrechtlichen Intentionen gut formbaren Grundlage, um – z.B.

---

[26] *Braithwaite*, Crime, Shame and Reintegration, 1989; zur Abgrenzung von Shaming und Anprangern im Unternehmenskontext auch bereits *Bussmann/Matschke* CCZ 2009, 132, Fn. 67.

[27] *Robalo/Rahim*, Cyber Victimisation, Restorative Justice and Victim-Offender Panels, https://www.ncbi.nlm.nih.gov/pmc/articles/PMC9936482/ (zuletzt abgerufen am 4.4.2023).

[28] https://www.bka.de/DE/AktuelleInformationen/StatistikenLagebilder/PolizeilicheKriminalstatistik/PKS2021/PKSTabellen/pksTabellen_node.html, Schlüssel 678030 (zuletzt abgerufen am 4.4.2023).

in arbeitsrechtlichen Auseinandersetzungen[29] – den Vorwurf von Pflichtverletzungen daran anzuknüpfen. Zum Sicherheitsgefühl der IT-Sicherheitsforscher wird diese Zweckentfremdung der Tatbestände kaum beitragen. Dies war auch dem Nichtannahmebeschluss des Bundesverfassungsgerichts vom 18.5.2009 zur Verfassungskonformität des § 202c StGB[30] nicht gelungen, obwohl in ihm ausdrücklich statuiert wurde, „ein Risiko strafrechtlicher Verfolgung [sei] nicht gegeben".

1. Konturierung des Tatbestands

Nach dem genannten BVerfG-Beschluss kann Tatobjekt des § 202c Abs. 1 Nr. 2 StGB nur ein Programm sein, dessen Zweck die Begehung einer Straftat nach § 202a StGB (Ausspähen von Daten) oder § 202b StGB (Abfangen von Daten) ist. IT-Sicherheitsforscher müssten also ein Programm mit der Absicht entwickeln oder modifizieren, dass es zur Begehung der genannten Straftaten eingesetzt wird. Diese Absicht müsste sich auch „objektiv manifestiert" haben.[31] Hingegen sei schon „nach dem Wortlaut nicht ausreichend […], dass ein Programm – wie das für so genannte dual use tools gilt – für die Begehung der genannten Computerstraftaten lediglich geeignet oder auch besonders geeignet ist".[32]

Damit haben die Beschwerdeführer für den weit ins Vorfeld einer Rechtsgutsverletzung verlagerten Tatbestand trotz des Nichtannahmebeschlusses zusätzliche Konturen erreicht. Gleiches gelang z.B. auch durch die von TechChannel gegen das Bundesamt für Sicherheit in der Informationstechnik (BSI) erstattete Strafanzeige aus Anlass des auf der BSI-Seite bereitgestellten Passwort-Cracking-Programms „John the Ripper". Die Staatsanwaltschaft hat die Verwirklichung des § 202c StGB sowohl im objektiven wie auch im subjektiven Tatbestand verneint.

---

29 Vgl. etwa den Sachverhalt in der Entscheidung OLG Celle GRUR-RR 2010, 282: „Die fristlose Kündigung […] war jeweils selbstständig sowohl wegen der betrügerischen Sesselabrechnung als auch wegen des rechtswidrigen Herunterladens der Hackersoftware begründet. Die behauptete mangelhafte Leistung des Kl. in Form unzureichender Dokumentation seiner Softwareentwicklung stellt hingegen als bloße Schlechtleistung keinen Grund für eine fristlose Kündigung dar."

30 BVerfG, Beschluss v. 18.5.2009 – 2 BvR 2233/07, 2 BvR 1151/08, 2 BvR 1524/08 = BVerfGK 15, 491 = JR 2010, 79.

31 BVerfG, Beschluss v. 18.5.2009 – 2 BvR 2233/07, 2 BvR 1151/08, 2 BvR 1524/08, Rn. 66.

32 BVerfG, Beschluss v. 18.5.2009 – 2 BvR 2233/07, 2 BvR 1151/08, 2 BvR 1524/08, Rn. 62.

Auch die Staatsanwaltschaft Hannover verneinte schon den Anfangsverdacht, als ein Chefredakteur selbst Ermittlungen gegen sich initiieren wollte, weil der von ihm verantworteten Zeitschrift iX eine DVD mit Hacker-Tools beiliege. Die Staatsanwaltschaft sah § 202c StGB nicht verwirklicht, wenn bei der Verbreitung der Software lediglich „mit der Möglichkeit der illegalen Verwendung des Programms zu rechnen sei".[33]

2. *Verbleibende abschreckende Beispiele*

Trotz der erfolgten Konturierung finden sich auch abschreckende Beispiele in Form von Ermittlungsverfahren, die zahlreiche Bedenken gegen die Verlagerung ins Vorfeld einer Rechtsgutsgefährdung zu bestätigen scheinen.

a) Operation Blackshades

2014 führte insbesondere die internationale „Operation Blackshades"[34] zu weitreichender Verunsicherung. Das FBI bewertet die Software „Blackshades" als „malicious software whose only purpose is to damage or perform other unwanted actions on computer systems. Blackshades malware – in particular, the Blackshades Remote Access Tool (RAT) – allows criminals to steal passwords and banking credentials; hack into social media accounts; access documents, photos, and other computer files; record all keystrokes; activate webcams; hold a computer for ransom; and use the computer in distributed denial of service (DDoS) attacks."[35] In einer international konzertierten Aktion kam es zu mehr als 350 Durchsuchungen, 80 Verhaftungen sowie 1100 Sicherstellungen von Speichermedien und Geräten. Die deutschen Durchsuchungsbeschlüsse knüpften bereits an

---

[33] *Hassemer*, Der so genannte Hackerparagraph § 202 c StGB – Strafrechtliche IT-Risiken in Unternehmen, JurPC Web-Dok. 51/2010, mit Verweis auf *Schneider*, Hackerparagraph: Kein Verfahren gegen iX-Redakteur. https://www.telemedicus.info/hackerparagraph-kein-ver fahren-gegen-ix-redakteur/ (zuletzt abgerufen am 4.4.2023).

[34] Zu Hintergründen und Auswirkungen einer fehlenden Vorratsdatenspeicherung *Franosch*, Stellungnahme „Notwendigkeit der Vorratsdatenspeicherung (VDS) für die effektive Bekämpfung von Cybercrime", https://www.bundestag.de/resource/blob/387880/8572d48625333a2376acb481be7988ad/franosch-data.pdf (zuletzt abgerufen am 4.4.2023) sowie Europol-Informationen: https://www.europol.europa.eu/operations-services-and-innovation/operations/operation-blackshades (zuletzt abgerufen am 4.4.2023).

[35] https://www.fbi.gov/news/stories/international-blackshades-malware-takedown-1 (zuletzt abgerufen am 4.4.2023).

den Erwerb der Software an.[36] Der dual use-Charakter wurde vom AG Gießen verneint. Die Software enthalte keinerlei „legitime Funktionalitäten“.[37] Kriminalistische Erfahrung lege einen Einsatz als Keylogger oder Ransomware und sonstige illegale Verwendungsmöglichkeiten nahe, schon um den Kaufpreis – von unter 30 EUR – zu kompensieren.[38]

b) Droidjack

2015 folgte ein ebenfalls europaweit über Europol abgestimmtes Vorgehen gegen Nutzer der Software Droidjack. Während die Verfolgungsbehörden vertraten, es handele sich um eine Spähsoftware für Android-Systeme[39], meldeten sich Betroffene der Maßnahmen, die auf einen berufstypischen Einsatz verwiesen. Beworben wurde die Software als Remote Administration Tool. Der Hersteller wurde in Indien vermutet. Der Vorlauf zu den nationalen Ermittlungsverfahren blieb weitgehend im Dunkeln.

c) WebMonitor

Abseits von solchen Massenverfahren internationalen Ursprungs muss man Beispielsfälle allerdings suchen bzw. als Verteidiger mitunter lange auf ein solches Mandat warten. Einer der Verfassungsbeschwerdeführer zu § 202c StGB schilderte beim 36. Chaos Communication Congress folgenden Fall eines Mandanten[40]: Der Anbieter eines Remote Administration Tools (RAT) namens WebMonitor wurde um 6 Uhr durch ein Durchsuchungskommando geweckt, das im Zuge der Maßnahme seine gesamte IT und angemieteten Server-Kapazitäten sicherstellte und sämtliche Konten einfror.

Sieben Monate später wurde das Verfahren von der Staatsanwaltschaft gem. § 170 Abs. 2 StPO eingestellt: WebMonitor kann zwar als Remote

---

[36] *Vetter*, Software-Kauf führt zu Hausdurchsuchung, https://www.lawblog.de/archives/2014/05/17/software-kauf-fuehrt-zu-hausdurchsuchung/ (zuletzt abgerufen am 4.4.2023).

[37] *Vetter*, a.a.O.

[38] *Horchert*, Weltweit Hausdurchsuchungen bei Besitzern von Hacker-Software, https://www.spiegel.de/netzwelt/netzpolitik/schadsoftware-blackshades-weltweite-hausdurchsuchungen-a-970286.html (zuletzt abgerufen am 4.4.2023).

[39] Generalstaatsanwaltschaft Frankfurt, Pressemitteilung: „Die Software ist kein sogenanntes „dual use“-Tool, welches beispielsweise von IT-Sicherheitsfirmen zu Sicherheitstests eingesetzt wird, sondern dient ausschließlich dazu, kriminelle Handlungen zu begehen“ http://docs.dpaq.de/9859-pm_gsta_ffm_28_10_15.pdf (zuletzt abgerufen am 4.4.2023).

[40] *Kerner*, 36C3 – Hackerparagraph § 202c StGB, https://www.youtube.com/watch?v=W55cgDVte_A (zuletzt abgerufen am 4.4.2023).

Access Trojaner genutzt werden, um Daten zu verändern, Nutzerverhalten zu überwachen und Malware zu installieren. Es sind jedoch abermals legale Nutzungen wie Fernwartung und -support möglich, was es zum dual use tool macht und aus dem Anwendungsbereich des § 202c StGB ausnimmt. Eine entsprechende Einordnung fand sich sogar bereits in der Ermittlungsakte. Abgestellt wurde jedoch maßgeblich auf das Angebot bei hackforums.net und vermeintliche Probleme mit dem Impressum.

IV. Risikobewertung

Bei einer Gesamtbetrachtung der aktuellen Phänomene im Interesse einer praxisnahen Risikobewertung fällt auf, dass die Erscheinungsformen des § 202a StGB und des § 202c StGB auseinanderfallen. Bei der Risikobewertung des White Hat-Hackings stehen die durch *nicht-invasives* Vorgehen identifizierten Lücken aktuell im Fokus (1.). Entsprechend stellt sich die kurze Phänomenologie zu § 202c StGB nicht als vorverlagertes Pendant dar, sondern zeigt Verfahrensprobleme eigener Art auf (2.). Allerdings lassen sich auch einige Herausforderungen als „Risikoübersicht: Allgemeiner Teil“ (3.) zusammenstellen, deren Praxisrelevanz noch über das Problemfeld der IT-Sicherheitsforschung hinausragt und das gesamte IT-Strafrecht betrifft.

1. § 202a StGB: Risikoreduktion durch responsible disclosure?

Die Öffentlichkeit erweist sich in den aufgezeigten Beispielen als janusköpfig. Zunächst kann die Presse durchaus als risikoerhöhender Brandbeschleuniger wirken: Unternehmen, die ohnehin bereits mit negativen Schlagzeilen zum öffentlich gewordenen Vorwurf von Sicherheitslücken konfrontiert sind, scheinen eher geneigt, sich ebenso lautstark zu verteidigen und als Opfer krimineller Energie zu gerieren. Zur vermeintlich schlüssigen Untermauerung dieser Strategie erstatten sie dann auch eher aktiv Strafanzeige. Erst später wirkt die hergestellte Publizität wiederum als Feuerwehr. Der Streisand-Effekt arbeitet dann für die Beschuldigten, sodass das Ermittlungsverfahren häufig überdurchschnittlich schnell eingestellt wird.

Es drängt sich bislang kein Fall auf, der erst durch eine Übersetzung der Merkmale des responsible disclosure-Prozesses in die Voraussetzungen des StGB-Tatbestands hätte zur Einstellung gebracht werden können. Dieser Lösungsansatz kann jedoch bei invasivem Vorgehen unter Überwindung einer besonderen Zugriffssicherung relevant werden.

a) Nicht-invasives Vorgehen

Die beste Eigensicherung bleibt bei nicht-invasiven Sicherheitsüberprüfungen weiterhin, die eigene Vorgehensweise und die Anhaltspunkte einer fehlenden Zugangssicherung vorsorglich bereits mit Blick auf mögliche Verteidigungszwecke zu dokumentieren. Selbst wenn dies ggf. nicht vor der Einleitung eines Verfahrens und invasiven Maßnahmen schützt, bewahrt es vor der Sanktion selbst. Auf die Rechtfertigungsebene sind die Betroffenen dann nicht mehr – oder allenfalls als zweite Verteidigungslinie – angewiesen.

b) Invasives Vorgehen

Kritischer ist die Situation bei invasiven Maßnahmen, die den objektiven Tatbestand der §§ 202a, 202b StGB erfüllen können. § 7a BSiG sieht eine Ermächtigung für Penetrationstests durch (BSI-) Behördenmitarbeiter vor. Ein Pendant für die freie Wirtschaft fehlt bislang.[41] Geeignete Voraussetzungen sind angesichts des heterogenen Felds von Sicherheitsforschern – vom Einzelkämpfer bis zum institutionalisierten, ggf. auch universitären Umfeld – allerdings auch schwer lebensnah fassbar.

In der Literatur finden sich bereits Ansätze, die Merkmale eines verantwortlichen Meldeverfahrens[42] auf die Voraussetzungen des rechtfertigenden Notstands gem. § 34 StGB zu übertragen.[43]

Schon vor einer gesetzlichen Regelung können dabei auch Branchenstandards bis hin zu Toolkits[44] für die Zusammenarbeit von Sicherheitsforschern und Organisationen eine Orientierung bieten, beispielsweise das „Responsible Disclosure Framework“ des „Forum of Incident Response and Security Teams“ (FIRST).[45] Auch diverse Plattformen bieten bereits „companies“ und „hunters“ gleichermaßen Unterstützung bei der Kontaktaufnahme an.[46]

Aus der rückwärtsgewandten Perspektive der Verteidigung in einem bereits eingeleiteten Verfahren ist dies ein attraktiver Argumentationsansatz, in den viele Parameter rund um die konkrete Sicherheitslücke und Risiko-

---

41 *Kipker/Rockstroh* ZRP 2022, 240, 241.

42 Zu verschiedenen Offenlegungsparadigmen *Vonderau/Wagner* DSRITB 2020, 525, 533.

43 *Wagner* PinG 2020, 66, 74; *Klaas* MMR 2022, 187.

44 https://www.ncsc.gov.uk/information/vulnerability-disclosure-toolkit (zuletzt abgerufen am 4.4.2023).

45 https://www.first.org/global/sigs/vulnerability-coordination/multiparty (zuletzt abgerufen am 4.4.2023).

46 https://www.yeswehack.com/ (zuletzt abgerufen am 4.4.2023).

lage einfließen können. Im Rahmen einer Präventivberatung im Vorfeld einer unaufgeforderten IT-Sicherheitsprüfung ist jedoch das Gebot des sichersten Weges zu berücksichtigen. Eine Rechtfertigung gem. § 34 StGB kann auch bei Einhaltung aller branchenübergreifend anerkannten responsible disclosure-Voraussetzungen bislang nicht als herrschende Meinung vorausgesetzt werden.[47]

c) Komplexe Einflüsse auf das verantwortliche Verfahren/responsible disclosure

Bislang ist es nur ein postuliertes Ziel des aktuellen Koalitionsvertrages, dass „das Identifizieren, Melden und Schließen von Sicherheitslücken in einem verantwortlichen Verfahren, z.B. in der IT-Sicherheitsforschung, […] legal durchführbar sein“[48] soll. Gerade mit Blick darauf, dass § 202a StGB europäische Vorgaben aus dem Rahmenbeschluss 2005/222/JI (bzw. inzwischen der Richtlinie 2013/40/EU) und der Convention on Cybercrime umsetzen, sind die Aussichten eines nationalen Alleingangs fraglich. Hinzu tritt die Komplexität der Materie, u.a. an der Schnittstelle zu KRITIS- und Datenschutzvorgaben, die ebenfalls möglichst ohne Widersprüche und Friktionen in die Gestaltung des Prozesses einfließen müssten.

Unternehmen und Stellen, denen unaufgefordert eine Sicherheitslücke mitgeteilt wird, müssen ihrerseits prüfen, ob sie durch die DSGVO oder gar KRITIS-Anforderungen zur Meldung verpflichtet sind. Zwar ist gerade das IT-Strafrecht bis heute geprägt von einem besonders hohen Dunkelfeld. Die Infiltration von Systemen und Viktimisierungen werden entweder gar nicht oder sehr spät bemerkt. Selbst wenn dies der Fall ist, werden sechs- bis siebenstellige Schadensbeträge immer noch mit den befürchteten Reputationsrisiken einer Strafanzeige abgewogen, was mit der Sorge der Geschädigten erklärt wird, eine Strafanzeige könnte Schwachstellen erst offenlegen und ggf. Nachahmungstaten nach sich ziehen, vor allem aber Reputationsschäden verursachen.

In die entsprechende Kosten-Nutzen-Analyse muss bereits seit § 42a BDSG a.F., erst recht aber durch Art. 33 DSGVO (i.V.m. § 65 BDSG n.F.), die Pflicht zur Data Breach Notification einbezogen werden.[49] Danach hat der Verantwortliche eine Verletzung des Schutzes personenbezogener Da-

[47] *Golla* JZ 2021, 985, 988; *Kipker/Rockstroh* ZRP 2022, 240, 241.

[48] Koalitionsvertrag „Mehr Fortschritt wagen“, 2021, S. 13, https://www.spd.de/fileadmin/Dokumente/Koalitionsvertrag/Koalitionsvertrag_2021–2025.pdf (zuletzt abgerufen am 4.4.2023).

ten „unverzüglich und möglichst binnen 72 Stunden, nachdem ihm die Verletzung bekannt wurde“, der Aufsichtsbehörde zu melden. Eine Ausnahme davon besteht, wenn „die Verletzung des Schutzes personenbezogener Daten voraussichtlich nicht zu einem Risiko für die Rechte und Freiheiten natürlicher Personen führt“.

Die Verletzung ist ferner gem. Art. 33 Abs. 5 DSGVO „einschließlich aller im Zusammenhang mit der Verletzung des Schutzes personenbezogener Daten stehenden Fakten, ihrer Auswirkungen und der ergriffenen Abhilfemaßnahmen“ zu dokumentieren und die Betroffenen sind gem. Art. 34 DSGVO zu benachrichtigen.

Ein bloßes Schweigen und Verharren im Dunkelfeld ist somit häufig ohnehin keine rechtlich zulässige Option (mehr). Dies gilt jedenfalls, wenn fraglich bleibt, ob personenbezogene Daten abgeflossen sind oder ggf. auch nur unterdrückt wurden. Die entsprechenden Meldepflichten sind ihrerseits sanktionsbewehrt (Art. 83 Abs. 4a DSGVO).[50]

Wer mit einer Strafanzeige auf die Meldung im Rahmen einer responsible disclosure reagiert, will evtl. auch solchen Risiken vorbeugen und den erfolgreichen Penetrationstest in diesem Licht überprüft sehen, um z.B. mit hoheitlicher Unterstützung die Annahme abzusichern, es sei nicht zu einem Risiko für die Rechte und Freiheiten natürlicher Personen gekommen, und um die geschaffene Transparenz mit Außenwirkung zu dokumentieren.

Zudem kann der Entscheidungsspielraum eingeschränkt sein, wenn eine Cyberversicherung involviert ist und gewisse Mindestsicherungen in den Versicherungsbedingungen vorgeschrieben sind. Daher können betroffene Unternehmen auch davon geleitet sein, ihre Position als Hacking- oder „Cracking“-Geschädigte, die trotz ausreichender Sicherheitshürden attackiert wurden, weiter zu behaupten und hoheitlich feststellen zu lassen.

Zusätzliche Motive der betroffenen Unternehmen, auf die Meldung von Sicherheitslücken primär defensiv zu reagieren und eine eigene Verantwortlichkeit von sich zu weisen, ergeben sich möglicherweise aus Standards wie ISO 29147 bzw. insgesamt der ISO 27034 Reihe, die sich auf den Schutz von Informationen vor Cyberbedrohungen beziehen. Ggf. wird der Aufwand umfangreicher Standardisierungsprozesse in Gefahr gesehen.

---

[49] Zur möglichen Verbindung zwischen *responsible disclosure* und *data breach notification* gem. § 42a BDSG a.F. bereits *Hanloser* MMR 2010, 300, 302.

[50] Vgl. z.B. die Sanktionierung von booking.com in den Niederlanden, https://edpb.europa.eu/news/national-news/2020/dutch-sa-fines-bookingcom-delay-reporting-data-breach_en (zuletzt abgerufen am 4.4.2023).

Solche Faktoren bei der Mitteilung von Sicherheitslücken einzubeziehen, mag den Austausch ggf. berechenbarer machen und deeskalierend wirken.

2. *§ 202c StGB: Rechtliche Lösung für IT-lastige Bewertungsprobleme?*

Der Hauptkonflikt zu § 202c StGB hat sich ausgehend von den skizzierten Phänomenen verschoben: von der Rechtsfrage, ob dual use tools taugliche Tatobjekte sind, zu dem Bewertungsproblem, ob es sich im konkreten Fall überhaupt um dual use tools handelt.

a) Fortbestehende Bewertungsprobleme

Der Grundkonflikt zwischen IT-Sicherheitsforschung und Vorfeldkriminalisierung war im Entstehungsprozess der Cybercrime-Konvention[51] bereits bekannt und wurde auch im Explanatory Report[52] adressiert. Der Anspruch war damals eine Beschränkung auf „devices objectively designed, or adapted, primarily for the purpose of committing an offence. This alone will usually exclude dual-use tools“. Der Nichtannahmebeschluss des BVerfG folgt diesem Konzept einer „objektiven Manifestation“.[53]

Es soll gerade nicht auf eine Tatbestandskorrektur allein im subjektiven Bereich von Verwendungs- oder Begehungsabsichten abgestellt werden.[54] Die geschilderten abschreckenden Beispiele bestätigen die Tücken eines solchen Ansatzes plastisch: Insbesondere Tatbestandskorrekturen, die an Verwendungs- oder anderen Absichten ansetzen, werden selten bereits vor einer Bejahung eines Anfangsverdachts gelingen. Dann sind erhebliche Belastungen schon eingetreten.[55] All dies lässt sich auch durch Entschädigungen nach dem Gesetz über die Entschädigung für Strafverfolgungsmaßnahmen (StrEG) nur unzureichend auffangen.

Das aufgezeigte sehr niedrige Fallaufkommen zu § 202c StGB könnte beruhigend dahin interpretiert werden, dass die eingezogenen objektiven Hürden greifen. Es zeigt jedoch ein Grundproblem der Verlagerung ins grenzenlose Vorfeld von Rechtsgutsgefährdungen. Bewertungs- und da-

---

[51] ETS Nr. 185 – Cybercrime-Konvention.

[52] Explanatory report ETS 185, S. 13, https://rm.coe.int/16800cce5b (zuletzt abgerufen am 4.4.2023).

[53] BVerfG, Beschluss vom 18.5.2009 – 2 BvR 2233/07.

[54] So aber eine aktuellere Gesetzesinitiative in BT-Drs. 19/7698, S. 8.

[55] *Albrecht*, Strafbarkeit von Dual Use Software, https://pure.mpg.de/rest/items/item_2499566_6/component/file_3081805/content, S. 260 (zuletzt abgerufen am 4.4.2023).

mit Subsumtionsprobleme bestehen nicht nur im Graubereich fort. Dies zeigt sich selbst am Beispiel von Port-Scannern. In der Literatur werden auch diese teilweise in einer Reihe tauglicher Tatgegenstände des § 202c StGB genannt: „Nach der Gesetzesbegründung gilt dies für offline oder online angebotene Software mit Computerviren, DoS-Tools, Port-Scannern oder sonstigen (sic!) Hacker-Programmen".[56]

Es erschließt sich in der Regel frühestens im Wege der Akteneinsicht, ob die verfahrensgegenständliche Software bei der Verfahrenseinleitung aufgrund der Umstände (im Fall von WebMonitor u.a. Angebot bei hackforums.net und Probleme mit dem Impressum) vermeintlich nicht anders eingeschätzt werden konnte oder – aus tatsächlichen oder rechtlichen Gründen – nicht zutreffend bewertet wurde.

Als ermittlungstaktische Motivation kommt dabei weiterhin auch in Betracht, dass aufgrund der Vorverlagerung und Beweiserleichterung des § 202c StGB apokryph – im Sinne einer „hidden agenda" der Ermittlungsbehörden – (auch) das Ziel verfolgt wird, vermeintliche Zufallsfunde z.B. im Bereich des § 202a StGB, §§ 303a ff. StGB oder diverser Vermögensdelikte, etwa CEO Frauds, zu erzielen. Wenn das BVerfG zur Konturierung des § 202c StGB gerade auf die Verwendungszwecke einer Software abstellt, könnte dies im Ergebnis sogar wie ein im Durchsuchungsbeschluss eingebauter Trojaner wirken. Denn um die Verwendung des verfahrensgegenständlichen Tools nachvollziehen zu können, muss die IT-Infrastruktur (vermeintlich) umfassend analysiert und zu diesem Zweck sichergestellt werden. Dies ließe sich in Grenzfällen ggf. gar im Sinne des § 160 Abs. 2 StPO als Entlastungsbestreben der Verfolgungsbehörde einordnen. In Pressemitteilungen zu dem vermeintlich erfolgreichen Verlauf der Durchsuchung in zahlreichen Fällen geht es dann allerdings nicht mehr um das Tool selbst, sondern um die „Zufallsfunde" des Einsatzes, bei dem diverse weitere Tatbestände verwirklicht werden. § 202c StGB ist in diesen Fällen nur das Einfallstor.

Da das Problem jedoch bereits in Art. 6 der Cybercrime Convention angelegt ist, kann die Lösung – wie bereits zu § 202a StGB angemerkt – abermals nicht in einem nationalen Alleingang liegen.

b) Risikoreduktion durch Präventivberatung?

Sofern das Projekt-Budget es zulässt, lässt sich zwar präventiv mit einem anwaltlichen Rechtsgutachten arbeiten, das bei angemessener Risikobe-

[56] *Bär*, in: Wabnitz/Janovsky/Schmitt (Hrsg.), Handbuch Wirtschafts- und Steuerstrafrecht, 5. Aufl. 2020, Kap. 15 Rn. 96.

wertung und Vorgehensweise als zusätzliche Absicherung die Anforderungen des BGH an einen unvermeidbaren Verbotsirrtums im Fall anwaltlicher Beratung[57] erfüllt. Wer ein Tool aber noch nicht einmal selbst entwickelt oder anbietet, sondern – wie bei „Operation Blackshades" – ein Programm für 30 oder 40 EUR kauft, wird nicht im Vorfeld ein Präventivgutachten für ein Vielfaches dieses Preises einholen, das ggf. die hohen Hürden der Anforderungen des BGH zur Begründung eines unvermeidbaren Verbotsirrtums nimmt. Selbst wenn dies der Fall wäre, würde auch dies erst im Ermittlungsverfahren präsentiert werden können.

In Zweifelsfällen kann es sich zur zusätzlichen Absicherung auch empfehlen, proaktiv mit einer Schwerpunktstaatsanwaltschaft Kontakt aufzunehmen, um ein Tool aus dieser Perspektive bewerten zu lassen. Auch dies könnte ohne direktes Netzwerk und/oder ohne anwaltliche Begleitung jedoch ein riskantes Manöver sein, aus mehreren Gründen: Präventive Abklärungen im Sinne denkbarer Schutzschriften erfordern meist, entscheidende Aspekte des zu bewertenden Sachverhalts proaktiv zu präsentieren. Erfolgt dies nicht, kann ohnehin kein belastbarer Austausch erfolgen. Gerade bei Offizialdelikten bleibt den Ansprechpartnern dann aber in bestimmten Konstellationen nichts anderes übrig, als aufgrund der mitgeteilten Informationen zur Funktionsweise des Tools und „faktischen Selbstanzeige" zunächst ein Verfahren einzuleiten, sei es auch, um dieses – u.a. mit Blick auf die freiwillig geschaffene Transparenz und Kooperationsbereitschaft – vergleichsweise rasch wieder einzustellen.

In geeigneten (Grenz-)Fällen ist dies trotzdem eine geeignetere Maßnahme als ohne jede Deutungshoheit schlicht mit den Restrisiken möglicher Verfahrenseinleitungen zu leben oder auf bestimmte Tool-Entwicklungen, -Verbreitungen und -Anwendungen in vorauseilendem und ggf. überschießenden Gehorsam zu verzichten.

3. Risikobewertung: Allgemeiner Teil

Sind die genannten Beispiele Einzelfälle, die bei rationaler Betrachtung keinen Anlass dazu geben, dass sich IT-Sicherheitsforscher mit einem Bein im Gefängnis wähnen müssen? Einer solchen Entwarnung steht entgegen, dass die *allgemeinen Baustellen* des IT-Strafrechts und insb. des IT-Strafverfahrensrechts so groß sind, dass sie sich gerade dann zu unnötigen Härten auswachsen, wenn sie Beschuldigte treffen, die v.a. aufgrund unbe-

[57] BGH, Urteil v. 16.5.2017 – VI ZR 266/16 = NJW 2017, 2463.

stimmter Tatbestände und einer weiten Vorverlagerung[58] des Strafrechts ins Visier der Strafverfolgungsbehörden geraten.

a) Invasive Maßnahmen bereits im Ermittlungsverfahren

Durch die gesamte Phänomenologie zieht sich, dass die Durchsuchungs- und Beschlagnahmemaßnahmen *in der Rückschau* nach der Einstellung gem. § 170 Abs. 2 StPO zu besonderer Empörung und der Bewertung als völlig überschießend führten.

Dies ist naturgemäß keine Sondersituation des IT-Strafrechts oder gar des Konflikts mit der Sicherheitsforschung. Die Vorverlagerung der Strafbarkeit kann jedoch zu besonders empfindlichen Härten führen. Die Richtlinien für das Straf- und Bußgeldverfahren (RiStBV) als ergänzende Verwaltungsvorschriften könnten sich für entsprechende Hinweise eignen mit dem Ziel, dass die bekannten strukturellen Subsumtionsprobleme sich bereits beim Vollzug der Maßnahmen auf die Verhältnismäßigkeitsprüfung auswirken. Dies betrifft die größtmögliche Diskretion in der Vorgehensweise ggf. ebenso wie den Umfang der einzubeziehenden betrieblichen oder privaten IT-Infrastruktur.

Richtervorbehalte stellen – nicht nur in den geschilderten konzertierten Massenzugriffen im Kontext des § 202c StGB – noch immer zu häufig keine reale Hürde dar. Hier wirkt sich auch aus, dass den Schwerpunktstaatsanwaltschaften und sonstigen Experten auf Ermittlerseite zumeist kein gleichfalls spezialisiertes Pendant auf Seiten des Gerichts entspricht.

So lange dies der Fall ist, wird eine Vorverlagerung der (Selbst-)Verteidigung bei der Antizipation möglicher Durchsuchungsmaßnahmen auch bereits in geeigneten Backup-Strategien liegen, die eine solche Akutsituation mitberücksichtigen.

b) Heterogene technische Expertise und intransparente Zuständigkeiten

Ob es zu einer Verfahrenseinleitung kommt und wie schnell ggf. mit einer Einstellung zu rechnen ist, hängt – schon bei einer Gesamtbetrachtung allein der skizzierten Beispielsfälle – noch zu häufig davon ab, ob Ermittler und Staatsanwälte eines Schwerpunktbereichs mit dem Sachverhalt befasst werden und ihre technische Expertise nutzen.

---

[58] Zu den allgemeinen Auswirkungen auf Beschuldigtenrechte *Derin*, Strafrechtliche Vorverlagerung, CILIP 117, https://www.cilip.de/2018/11/30/strafrechtliche-vorverlagerung-der-wandel-zum-praeventionsstrafrecht/ (zuletzt abgerufen am 4.4.2023).

In mehreren der geschilderten Beispiele schlugen sich auch die Probleme komplexer und undurchsichtiger Zuständigkeiten nieder: Regelmäßig kommt es im IT-Strafrecht auf Verfolgerseite zu einem Hin und Her aus Verweisungen und Rückverweisungen zwischen Schwerpunktstellen und allgemeinen Abteilungen, teils auch der jeweiligen Generalstaatsanwaltschaft. Damit wechseln die möglichen Ansprechpartner und auch deren Erfahrungsschatz und punktuelle Kompetenz.

Dies wirkt sich selbst bei der Beratung und Vertretung von Anzeigeerstattern – etwa von Black Hat-Hacking betroffenen Unternehmen – aus, die den anwaltlichen Tätigkeitsschwerpunkt im IT-Strafrecht bilden dürften. Entschließen sich die Betroffenen zu einer Anzeige, fällt zwar positiv auf, wie engagiert gerade Schwerpunktstaatsanwaltschaften und polizeiliche Zentrale Anlaufstellen für den Bereich Cybercrime auf die freie Wirtschaft zugehen, um dem Dunkelfeld auch auf diese Weise entgegenzuwirken.[59] Gleichzeitig wird aber das Zuständigkeitsdickicht deutlich: Ist der besagte Fall relevant genug, um den Cybercrime-Schwerpunkt dafür interessieren zu können? Oder handelt es sich nur um eine unbedeutende Copycat-Version der gerade im Fokus stehenden Angreifergruppe?

Das Zuständigkeitsdickicht an der rechtspolitisch seit langem erodierenden Grenze zwischen Prävention und Repression wird dabei noch verdichtet durch die Frage, inwieweit das Bundesamt für Informationssicherheit (BSI) oder ggf. Geheimdienste ebenfalls einzubeziehen sind. Die aktuelle Entwicklung einer stetigen Fortentwicklung der KRITIS-Anwendungsfälle und des BSIG werden diesen Befund noch deutlich verschärfen.

Sind diese Zuständigkeitsprobleme bereits auf Seiten der Anzeigeerstatter lästig, wirken sie sich noch gravierender für potentielle Beschuldigte aus, die proaktiv an eine zuständige Stelle herantreten wollen, um ggf. im Vorfeld Risiken zu beleuchten.

c) Intransparente Ermittlungsergebnisse

Die Intransparenz der Ermittlungsergebnisse selbst bei erlangter Akteneinsicht ist ein weiterer häufiger Risikofaktor in IT-strafrechtlichen Verfahren, da die StPO trotz diverser Anpassungsversuche immer noch nicht für den Umgang mit digitalen Beweismitteln gerüstet ist. Umfassende Beschlagnahmen und äußerst langwierige Auswertungen aufgrund von Personalknappheit oder anderen Ressourcenproblemen tun ein Übriges. Dabei

---

[59] Übersicht: https://www.polizei.de/Polizei/DE/Einrichtungen/ZAC/zac.html (zuletzt abgerufen am 4.4.2023).

führt die – vermeintlich – nicht anders zu bewältigende Menge sichergestellter Daten bisweilen zu unvollständigen und selektiven zusammenfassenden Auswertungen. Dies gilt nicht nur bei Telekommunikationsüberwachungsmaßnahmen.

d) Fortbestehende Sonderprobleme aufgrund des transnationalen Charakters

Wer häufig auch auf Seiten der Geschädigten tätig ist, kann von den geschilderten „international konzertierten Aktionen" durchaus überrascht sein: Im Berateralltag ist es immer noch ein typischer Verlauf, dass nach Strafanzeigen die Ermittlungsakten – ggf. nach anfänglich intensiven Bemühungen – mit Hinweis darauf geschlossen werden, die Rechtshilfe habe erfahrungsgemäß keine Erfolgsaussichten und der oder die Täter seien nicht ermittelbar.

Wird ein Verfahren jedoch von international koordinierten Behörden betrieben oder zumindest initiiert, nutzen die jeweiligen Behörden ihre Kooperationsmöglichkeiten bestmöglich. Beschuldigtenrechte werden dabei häufig schon durch unzureichende Akteneinsicht in die Ursprünge des Verfahrens beschnitten. Ähnlich wie heute im EncroChat-Kontext[60] blieben Details der internationalen Kooperation und die Erlangung der Kundenlisten weitgehend im Dunkeln.

Berater und Verteidiger müssen in beiden Konstellationen in internationalen Netzwerken kooperieren, im von jeher grenzüberschreitend angelegten IT-Strafrecht noch mehr als in anderen Bereichen. Wer sich an Schlagzeilen wie „In den USA gesuchter Brite wurde in Madrid festgenommen" aus der Berichterstattung über den UFO-Hacker *Gary McKinnon* erinnert, kann ermessen, wie komplex und grenzüberschreitend die Anforderungen an effektive Verteidigung sind.

Noch komplexer stellt sich der Beratungsbedarf dar, wenn im Vorfeld eines Verfahrens präventiv grenzüberschreitend Risiken reduziert werden sollen, sei es durch Kontaktaufnahmen zu schwer zu identifizierenden Herstellern oder auch zu Verfolgungsbehörden. Gerade bei Teilnahme an grenzüberschreitenden Bug Bounty-Programmen kann es daher auf entsprechende Kooperationen ankommen, um der transnationalen Natur der Materie gerecht zu werden.

---

[60] Zu Problemen der Beweisverwertung von Daten aus französischen Ermittlungen *Gebhard/Michalke* NJW 2022, 655.

V. Fazit

Zu einer Beruhigung des Sicherheitsgefühls von IT-Sicherheitsforschern können aktuell v.a. Kriminalstatistiken und Rechtsprechungsübersichten beitragen, indem sie das äußerst niedrige Fallaufkommen dokumentieren. Selbst bei einer Querschnittsbetrachtung aktueller Verfahren im Konflikt zwischen IT-Sicherheitsforschung und Strafrecht fällt bislang keine Sanktionierung oder Verurteilung auf, die nur durch legislative Korrekturen vermieden werden könnte. Verfahrenseinleitungen erfolgten nicht in Unkenntnis der dual use-Problematik als solcher, und Verfahrenseinstellungen gem. § 170 Abs. 2 StPO hingen nicht von der Einhaltung von responsible disclosure-Schritten ab.

Zwischen Einleitung und Einstellung wirken sich allerdings *allgemeine Baustellen* des (IT-) Strafverfahrensrechts nachteilig für die Beschuldigten aus, u.a. unzureichende technische Ausbildung und Ausrüstung, Personalknappheit und intransparente Zuständigkeiten. Verschärft werden diese bekannten Baustellen noch durch die stetig weiter zunehmende Komplexität an der Schnittstelle zu KRITIS-Vorgaben und DSGVO.

Weder eine gesetzliche Klarstellung zu Anforderungen eines responsible disclosure-Verfahrens noch zu dual use tools berechtigen ausgehend von den dabei vorhersehbar fortbestehenden Subsumtionsproblemen zu der Hoffnung, dass IT-Sicherheitsforscher mit hinreichender Sicherheit gar nicht erst zu Beschuldigten werden. Im Übrigen steht auch der europäische Hintergrund beider Normen der Hoffnung auf eine Quick fix-Lösung nationaler Alleingänge entgegen. Entsprechende Absichtserklärungen in Koalitionsverträgen sind daher – wie weite Bereiche des IT-Strafrechts – vor allem Symbolpolitik. Effektiver wäre eine fokussierte Bewältigung der aufgezeigten allgemeinen Baustellen effektiver Verfahrensführung im IT-Strafrecht.

Lösungsansätze *de lege lata* und *de lege ferenda*

Straflosigkeit der IT-Sicherheitsforschung durch Tatbestandsausschluss oder Rechtfertigung?

Manuela Bao/Louisa Zech

Der Beitrag untersucht rechtliche Argumente auf Tatbestands- und Rechtfertigungsebene, die IT-Sicherheitsforschende und ethische Hacker*innen zur Legitimation ihrer Tätigkeiten ins Feld führen könnten. Hierbei wird jeweils aufgezeigt, welche Rechtsunsicherheit verbleibt. Um für die IT-Sicherheitslandschaft vorteilhafte Sicherheitsanalysen in einem interessenausgleichenden Rahmen rechtssicher zu ermöglichen, wird für eine Gesetzesänderung plädiert, konkrete Möglichkeiten hierfür werden betrachtet.

I. Einleitung

Fallen Überprüfungen der IT-Sicherheit durch IT-Sicherheitsforschende oder sog. „ethische Hacker*innen" trotz redlicher Absichten in den Tatbestand eines Computerdelikts, müssten diese nichtsdestotrotz keine Strafverfolgung fürchten, wenn ein Tatbestandsausschluss oder Rechtfertigungsgrund eingreift. Dieser Beitrag widmet sich der Fragestellung, inwiefern Aspekte auf Tatbestands- oder Rechtfertigungsebene de lege lata für die Begründung einer Straflosigkeit für Analysen der IT-Sicherheit herangezogen werden können oder ob es de lege ferenda einer Gesetzesanpassung bedarf. Der Schwerpunkt liegt zunächst auf der Ebene des Tatbestandes und untersucht anhand der objektiven sowie subjektiven Tatbestandsvoraussetzungen des § 202a Abs. 1 StGB, inwiefern die IT-Sicherheitsforschung von einer Strafbarkeit ausgenommen sein könnte. Zudem wird ein Blick auf die analoge Anwendung von bereits in anderen Deliktsbereichen für Wissenschaft und Forschung normierten Tatbestandsausschlüssen geworfen (II.). Sodann wird untersucht, welche Gründe zur Rechtfertigung sowohl aus dem Strafrecht als auch aus dem Zivil- und Datenschutzrecht für die Sicherheitsforschung ins Feld geführt werden könnten und welche Limitierungen im Einzelnen dabei bestehen (III.). Abschließend werden Optionen zur Änderung der Gesetzeslage untersucht, um Abschreckungseffekte für im Allgemeininteresse liegende proaktive Sicherheitsanalysen abzubauen, die mit dem Ziel der Verbesserung der IT-Sicherheit ausgeführt werden. Der Beitrag endet mit einer Diskussion über die Optionen der Gestaltung eines neuen Strafausschlusses für die IT-Sicherheitsforschung (IV.).

II. Strafausschluss der IT-Sicherheitsforschung auf Tatbestandsebene?

1. Einleitende Überlegungen zur Problematik der „Hacker-Tools" (§ 202c StGB)

Mit der Frage der strafrechtlichen Verfolgung von IT-Sicherheitsforscher*innen beschäftigte sich das BVerfG bereits im Jahre 2009 in Bezug auf den sog. „Hacker-Paragraphen" (§ 202c StGB).[1] Es stellte fest, dass bei der Herstellung und Verwendung sog. Dual-Use-Tools, also Hacker-Tools, die sowohl für legitime als auch für strafbare Zwecke verwendet werden können, schon keine Strafbarkeit vorliegen würde. Insbesondere müsse sich in objektiver Hinsicht der Zweck zur Begehung einer Straftat durch das Programm nach außen hin manifestiert haben sowie in subjektiver Hinsicht, zusätzlich zum Vorsatz bezüglich der Verwirklichung des objektiven Tatbestandes des § 202c StGB, die Vorbereitung einer Straftat nach §§ 202a ff. sowie §§ 303a f. StGB zumindest billigend in Kauf genommen werden.

Eine generelle Straffreiheit der IT-Sicherheitsforschung vermag dieser Beschluss nicht zu begründen. In einem kurzen Abschnitt deutet das BVerfG aber an, dass legitime Sicherheitstests nicht zu einer Strafbarkeit nach den §§ 202a, 202b StGB führen könnten:

> „Denn die bei diesen Tätigkeiten in Aussicht genommene Verwendung der Programme im Rahmen von Penetrationstests erfüllt den Tatbestand des § 202a oder § 202b StGB zweifellos nicht: Da die Unternehmen, für die der Beschwerdeführer tätig wird oder tätig geworden ist, *im Auftrag* und somit *im Einverständnis* mit den über die überprüften Computersysteme Verfügungsberechtigten handeln, fehlt es am Tatbestandsmerkmal *des ‚unbefugten' Handelns*".[2]

Im Umkehrschluss bedeutet dies, dass die Durchführung von Sicherheitstests ohne die explizite Beauftragung durch den oder die Berechtigten, eine Straftat nach §§ 202a Abs. 1, 202b StGB darstellen könnte. Somit ist auch etwa die Herstellung oder Verbreitung von Software, die dem Zweck

---

[1] Siehe dazu bereits den Beitrag von *Golla* (in diesem Band) S. 3, 8; *Golla* JZ 2021, 985, 986 f.

[2] BVerfG, Beschluss v. 18.5.2009 – 2 BvR 2233/07, 2 BvR 1151/08, 2 BvR 1524/08, Rn. 74.

dient, proaktive Sicherheitstests durchzuführen, weiterhin von der Strafbarkeit des § 202c Abs. 1 Nr. 2 StGB umfasst.[3] Durch das BVerfG wird somit lediglich eine „tatbestandliche Lösung für einen Teilbereich“[4] der IT-Sicherheitsforschung getroffen, aber keine weitgehende Straffreiheit etabliert. Allerdings kann es aus verschiedenen Gründen in der Praxis problematisch sein, einen Auftrag bzw. ein Einverständnis für einen Sicherheitstest einzuholen.

Es besteht zunächst die Hürde, die Person bzw. Stelle zu identifizieren, die in der Position der Rechtsinhaber*in bzw. Verfügungsberechtigten wirksam über die in Frage stehenden Rechte disponieren kann.[5] Bei aus verschiedenen Komponenten zusammengesetzten IT-Produkten können mehrere Stellen gleichzeitig dafür in Frage kommen.[6] Eine Studie zur Rückmeldequote US-amerikanischer Unternehmen auf Anfragen um eine Erlaubnis zur Durchführung von Sicherheitstests zeigte zudem, dass solche Anfragen nur einen geringen Erfolg erzielten, wobei Sicherheitsforschende von US-Universitäten häufiger positive Antworten erhielten als unabhängig Tätige aus Europa.[7]

Demnach müssen andere juristische Möglichkeiten gefunden werden, um eine Straffreiheit für die IT-Sicherheitsforschung zu gewährleisten. Neben einer Strafbarkeit nach dem StGB können sich auch Strafbarkeitsrisiken der IT-Sicherheitsforschung aus dem Urheberrecht ergeben.[8] Der Fokus des vorliegenden Beitrags liegt hier aber auf dem Kernstrafrecht, insbesondere auf der wohl zentralen Norm des „Ausspähens von Daten“ gem. § 202a Abs. 1 StGB.

---

[3] *Wagner* PinG 2020, 66, 71 stellt fest, dass der Fall proaktiver Sicherheitstests durch das BVerfG nicht entschieden und sich insbesondere nicht mit der Datenverfügungsbefugnis auseinandergesetzt wurde.

[4] *Krüger/Sorge/Vogelsang* Jusletter it 2018.

[5] Vgl. zur mitunter schwierigen Abgrenzung: BGH, Urteil v. 10.5.2005 – 3 StR 425/04, Rn. 12; BayObLG, Urteil v. 24.6.1993 – 5St RR 5/93, Rn. 24; OLG Naumburg, Urteil v. 27.8.2014 – 6 U 3/14; OLG Nürnberg, Beschluss v. 23.1.2013 – 1 Ws 445/12; AG Göttingen, Urteil v. 4.5.2011 62 – Ds 106/11, Rn. 42; AG Nürtingen, Urteil v. 20.9.2010 – 13 Ls 171 Js 13423/08.

[6] *Balaban u.a.*, Whitepaper zur Rechtslage der IT-Sicherheitsforschung, 2021, abrufbar unter: https://sec4research.de/assets/Whitepaper.pdf, S. 16 (zuletzt abgerufen am 19.6.2023).

[7] *Gamero-Garrido/Savage/Levchenko/Snoeren*, in: Proceedings of the 2017 ACM SIGSAC Conference on Computer and Communications Security. Dallas Texas USA, S. 1501–1513, abrufbar unter: https://dl.acm.org/doi/10.1145/3133956.3134047 (zuletzt abgerufen am 19.6.2023).

[8] Siehe hierzu den Beitrag von *Kuschel/Rostam* (in diesem Band), S. 83 ff.

2. *Objektiver Tatbestand*

a) „Nicht für den Täter bestimmt“

§ 202a Abs. 1 StGB setzt voraus, dass die Daten nicht für die Täter*innen bestimmt waren. Die Daten sind dann nicht für die Täter*innen bestimmt, wenn sie nach dem Willen der Verfügungsberechtigten nicht in ihren Herrschaftsbereich gelangen sollten.[9] Für wen die Daten bestimmt sind, richtet sich demnach nach dem Willen des oder der Verfügungsberechtigten. Bei dessen Zustimmung ist der Tatbestand nicht erfüllt.[10] Als willensbezogenes Delikt sind die Regeln über das tatbestandsausschließende Einverständnis anwendbar.[11] Eine Zustimmung der verfügungsberechtigten Person liegt bei Sicherheitstests vor, die konkret in Auftrag gegeben wurden. Ein Einverständnis kann auch in einer „public vulnerability disclosure policy“ erklärt werden, doch derartige Richtlinien werden in der Praxis nur äußerst selten durch Unternehmen öffentlich erklärt (s. III. 4.). Sonstige proaktive Sicherheitstests sind nicht von einem tatbestandsausschließenden Einverständnis erfasst.

Es könnte allerdings argumentiert werden, dass proaktive Sicherheitstests, die IT-Sicherheitslücken aufdecken und im Wege eines sog. „Coordinated Vulnerability Disclosure“-Verfahrens (CVD) zunächst zur Kenntnis der zur Behebung dieser Sicherheitslücke Verantwortlichen gelangen und deren Veröffentlichung erst nach einem angemessenen Fristablauf stattfindet, auch im mutmaßlichen Interesse der Verfügungsberechtigten liegen. Damit stellt sich die Frage nach einem mutmaßlichen, bereits den Tatbestand ausschließenden Einverständnis. Dieses soll, im Gegensatz zur mutmaßlichen Einwilligung auf Rechtfertigungsebene, nicht zur Einholung eines Einverständnisses subsidiär sein.[12]

Allerdings ist das Konstrukt des mutmaßlichen tatbestandsausschließenden Einverständnisses dogmatisch sehr umstritten. Hinzu tritt, dass es sich bei § 202a Abs. 1 StGB um ein relatives Antragsdelikt handelt (§ 205 Abs. 1 S. 2 StGB), weshalb i.d.R. die Strafverfolgungsbehörden erst auf Antrag der verletzten Person hin tätig werden und ein Einverständnis aufgrund des (nachträglich) geäußerten entgegenstehenden Willens kaum gemutmaßt werden kann. Zudem fehlt es den Datenverfügungsberechtigten

---

[9] *Heger*, in: Lackner/Kühl/Heger (Hrsg.), StGB, 30. Aufl. 2023, § 202a Rn. 3.

[10] BT-Drs. 10/5058, S. 29; *Graf*, in: MüKo-StGB, Bd. 4, 4. Aufl. 2021, § 202a Rn. 21, 69.

[11] *Kargl*, in: NK-StGB, 5. Aufl. 2017, § 202a Rn. 8.

[12] *Theile/Stürmer* ZJS 2015, 123, 125.

oftmals an einem entsprechenden Problembewusstsein oder es werden andere Interessen als die IT-Sicherheit priorisiert.

b) „Unbefugt“: IT-Sicherheitsforschung als sozialadäquates Verhalten?

Von einigen Autor*innen wird die Überlegung angestellt, eine Straffreiheit der IT-Sicherheitsforschung könne sich aus der Sozialadäquanz des Verhaltens ergeben.[13] Dieses Prinzip habe auch in § 202a Abs. 1 StGB über das Tatbestandsmerkmal „unbefugt“ Eingang in das IT-Strafrecht gefunden,[14] wobei bisher ungeklärt ist, ob dieses Merkmal auf Ebene des Tatbestands oder der Rechtswidrigkeit verortet wird.[15] Insofern könnte es sich bei IT-Sicherheitstests, die die Aufdeckung von Sicherheitslücken unter Wahrung eines CVD-Verfahrens zum Ziel hätten, um nicht unbefugte Verhaltensweisen i.S.d. § 202a Abs. 1 StGB handeln.[16] Die Rechtsfigur der Sozialadäquanz richtet sich nach dem sozial Anerkannten, wobei nach *Zipf* dafür nicht lediglich die „[…] bloße Gebräuchlichkeit eines Verhaltens [genügt], sondern es muß die Vorstellung der Gemeinschaft (d.h. der relevanten Mehrheit) hinzukommen, daß das geübte Verhalten im Interesse des sozialen Zusammenlebens notwendig und richtig ist […].“[17] Dabei betont *Eser* die „kontinuierliche geschichtliche Vorstellung“[18] der Mehrheitsgesellschaft. Ob ein derartig historisch gewachsenes sozial übliches Verhalten für proaktive IT-Sicherheitstests angenommen werden kann, ist allerdings zweifelhaft,[19] denn es scheint sich ein Konsens bzgl. nicht beauftragter IT-Sicherheitstests und des Aufdeckens von IT-Sicherheitslücken in der Praxis bisher nicht etablieren zu können. Insbesondere ist ungeklärt, welche

---

[13] So *Golla* JZ 2021, 985, 987; *Wagner* PinG 2020, 66, 69

[14] *Golla* JZ 2021, 985, 987; *Wagner* PinG 2020, 66, 69.

[15] Für eine Verortung im Tatbestand: *Golla* JZ 2021, 985, 987; *Wagner* PinG 2020, 66, 69; *Brodowski* ZIS 2019, 49, 56; *Popp* NJW 2004, 3517, 3518; a.A. *Kargl*, in: NK-StGB (Fn. 11), § 202a Rn. 16; *Graf*, in: MüKo-StGB (Fn. 10), § 202a Rn. 65; *Bosch*, in: Satzger/Schluckebier/Widmaier (Hrsg.), StGB, 5. Aufl. 2021, § 202a Rn. 9; *Hoyer*, in: SK-StGB, 9. Aufl. 2017, § 202a Rn. 17; *Gercke*, in: Spindler/Schuster/Gercke (Hrsg.), Recht der elektronischen Medien, StGB, 4. Aufl. 2019, § 202a Rn. 9.

[16] *Golla* JZ 2021, 985, 987; *Wagner* PinG 2020, 66, 69; so ähnlich *Kubiciel/Großmann* NJW 2019, 1050, 1053, die eine Strafbarkeit des Aufspürens von Sicherheitslücken ohne Schädigungsabsicht für „rechtspolitisch verfehlt“ halten.

[17] *Zipf* ZStW 82 (1970), 633; so ähnlich BGHSt 23, 226, 228: „[…] das übliche von der Allgemeinheit gebilligte und daher in strafrechtlicher Hinsicht im sozialen Leben gänzlich unverdächtige, weil im Rahmen der sozialen Handlungsfreiheit liegende Verhalten“.

[18] *Eser*, in: Festschrift für Roxin, 2001, S. 199, 205.

[19] So auch *Golla* JZ 2021, 985, 987; *Wagner* PinG 2020, 66, 69.

Systemzugriffe anerkannt sind[20] und auf welche Weise die Aufdeckung einer IT-Sicherheitslücke schlussendlich erfolgen soll.[21] Zweifelhaft ist zudem, ob Forschungsinteressen derart einseitig, d.h. ohne jegliche Form der Interessenabwägung, begünstigt werden sollten, oder ob nicht ein Gefahrenraum geschaffen wird, in welchem – so *Golla* – Forschungsinteressen lediglich zu Missbrauchszwecken vorgeschoben werden können.[22]

3. *Subjektiver Tatbestand: kein Vorsatz?*

§ 202a Abs. 1 StGB sieht im subjektiven Tatbestand lediglich einfachen Vorsatz vor. Eine darüber hinausgehende, auf einen bestimmten Erfolg gerichtete Absicht ist nicht Voraussetzung. Sofern IT-Sicherheitsforschende bei der Durchführung proaktiver Sicherheitstests die objektiven Tatbestandsmerkmale des § 202a Abs. 1 StGB erfüllen, handeln sie auch dann vorsätzlich, wenn ihnen an der Offenlegung der Sicherheitslücken gelegen und ein missbräuchliches Verhalten nicht gewollt ist. Selbst beim Hacken eigener IoT-Produkte ist mitunter nicht ausgeschlossen, dass sich ein Zugang zu Herstellerdaten verschafft wird, die als fremde Daten nicht der Verfügungsgewalt der IT-Sicherheitsforschenden unterliegen. Da bereits der Eventualvorsatz ausreichend ist, kann nicht immer ausgeschlossen werden, dass der oder die Forschende in derartigen Fällen das Verschaffen des Zugangs zu fremden Daten zumindest ernsthaft für möglich hält und billigend in Kauf nimmt.[23]

Zu § 202a Abs. 1 StGB a.F. wurde von einer Mindermeinung eine teleologische Reduktion des Tatbestandsmerkmals des „Verschaffens" vorgeschlagen, in welcher die Kenntnisnahme von Daten nur dann strafbar sei, wenn diese unbedingt notwendig für das Eindringen in das System war und ihr eine gewisse Absicht der Weiterverwendung der Daten zugrunde lag.[24] Allerdings hatte der Gesetzgeber mit der Neufassung des § 202a Abs. 1 StGB, in welcher die bloße Verschaffung des „Zugangs" zu Daten bereits unter Strafe gestellt wurde, entschieden, es bei einem bloßen Vorsatz ohne darüber hinausgehende besondere Absichten zu belassen. In der aktuellen Fassung des § 202a Abs. 1 StGB wird somit nicht zwischen „böswilligem" Hacken in Schädigungsabsicht und dem „gut-

---

[20] *Golla* JZ 2021, 985, 987.

[21] Etwa Full, Limited oder Responsible Disclosure; s. im Einzelnen: *Brodowski* it – Information Technology 2015, 357.

[22] *Golla* JZ 2021, 985, 987.

[23] *Wagner* PinG 2020, 66, 69.

[24] *Graf*, in: MüKo-StGB (Fn. 10), § 202a Rn. 66.

willigen" Hacken, mit der Intention IT-Sicherheitslücken zu schließen, unterschieden.

4. Tatbestandsausschluss durch Forschungsprivilegien und behördliche Erlaubnisse

Eine Straffreiheit der IT-Sicherheitsforschung könnte dadurch erreicht werden, bestehende Normen zur Forschungsfreiheit analog anzuwenden. Im Rahmen öffentlich geförderter Forschung stellt sich zudem die Frage, welche Auswirkungen eine behördliche Erlaubnis bzw. Beauftragung für die Sicherheitsforschung haben kann.

a) Forschungsprivilegien und ihre analoge Anwendung

Eine analoge Anwendung von Normen im Strafrecht zugunsten der Beschuldigten ist zwar selten,[25] aber grundsätzlich vorstellbar. Hierzu bedürfte es einer planwidrigen Regelungslücke. Diese besteht nicht, wenn sich aus der Gesetzesbegründung, dem Rechtsgüterschutz und der Systematik ergibt, dass der Gesetzgeber einen Fall nicht regeln wollte.[26] Eine Regelung, die proaktive IT-Sicherheitstests i.R.d. Sicherheitsforschung straflos stellt, gibt es bislang nicht, sodass eine Regelungslücke besteht. Fraglich ist, ob diese Lücke planwidrig ist. In der Gesetzesbegründung wird zwar klargestellt, dass das Hacken von IT-Systemen von Unternehmen zum Aufspüren von Sicherheitslücken nicht strafbewehrt sein soll, gleichzeitig wird aber die Beauftragung durch das entsprechende Unternehmen vorausgesetzt.[27] Im Umkehrschluss könnte somit ein Verbot proaktiver Sicherheitstests ohne das Einverständnis der Berechtigten angenommen werden,[28] was wiederum gegen die Planwidrigkeit der Regelungslücke spricht und im Ergebnis keinen Raum für eine analoge Anwendung lässt.

Zudem müsste die Analogie aufgrund der Ähnlichkeit des gesetzlich nicht geregelten Falls mit dem gesetzlich geregelten Fall dem Gerechtigkeitsgebot entsprechen.[29] Auch diesbezüglich bestehen Zweifel.

---

[25] V. *Heintschel-Heinegg* NStZ 2021, 290, 293 zu BGH NStZ 2021, 290.

[26] BGH NStZ 2021, 290, 292.

[27] BT-Drs. 16/3656, S. 10.

[28] *Popp* MR-Int 2007, 84, 87; *Vassilaki* CR 2008, 131, 132; *Krischker* ZD 2015, 464, 467.

[29] BGH NStZ 2021, 290, 292.

aa) Straflosigkeit durch Sozialadäquanzklauseln

Eine Privilegierung von Wissenschaft und Forschung findet sich bei diversen Delikten (§§ 86 Abs. 4, 86a Abs. 3, 91 Abs. 2 Nr. 1, 130a Abs. 3, 184k Abs. 3 StGB und 201a Abs. 4 StGB). Die Formulierung in § 86 Abs. 4 StGB[30] wird von der h.M. als Tatbestandsausschluss gelesen.[31] Kritisieren lässt sich, dass aufgrund der schillernden Bedeutungsfülle das Etikett „sozial adäquat" eher „verdunkelnd, denn klärend" sei,[32] worin ein „systematisch und inhaltlich bislang ungelöstes Problem der allgemeinen Strafrechtsdogmatik" liegt.[33] In der Praxis läuft es auf eine *Einzelfallabwägung* hinaus.[34]

Trotz der klareren Formulierung des § 201a Abs. 4 StGB[35] in Richtung Rechtsgüterabwägung wird darin eine nahezu wortgleiche Nachbildung[36] bzw. eine Entsprechung[37] des § 86 Abs. 4 StGB gesehen. § 201a StGB sanktioniert die Verletzung des höchstpersönlichen Lebensbereichs durch Bildaufnahmen. Auch bei dessen Abs. 4 handelt es sich nach h.M. um einen Tatbestandsausschluss.[38] Die Sozialadäquanz wäre zwar bereits über das Merkmal „unbefugt" berücksichtigungsfähig (s. II.2.b)), die Klausel bietet aber eine ausdrückliche Klarstellung,[39] dass Handlungen, die als sozial üblich oder nützlich gelten,[40] nicht strafbar sein sollen. Im Hinblick auf die durchzuführende Abwägung wird auf die im Lüth-Urteil des BVerfG aufgestellte Wechselwirkungslehre[41] sowie die Orientierung am Rechtfertigungsgrund des § 193 StGB und den unter § 23 KUG entwi-

---

30 „[W]enn die Handlung [...] der Kunst oder der Wissenschaft, der Forschung oder der Lehre, der Berichterstattung über Vorgänge des Zeitgeschehens oder der Geschichte oder ähnlichen Zwecken *dient*."

31 BGH, Urteil v. 6.4.2000 – 1 StR 502/99 = BGHSt 46, 36, 43 f. = NJW 2000, 2217 (2218).

32 *Paeffgen*, in: NK-StGB (Fn. 11), § 86 Rn. 38.

33 *Becker*, in: Matt/Renzikowski (Hrsg.), StGB, 2. Aufl. 2020, § 86 Rn. 15.

34 *Becker*, in: Matt/Renzikowski (Fn. 33), § 86 Rn. 15.

35 „Handlungen, die in Wahrnehmung *überwiegender* berechtigter Interessen erfolgen, namentlich der Kunst oder der Wissenschaft, der Forschung oder der Lehre, der Berichterstattung über Vorgänge des Zeitgeschehens oder der Geschichte oder ähnlichen Zwecken dienen."

36 *Graf*, in: MüKo-StGB (Fn. 10), § 201a Rn. 101.

37 *Altenhain*, in: Matt/Renzikowski (Fn. 33), § 201a Rn. 25.

38 *Graf*, in: MüKo-StGB (Fn. 10), § 201a Rn. 101; *Heger*, in: Lackner/Kühl/Heger (Fn. 9), § 201a Rn. 9c; *Heuchemer*, in: BeckOK-StGB, 55. Ed. (1.11.2022), § 201a Rn. 24; *Altenhain*, in: Matt/Renzikowski (Fn. 33), § 201a Rn. 25; a.A. *Eisele*, in: Schönke/Schröder (Begr.), StGB, 30. Aufl. 2019, § 201a Rn. 53.

39 *Graf*, in: MüKo-StGB (Fn. 10), § 201a Rn. 98; vgl. BT-Drs. 18/2601, S. 39.

40 *Walter/Kargl*, in: NK-StGB (Fn. 11), § 201a Rn. 23.

41 *Graf*, in: MüKo-StGB (Fn. 10), § 201a Rn. 100.

ckelten Abwägungsgrundsätzen verwiesen.[42] Während die in § 193 StGB statuierten Grundregeln i.R.e. langjährigen und bewährten Rechtsprechung konkretisiert worden sind,[43] fehlt ein ausdifferenziertes Fallrecht im Hinblick auf Kollisionslagen zwischen Forschungsfreiheit und Computerdelikten.

Forschung ist definiert als der nach Inhalt und Form ernsthafte und planmäßige Versuch zur Ermittlung der Wahrheit, und zwar in einem methodisch geordneten Verfahren mit einem Kenntnisstand, der in der Regel auf einem wissenschaftlichen Studium beruht.[44] Unter den Begriff der IT-Sicherheitsforschung werden oftmals sowohl institutionalisierte Forschung als auch „unabhängige" Sicherheitsforschende i.S.v. ethischen Hacker*innen gefasst.[45] Zur Sozialadäquanzklausel wird dagegen vertreten, dass die umfassten Begriffe Wissenschaft, Forschung und Lehre nur „eindeutig wissenschaftlich begründete Wahrnehmungen" privilegieren, was eine kommerzielle Nutzung der von § 201a StGB erfassten Abbildungen ausschließe.[46] „Auch eine Verbreitung bspw. in Datennetzen, ohne Einschränkung auf spezielle dem Nutzungszweck nach begrenzte Nutzergruppen, dürfte nicht dem Ausnahmetatbestand unterfallen."[47]

Ob eine Analogie oder Nachbildung der Sozialadäquanzklausel für die Sicherheitsforschung ein gangbarer Weg wäre, erscheint zweifelhaft. Zwar wäre sichergestellt, dass nicht jede Form der „wissenschaftlichen Neugier" vom Tatbestand ausgeschlossen wäre, sondern nur Handlungen mit belegtem, konkretem (Forschungs-)Interesse.[48] Bereits zu den Vorbildern wird allerdings hinterfragt, ob diese überhaupt zur Klarheit verhelfen.[49] Um der i.R.e. Abwägungserfordernisses verbleibenden Rechtsunsicherheit zu begegnen, wird die Einbindung fachspezifischer Ethikkommissionen vorgeschlagen.[50] Diese etablieren sich allmählich auch im Bereich der Informatik.[51] Allerdings stünden gerade kleinere Forschungseinrichtungen vor or-

[42] *Eisele*, in: Schönke/Schröder (Fn. 38), § 201a Rn. 53.
[43] *Heuchemer*, in: BeckOK-StGB (Fn. 38), § 201a Rn. 24.
[44] BVerfGE 35, 79, 113; 47, 327, 367.
[45] Vgl. *Balaban u.a.* (Fn. 6).
[46] *Graf*, in: MüKo-StGB (Fn. 10), § 201a Rn. 103.
[47] *Graf*, in: MüKo-StGB (Fn. 10), § 201a Rn. 103.
[48] *Golla* JZ 2021, 985, 990.
[49] *Walter/Kargl*, in: NK-StGB (Fn. 11), § 201a Rn. 23.
[50] *Krüger/Sorge/Vorgelsang* IRIS 2018, 529, 535.
[51] Vgl. bspw. Ethikkommission des Fachbereichs Informatik der Universität Hamburg (https://www.inf.uni-hamburg.de/home/ethics.html) die Ethikkommission der Fakultät für Mathematik und Informatik der Universität des Saarlandes (https://erb.cs.uni-saarland.de/) oder Leitlinien für ethische Grundsätze des Karlsruher Instituts für Technologie (https://www.kit.edu/downloads/KIT_Ethische_Leitlinien.pdf).

ganisatorischen Hürden; für ehrenamtlich Tätige wäre das Erfordernis kaum erfüllbar. So wird die Frage aufgeworfen, ob die Notwendigkeit einer Vorabkonsultation von Ethikkommissionen der nach Art. 5 Abs. 3 GG geschützten Wissenschaftsfreiheit genügend individuellen Raum ließe.[52] Ferner muss bezweifelt werden, ob die strafrechtliche Perspektive mit den ihr zugrundeliegenden dogmatischen Konzepten mit dem Ansatz ethischer Betrachtungsweisen überhaupt deckungsgleich ist.[53] Insbesondere da Gerichte nicht an die Auffassung von Ethikkommissionen gebunden sind, bliebe bei einem Handeln nach deren Empfehlungen teilweise nur die Möglichkeit des unvermeidbaren Verbotsirrtums.[54] Zudem dürfte auch ein wesentlicher Unterschied zwischen § 201a Abs. 1 StGB und §§ 202a ff. StGB zum Tragen kommen: Beim Eingriff in die höchstpersönliche Lebenssphäre dominieren persönlichkeitsrechtliche Nuancierungen mit stark ethischem Einschlag und Parallelen zum Datenschutzrecht, wodurch Einzelfallabwägungen unvermeidlich werden. Die Computerdelikte tangieren vielfach rein technische Abläufe: Auf eine persönlichkeitsrechtliche Relevanz der Daten kommt es gerade nicht an.[55]

Somit lässt sich festhalten, dass das StGB Wissenschaft und Forschung durchaus unter die Sozialadäquanz fasst. Eine Übernahme bereits bestehender Tatbestandsausschlussklauseln auch für die Computerdelikte hätte den Vorteil, dass bereits eine Entsprechung im StGB besteht. Problematisch ist allerdings das Abwägungserfordernis, wenn hierfür keine Kriterien und Referenzfälle als Leitschnur herangezogen werden können. Es hat sich noch keine obergerichtliche Rechtsprechung ausgebildet, die verlässliche Prognosen über eine zu erwartende strafrechtliche Beurteilung ermöglicht.[56]

bb) § 202d Abs. 3 S. 1 StGB

Einen weiteren Ansatzpunkt zur Privilegierung der IT-Sicherheitsforschung könnte § 202d Abs. 3 S. 1 StGB – zumindest in analoger Anwendung – bieten. Dieser entspricht § 184b Abs. 5 Nr. 3 StGB und sieht einen

---

[52] *Krüger/Sorge/Vogelsang* IRIS 2018, 529, 535.

[53] *Krüger/Sorge/Vogelsang* IRIS 2018, 529, 535.

[54] Dies wird bspw. im Medizinrecht diskutiert, vgl. *Müller-Terpitz,* in: Spickhoff (Hrsg.), 4. Aufl. 2022, ESchG § 3a Rn. 22; *Henking* ZRP 2012, 20, 21. Um die entsprechende Expertise für eine strafrechtliche Bewertung der Sach- und Rechtslage zu gewährleisten, müssten Kommissionen mindestens interdisziplinär und die Neutralität wahrend besetzt sein.

[55] *Graf,* in: MüKo-StGB (Fn. 10), § 202a Rn. 12.

[56] *Krüger/Sorge/Vogelsang* IRIS 2018, 529, 536.

Tatbestandsausschluss für Handlungen vor, die ausschließlich der Erfüllung rechtmäßiger dienstlicher oder beruflicher Pflichten dienen. Zum Teil wird in der Literatur unter diesen Begriff auch die Forschungsfreiheit subsumiert und diskutiert, ob diese als Privilegierung für den Bereich der IT-Sicherheitsforschung dienen kann.[57] In der Gesetzesbegründung wird allerdings von der „Durchführung eines konkreten Forschungsauftrags"[58] gesprochen, was wiederum auf eine konkrete Beauftragung etwa durch Unternehmen o.Ä. hindeutet. Voraussetzung sei zudem, dass mittels Forschungszielen und -methoden verdeutlicht werde, dass es sich wirklich um wissenschaftliche Forschung handele.[59] Insgesamt stellt die Norm stark auf eine Institutionalisierung ab. Geschützt wären demnach lediglich Personen, die eine Zugehörigkeit zu einer bestimmten Institution (Universitäten, Fachhochschulen etc.) nachweisen können. Ausgenommen davon wären freiberuflich Tätige bzw. ethische Hacker*innen, bei denen eine solche institutionelle Anbindung nicht vorliegt, die aber dennoch zur Förderung der IT-Sicherheit beitragen.

b) Behördliche Erlaubnis

Sicherheitsanalysen an Forschungseinrichtungen finden oftmals im Rahmen staatlich geförderter Forschungsprojekte statt. Insofern stellt sich die Frage, ob ein entsprechender Förderungsbescheid konkludent eine Befugnis zum Einsatz von Hackingmethoden sein kann. Steht ein Rechtsgut im öffentlichen Bereich zur Disposition der öffentlichen Gewalt, wirkt die Erlaubnis der zuständigen Behörde rechtfertigend oder kann bereits den Tatbestand ausschließen.[60] Besondere Aufgaben nimmt in Bezug zur IT-Sicherheit das Bundesamt für Sicherheit in der Informationstechnik (BSI) wahr, welches mitunter ebenfalls Forschungsaufträge vergibt.

aa) Staatlich geförderte Forschung

Forschungsprojekte im Bereich der IT-Sicherheit werden oftmals durch staatliche Stellen auf Bundes- oder Landesebene bewilligt bzw. explizit mit bestimmten Tätigkeiten beauftragt. Ob Forschenden damit eine Legitimation zum Hacken beliebiger Produkte und Systeme erteilt werden kann,

---

[57] *Krüger/Sorge/Vogelsang* Jusletter it 2018; *Fischer,* StGB, 70. Aufl. 2023, § 202d Rn. 11 i.V.m. § 184b Rn. 43; *Hörnle*, in: MüKo-StGB (Fn. 10), § 184b Rn. 51.

[58] BT-Drs. 12/4883, S. 8.

[59] *Hörnle*, in: MüKo-StGB (Fn. 10), § 184b Rn. 51.

[60] *Fischer,* StGB (Fn. 57), Vor § 32 Rn. 5; *Schlehofer*, in: MüKo-StGB, Bd. 1, 4. Aufl. 2020, Vor § 32 Rn. 235.

erscheint allerdings zweifelhaft. Behördliche Genehmigungen kommen bei der Beeinträchtigung von Gemeinschaftswerten in Betracht,[61] wobei der staatlichen Stelle auch die Dispositionsbefugnis zur Entscheidung über Individualrechtsgüter zukommen muss.[62] Eine Genehmigung zur Beeinträchtigung von Gemeinschaftswerten könnte zwar auch die Verletzung von Individualrechtsgütern decken, allerdings nur, wenn das betreffende Risiko bei der Entscheidungsfindung berücksichtigt wurde.[63] Grundsätzlich erfordert dies eine gesetzliche Ermächtigungsgrundlage.[64] Ist die Genehmigung verwaltungsrechtlich nicht an eine Form gebunden, könnte eine wirksame Zustimmung schon in einer behördlichen Duldung liegen oder konkludent erteilt werden.[65] Dies soll allerdings nur für eine „aktive" im Gegensatz zu einer „passiven" Duldung gelten, bei der die Behörde die Tätigkeit bloß hinnimmt und dabei untätig bleibt.[66] Für eine Genehmigung eines Eingriffs in die Datenverfügungsbefugnis von Dritten sind allerdings für die im Förderkontext besonders relevanten Akteur*innen, wie Bildungsministerien, keine derartigen Ermächtigungsgrundlagen ersichtlich.

bb) Beauftragung durch das Bundesamt für Sicherheit in der Informationstechnik (BSI)

§§ 7, 7a BSIG erlauben dem BSI im Rahmen seiner Aufgabenerfüllung die Untersuchung auf dem Markt bereitgestellter oder zur Bereitstellung auf dem Markt vorgesehener IT-Produkte und -Systeme sowie Warnungen gegenüber der Öffentlichkeit vor Sicherheitsrisiken. Die Norm wurde bewusst geschaffen, um etwaige Strafbarkeitsrisiken für Mitarbeiter des Amtes auszuschließen.[67] Gleichzeitig wurde die Zuständigkeit des BSI kontinuierlich erweitert. So umfasst § 3 Abs. 1 S. 2 BSIG auch Verbraucherschutz und Verbraucherinformation im Bereich der IT-Sicherheit (Nr. 14a) sowie Beratung, Information und Warnung der Hersteller*innen, Vertreiber*innen und Anwender*innen in derartigen Fragen

---

[61] *Schlehofer*, in: MüKo-StGB (Fn. 60), Vor § 32 Rn. 234.

[62] *Winkelbauer* NStZ 1988, 201.

[63] *Schlehofer*, in: MüKo-StGB (Fn. 60), Vor § 32 Rn. 240; *Heine* NJW 1990, 2425, 2432.

[64] *Sternberg-Lieben*, in: Schönke/Schröder (Fn. 38), Vor §§ 32 ff. Rn. 61.

[65] *Schlehofer*, in: MüKo-StGB (Fn. 60), Vor § 32 Rn. 243; *Winkelbauer* NStZ 1988, 201, 202.

[66] *Sternberg-Lieben*, in: Schönke/Schröder (Fn. 38), Vor §§ 32 ff. Rn. 62d; *Paeffgen/Zabel*, in: NK-StGB (Fn. 11), Vor §§ 32 ff. Rn. 205; *Heine* NJW 1990, 2425, 2434.

[67] BT-Drs. 18/4096, S. 25; *Schallbruch* CR 2018, 215, 218.

(Nr. 14). Das BSI kann sich hierbei gemäß § 7a Abs. 1 S. 2 BSIG der Unterstützung von Dritten bedienen, soweit berechtigte Interessen der Hersteller*innen der betroffenen Produkte und Systeme dem nicht entgegenstehen. Interessenkonflikte durch Beauftragung von Konkurrent*innen sind zu vermeiden.[68] Zudem kann die Berücksichtigung schutzwürdiger Interessen die Verpflichtung des Dritten zur Wahrung von Vertraulichkeit implizieren.[69] Für welche Produkte das BSI eine Untersuchung veranlasst, liegt in seinem Ermessen. Mit Hinblick auf die Warn- und Beratungspflichten des BSI wird argumentiert, dass Untersuchungen bei konkreten Sicherheitsbedenken gegen Produkte, welche insbesondere in den Bereichen der Bundesverwaltung und der kritischen Infrastrukturen eingesetzt werden, geboten erscheinen.[70] Somit liegt auch hier nur eine punktuelle Möglichkeit der behördlichen Erlaubnis vor, welche nicht dazu bestimmt ist, sämtliche Forschungsbereiche der IT-Sicherheitsforschung abzudecken.

5. Zwischenergebnis

Die objektiven und subjektiven Tatbestandsmerkmale des § 202a Abs. 1 StGB führen nicht bzw. nur in sehr vereinzelten Fällen zu einer Straffreiheit für Sicherheitsforschende und ethische Hacker*innen. Die analoge Anwendung der im StGB vorhandenen Tatbestandsausschlüsse für Wissenschaft und Forschung ist ebenfalls nicht tragfähig. Zunächst ist zweifelhaft, ob eine planwidrige oder beabsichtigte Regelungslücke besteht. Des Weiteren knüpfen die Begriffe eher an die institutionelle Organisation an; für die Konkretisierung der Sozialadäquanz bzw. überwiegender berechtigter Interessen fehlen bisher Präzedenzfälle als Orientierungspunkte. Insgesamt erscheinen die einzelnen Normen (insbesondere §§ 201a Abs. 4, 202d Abs. 3 StGB) nicht als geeignet für eine analoge Anwendung auf die IT-Sicherheitsforschung. Zwar könnte die Beauftragung von Sicherheitsforschenden durch das BSI als behördliche Erlaubnis die Befugnis zur Durchführung von Sicherheitstests gewähren. Allerdings wird dies nicht sämtliche Forschungsbereiche der IT-Sicherheitsforschung abdecken, insbesondere wenn diese proaktiv außerhalb der Auftragsforschung erfolgt.

---

[68] BT-Drs. 18/4096, S. 25.

[69] BT-Drs. 18/4096, S. 25.

[70] *Schallbruch* CR 2018, 215, 218.

III. Rechtfertigung für Sicherheitstests zur Aufdeckung von Sicherheitslücken?

Die Sicherheitsforschung könnte sich i.R.d. rechtlich Erlaubten bewegen, wenn sich eine Rechtfertigung aus dem Strafrecht oder aus dem Zivil- bzw. Datenschutzrecht ergibt.

1. Strafrechtliche Rechtfertigungsgründe

a) Notwehr/Nothilfe

Befinden sich ausnutzbare Sicherheitslücken in Produkten oder Systemen, kann es durch einen Hackerangriff zu einem Datenabfluss kommen, welcher die Privat- oder Betriebssphäre der Nutzenden betrifft. Das Recht auf informationelle Selbstbestimmung und das Recht auf Integrität und Vertraulichkeit informationstechnischer Systeme sind notwehr- und nothilfefähig.[71] Dabei gilt zu bedenken, dass Sicherheitsforscher*innen auch Rechtsgüter von potentiell betroffenen Drittnutzenden schützen, da das gefährdete Rechtsgut nicht der Täter*in selbst zustehen muss.[72]

Als Rechtfertigung nach § 32 StGB erschiene zwar eine „digitale Trutzwehr" gegen aktuell von einem Zielsystem ausgehende Cyberangriffe grundsätzlich denkbar.[73] Vorsorgemaßnahmen zur Schließung von Sicherheitslücken sind allerdings nicht erfasst, da es hier an der Gegenwärtigkeit eines rechtswidrigen Angriffs fehlt.[74]

b) Notstand

aa) Notstandslage

Die Existenz ausnutzbarer Sicherheitslücken kann aber eine Notstandslage begründen, da kaum absehbar ist, ob und wann die Lücke zu einem Schadensereignis durch eine Cyberattacke führt. Gerade dieser Konstellation widmet sich die proaktive Sicherheitsforschung, die in bisher unauffälligen Produkten und Systemen nach Schwachstellen forscht, die ein Eindringen, Manipulationen und/oder Datenabrufe von außen zulassen, und damit eine Gefahr für die Rechtsgüter der Nutzer*innen wie auch der

---

[71] OLG Düsseldorf, Beschluss v. 15.10.1993 – 2 Ss 175/93 – 65/93 II, Rn. 5 ff.; *Ronellenfitsch* DuD 2008, 110, 113.

[72] *Fischer*, StGB (Fn. 57), § 34 Rn. 5; BGH, Urteil v. 5.7.1988 – 1 StR 212/88, Rn. 12; OLG Naumburg, Urteil v. 22.2.2018 – 2 Rv 157/17, Rn. 20.

[73] *Golla* JZ 2021, 985, 987.

[74] *Golla* JZ 2021, 985, 988.

Betreiber*innen darstellen. Im Gegensatz zur Notwehr ist eine Notstandslage gegenwärtig i.S.d. § 34 StGB bei Vorliegen einer Dauergefahr („*Ticking-Time-Bomb-Situationen*").[75] Kann es wegen Sicherheitsmängeln jederzeit zu einem Schadenseintritt kommen, weil Kriminelle die Sicherheitslücke ausnutzen könnten, ist eine das Notstandsrecht auslösende gegenwärtige Dauergefahr gegeben.[76]

bb) Notstandshandlung

Die tatbestandsmäßige Handlung muss geeignet, erforderlich und angemessen sein, um die Gefahr abzuwenden. Zunächst könnte bei Forschungsmaßnahmen bereits an der Eignung gezweifelt werden. Ein rechtfertigender Notstand käme in Betracht, wenn es den Sicherheitsforscher*innen durch die tatbestandsmäßige Handlung gelänge, eine Sicherheitslücke zu schließen und dadurch konkrete Gefährdungen abzuwenden.[77] Hierfür sind sie aber regelmäßig auf die Mitwirkung der Produkt- bzw. Sicherheitsverantwortlichen angewiesen. In Kombination mit einer CVD wäre die Maßnahme nicht von Anfang an völlig nutzlos und böte mehr als eine nur ganz unwesentliche Erhöhung der Rettungschance.[78] Sofern die erfolgreiche Abwendung der Gefahr nicht ganz unwahrscheinlich ist, kann bereits von der Eignung ausgegangen werden.[79] Im Rahmen der Erforderlichkeit ist abzuwägen, ob relativ mildere Mittel bestehen.[80]

Mit der größten Unsicherheit behaftet ist die Feststellung der Angemessenheit, die eine Interessenabwägung erfordert. Hierbei werden insbesondere der Rang der betroffenen Rechtsgüter, der Grad der ihnen drohenden Gefahren, das Bestehen besonderer Verantwortlichkeiten sowie ein etwai-

---

[75] BGH, Urteil v. 25.3.2003 – 1 StR 483/02 = BGHSt 48, 255, Rn. 23; BGH, Urteil v. 15.5.1979 – 1 StR 74/79; OLG Naumburg, Urteil v. 22.2.2018 – 2 Rv 157/17, Rn. 21; *Erb*, in: MüKo-StGB (Fn. 60), § 34 Rn. 81; *Heger*, in: Lackner/Kühl/Heger (Fn. 9), § 34 Rn. 2.

[76] OLG Düsseldorf, Urteil v. 25.10.2005 – 5 Ss 63/05 – 33/05 I, Rn. 14 zu Sicherheitsmängeln an einem Flughafen; *Brodowski* it (Fn. 21), 357, 362; a.A. wohl *Böhlke/Yilmaz* CR 2008, 261, 265; bezweifelnd, dass der Fall des OLG Düsseldorf auf noch unbekannte IT-Sicherheitslücken anwendbar ist: *Kipker/Rockstroh* ZRP 2022, 240, 241.

[77] *Golla* JZ 2021, 985, 988.

[78] Vgl. zur Eignung: *Erb*, in: MüKo-StGB (Fn. 60), § 34 Rn. 91; OLG Naumburg, Urteil v. 22.2. 2018 – 2 Rv 157/17, Rn. 23.

[79] *Fischer*, StGB (Fn. 57), § 34 Rn. 10; *Perron* in: Schönke/Schröder (Fn. 38), § 34 Rn. 18 ff.

[80] *Wagner* PinG 2020, 66, 73.

ges Mitverschulden gegeneinander abgewogen und die sozialethische Dimension der Notstandshandlung bewertet.[81] Dass die Gefahrverursacher*in eher Beeinträchtigungen eigener Rechte hinnehmen muss als Dritte, die an der Gefahrverursachung nicht beteiligt waren, erscheint sachgerecht.[82] Zu bedenken gilt auch, dass höchstpersönliche Güter einer Vielzahl potentiell betroffener Produkt- bzw. Systemnutzenden den primär wirtschaftlichen Interessen der Produktherstellenden übergeordnet sein können.[83]

Bei proaktiven Sicherheitsanalysen an vernetzten Produkten, bei denen sowohl Daten der Herstellenden, Betreibenden als auch Nutzenden betroffen sein könnten, kann zwischen lang- und kurzfristigen Interessen differenziert werden: Die Analyse selbst könnte in das Recht auf informationelle Selbstbestimmung und das Recht auf Integrität und Vertraulichkeit informationstechnischer Systeme der Nutzenden und bereitstellenden Unternehmen (soweit über Art. 19 Abs. 3 GG einschlägig) eingreifen. Auf lange Sicht soll aber gerade der Schutz dieser Grundrechte durch die Stärkung der IT-Sicherheit gestärkt werden.

Insgesamt kann die Gefahr der kriminellen Ausnutzung der Sicherheitslücke durch eine Aufdeckung und anschließende Veröffentlichung sowohl sinken als auch steigen.[84]

Wird die Sicherheitslücke nach der Meldung geschlossen, konnte die Gefahr abgewendet werden. Besteht keine rechtliche Verpflichtung der Produkthersteller*in, die Sicherheitslücke zu schließen,[85] ist ein Erfolg der Meldung aber nicht gewährleistet. Basierend auf langjährigen Erfahrungen hat sich daher die Fristsetzung zur Veröffentlichung der Information und damit der Warnung der Öffentlichkeit etabliert, auch um eine gewisse Zwangswirkung auf Hersteller*innen auszuüben, zeitnah Software-Aktualisierungen (Patches) bereitzustellen.[86]

Erfolgt hingegen keine Reaktion der für das Produkt verantwortlichen Stelle und wird die Information veröffentlicht, dient dies zwar dazu, dass von der Schwachstelle betroffene Personen Sicherheitsmaßnahmen ergrei-

---

[81] *Heger*, in: Lackner/Kühl/Heger (Fn. 9), § 34 Rn. 6; *Erb*, in: MüKo-StGB (Fn. 60), § 34 Rn. 105.

[82] OLG Naumburg, Urteil v. 22.2.2018 – 2 Rv 157/17, Rn. 26.

[83] Vgl. zum Rangverhältnis: *Erb*, in MüKo-StGB (Fn. 60), § 34 Rn. 112; *Perron*, in: Schönke/Schröder (Fn. 38), § 34 Rn. 23; *Fischer*, StGB (Fn. 57), § 34 Rn. 12 ff.

[84] *Brodowski* it (Fn. 21), 357, 362.

[85] Vgl. *Rockstroh/Kunkel* MMR 2017, 77, 81.

[86] *Schneier* SCIENCE 336 (2012) 1527, 1528; vgl. auch *Li u.a.*, in: Proceedings of the 25th USENIX Security Symposium 2016, S. 1033, 1046.

fen können.[87] Allerdings erfahren auch potentielle Angreifer*innen so von der Existenz der Schwachstelle.[88] Problematisch wird die Offenlegung, wenn diese Kriminellen Angriffsmöglichkeiten aufzeigt, ohne dass die Nutzer*innen effektiv Schutzmaßnahmen ergreifen können. Im Rahmen eines CVD-Prozesses sollte daher berücksichtigt werden, ob Bemühungen zur Schließung der Sicherheitslücke erfolgen, ob Selbstschutzmaßnahmen betroffener Nutzer*innen möglich sind und ob die Veröffentlichung selbst eine eigenständige Gefahr verursacht. Alternativ können Meldestellen wie das BSI/CERT Bund einbezogen werden.[89]

cc) Rechtfertigungswille

Da Sicherheitsforscher*innen regelmäßig erst nach Sicherheitslücken suchen, ohne bereits deren Existenz oder Kritikalität zu kennen, erscheint das Vorliegen des Notstandswillens fraglich. Sicherheitsforscher*innen müssten die Tatsachen bekannt sein, welche die Tat rechtfertigen – bloße Vermutungen einer Gefahrenlage sollen dagegen nicht ausreichen.[90] Dagegen dürfte die Dokumentation bereits bekannter Sicherheitsgefahren zulässig sein.[91]

Für die IT-Sicherheitsforschung dürfte diese Rechtfertigung daher eher die Ausnahme denn die Regel sein. Sie birgt zudem weitreichende Rechtsunsicherheit, da zunächst die für die Geeignetheit, Erforderlichkeit und Angemessenheit wesentlichen Kriterien zu erforschen wären.

2. Zivilrechtliche Rechtfertigung

a) Geschäftsführung ohne Auftrag

Der primäre Anwendungsfall der Geschäftsführung ohne Auftrag (GoA) ist die Führung eines Geschäfts, so wie es das Interesse der Geschäftsherr*innen mit Rücksicht auf deren wirklichen oder mutmaßlichen Willen erfordert (§ 677 BGB). Dieser Wille wird bei *proaktiven* Sicherheitsanalysen oftmals nicht ermittelt, da die Wahrscheinlichkeit einer positiven

---

[87] *Householder/Wassermann/Manion/King*, The CERT Guide to Coordinated Vulnerability Disclosure, 2017, S. 4.

[88] *Brodowski* it (Fn. 21), 357, 362.

[89] Das BSI stellt hierfür ein Onlineformular für Schwachstellen und Sicherheitslücken bereit: https://www.bsi.bund.de/DE/IT-Sicherheitsvorfall/IT-Schwachstellen/Online_Meldung_Schwachstellen/schwachstellenmeldung_node.html.

[90] OLG Naumburg, Urteil v. 22.2.2018 – 2 Rv 157/17, Rn. 30.

[91] Vgl. OLG Naumburg, Urteil v. 22.2.2018 – 2 Rv 157/17, Rn. 30.

Rückmeldung erfahrungsgemäß als gering einzustufen ist (s. II.1.).[92] Handelt die Täter*in zwar gegen bzw. ohne den Willen der oder des Datenverfügungsberechtigten, erfüllt dabei aber eine im öffentlichen Interesse liegende Pflicht der eigentlich Verpflichteten, könnte eine *berechtigte GoA* das Strafunrecht gemäß § 679 BGB ausschließen.[93] Ein entgegenstehender Wille des oder der Geschäftsherr*in ist hier unbeachtlich, soweit diese*r einer Rechtspflicht unterliegt; allerdings muss der Wille der Geschäftsführer*in gegeben sein, in fremden Angelegenheiten tätig zu werden (Fremdgeschäftsführungswille).[94]

aa) Unbeachtlichkeit entgegenstehenden Willens: IT-Sicherheitstests als Rechtspflicht?

Erfüllen Datenverfügungsberechtigte als Rechtsgutsträger*innen eine Rechtspflicht privatrechtlicher oder öffentlich-rechtlicher Natur nicht, bei der ein gesteigertes, qualifiziertes öffentliches Interesse an der rechtzeitigen Erfüllung besteht, ist ein der Tathandlung potentiell entgegenstehender Wille unbeachtlich.[95] Ein qualifiziertes Interesse ist gegeben, wenn die Nichtvornahme Belange der Allgemeinheit bedroht.[96] Hingegen reicht ein bloß abstraktes Anliegen der Allgemeinheit nicht aus,[97] denn der Einbruch öffentlich-rechtlicher Gemeinwohlbelange in die Privatautonomie gebietet eine restriktive Auslegung.[98] Da bei IT-Sicherheitsanalysen gesuchte Schwachstellen zumeist noch nicht bekannt sind, müsste sich die Pflicht auf die Durchführung der Tests beziehen.

---

[92] *enisa*, Good Practice Guide on Vulnerability Disclosure, Nov. 2015, S. 53 f.

[93] Str., für einen Rechtfertigungsgrund: *Schroth* JuS 1992, 476, 477; *Schlehofer*, in: MüKo-StGB (Fn. 60), Vor § 32 Rn. 124; *Paeffgen/Zabel*, in: NK-StGB (Fn. 11), Vor §§ 32 ff. Rn. 157; befürwortend auch: *Heger*, in: Lackner/Kühl/Heger (Fn. 9), Vor § 32 Rn. 9; einschränkend auch *Sternberg-Lieben*, in: Schönke/Schröder (Fn. 38), Vor §§ 32 ff. Rn. 55.

[94] *Mansel*, in: Jauernig, 18. Aufl. 2021, BGB, § 677 Rn. 3 ff.

[95] *Gehrlein*, in: BeckOK-BGB, 64. Ed. (1.11.2022), § 679 Rn. 3. Dabei muss es sich um eine Rechtspflicht aus Gesetz oder Vertrag handeln, die erfüllbar, fällig und durchsetzbar ist: *Schäfer*, in: MüKo-BGB, Bd. 6, 9. Aufl. 2023, § 679 Rn. 8.

[96] Dies ist in jedem Fall bei Gefährdung absoluter Rechtsgüter wie Leben, Gesundheit oder wichtiger Sachgüter gegeben, vgl. AG Frankfurt, Urteil v. 5.1.1990 – 31 C 4029/89 – 16, Rn. 27.

[97] Vgl. BGH, Urteil v. 15.12.1954 – II ZR 277/53 –, BGHZ 16, 12, Rn. 10; BGH, Urteil v. 18.7.2014 – V ZR 30/13, Rn. 6.

[98] *Schäfer*, in: MüKo-BGB (Fn. 95), § 679 Rn. 2.

(1) Datenschutzrechtliche Pflicht zu IT-Sicherheitstests (Art. 32 Abs. 1 Buchst. d DSGVO)

Die Datensicherheit stellt eines der grundlegenden Prinzipien des Datenschutzes nach Art. 5 Abs. 1 Buchst. f DSGVO dar und wird in Art. 32 DSGVO konkretisiert. Hierzu zählt gem. Buchst. d auch ein angemessenes Schutzniveau durch geeignete Maßnahmen, etwa „ein Verfahren zur regelmäßigen Überprüfung, Bewertung und Evaluierung der Wirksamkeit der technischen und organisatorischen Maßnahmen zur Gewährleistung der Sicherheit der Verarbeitung" vorzusehen. Übersetzt wird diese Vorgabe u.a. mit der regelmäßigen Durchführung von Pen-Tests, um die Effektivität von Sicherheitsmechanismen zu evaluieren.[99] Die Norm ist nur einschlägig bei der Verarbeitung personenbezogener Daten. Verpflichtet sind zudem nur der oder die Verantwortliche i.S.d. Art. 4 Nr. 7 DSGVO sowie Auftragsverarbeiter*innen i.R.v. Art. 28 DSGVO.[100]

Sofern die Hersteller*in des Produkts oder Systems, das von Forschenden IT-Sicherheitstests unterzogen wird, personenbezogene Daten verarbeitet, besteht eine Rechtspflicht zur Umsetzung der Pflichten nach Art. 32 DSGVO. Grundsätzlich läge dann eine GoA-Konstellation vor. Liefert die Hersteller*in hingegen lediglich eine Software, treffen sie keine Pflichten aus der DSGVO.[101] Somit besteht nicht immer eine Fallkonstellation einer GoA.

Des Weiteren folgt Art. 32 DSGVO dem sog. risikobasierten Ansatz, d.h. dass sich die Auswahl und Umsetzung geeigneter Schutzmechanismen am jeweils individuell zu bestimmenden Risiko für die Rechte und Freiheiten der betroffenen Personen orientieren,[102] sodass ein relativer Maßstab besteht.[103] Um eine Risikoprognose erstellen zu können, dürfte

---

[99] *Hladjk*, in: Ehmann/Selmayr (Hrsg.), DS-GVO, 2. Aufl. 2018, Art. 32 Rn. 10; *Jandt*, in: Kühling/Buchner (Hrsg.), DS-GVO, 3. Aufl. 2020, Art. 32 Rn. 29; *Martini*, in: Paal/Pauly (Hrsg.), DS-GVO, 3. Aufl. 2021, Art. 32 Rn. 44; *Mantz*, in: Sydow/Marsch (Hrsg.), DS-GVO, 3. Aufl. 2022, Art. 32 Rn. 20; *Hansen*, in: Simitis/Hornung/Spiecker gen. Döhmann (Hrsg.), DSGVO, 1. Aufl. 2019, Art. 32 Rn. 56.

[100] *Piltz*, in: Gola/Heckmann (Hrsg.), DS-GVO, 3. Aufl. 2022, Art. 32 Rn. 7; *Jandt*, in: Kühling/Buchner (Fn. 99), Art. 32 Rn. 4; *Hansen*, in: Simitis/Hornung/Spiecker gen. Döhmann (Fn. 99), Art. 32 Rn. 15. Eine unmittelbare Wirkung für Hersteller entfaltet die Norm nicht, diskutiert werden lediglich mittelbare Pflichten über das Mängelgewährleistungsrecht: *Dümeland* K&R 2019, 22, 23.

[101] *Baumgartner/Gausling* ZD 2017, 308, 311; *Schuster/Hunzinger* CR 2017, 141, 146; *Dümeland* K&R 2019, 22, 24.

[102] Allgemein zum risikobasierten Ansatz: *Lang*, in: Taeger/Gabel (Hrsg.), DS-GVO, 4. Aufl. 2022, Art. 24 Rn. 31.

[103] *Bundesverband IT-Sicherheit e.V. (TeleTrusT)*, Handreichung zum „Stand der Technik", 2020, S. 9.

ein umfassender Blick auf die Konstruktions- und Funktionsweise der Software, die Kommunikationsschnittstellen und die damit orchestrierten Datenströme unabdingbar sein. Ob dies von außen bewertbar ist, erscheint zweifelhaft. Zudem dürfte nur in seltenen Fällen bekannt sein, inwiefern die Verantwortlichen ihren Datenschutzpflichten nachkommen.

(2) Vertragliche und/oder deliktische Pflichten zur Durchführung von Sicherheitstests

Produkthersteller*innen können deliktisch über §§ 1 ff. ProdHaftG, § 823 BGB und/oder vertraglich für Sicherheitslücken haften (je nachdem ob es sich um Kauf-, Miet-, Werk- oder typengemischte Verträge handelt nach §§ 433 ff., 535 ff., 633 ff. BGB). Im Verbraucherschutzbereich wurden mit der Umsetzung der Warenkauf-Richtlinie und Digitale-Inhalte-Richtlinie neue Regelungen geschaffen. Für Verbraucherverträge über digitale Produkte, Paketverträge sowie mit digitalen Produkten verbundene Waren gelten nach § 327f BGB Aktualisierungspflichten bei Verträgen über die dauerhafte Bereitstellung für den Bereitstellungszeitraum und in allen anderen Fällen für einen nach berechtigten Verbrauchererwartungen anhand objektiver Maßstäbe zu ermittelnden Zeitraum. Für Waren mit digitalen Elementen (insbesondere IoT-Produkte) sind fehlende Aktualisierungen als Sachmangel nach § 475b BGB geregelt, wobei sich der maßgebliche Zeitraum subjektiv nach dem Vertrag und objektiv nach Erwartbarkeit entsprechend Art und Zweck richtet. Auch wenn die Trennlinie zwischen den Produktkategorien sowie ausgenommener Telekommunikationssachverhalte nicht trivial ist und bei zunehmender Verschmelzung von körperlichen Sachen mit eingebetteter Software hybride Produkte vorliegen, dienen die Ansätze der §§ 327f und 475b BGB dem Ziel, die Erhaltung der Vertragsmäßigkeit, insbesondere im Hinblick auf Kompatibilität, Interoperabilität und Sicherheit durch funktionserhaltende Updates und Sicherheits-Updates auch über die bisherige Gewährleistungsfrist hinaus sicherzustellen.[104] Über den Stand der Technik hinausgehende Erwartungen waren bisher nicht objektiv berechtigt.[105] Aufgrund der technologischen Entwicklung kann der Stand der Technik im Erwerbszeitraum bereits in kurzer Zeit überholt sein. Mit den Aktualisierungspflichten verschiebt sich nun der Betrachtungszeitraum auf die Produktnutzungszeit.

---

[104] *Spindler* MMR 2021, 451; *Wendehorst*, in: Wendehorst/Zöchling-Jud (Hrsg.), Ein neues Vertragsrecht für den digitalen Binnenmarkt?, 2016, S. 45; *Dubovitskaya* MMR 2022, 3; *Felsch/Kremer/Jacoby* MMR 2022, 18.

[105] BGH, Urteil v. 4.3.2009 – VIII ZR 160/08, Rn. 11.

Im Zuge der Novellierung wurde der Mangelbegriff im Kaufrecht insgesamt modernisiert. Neu ist die explizite Aufnahme von Faktoren wie Funktionalität, Kompatibilität, Interoperabilität und Sicherheit. Anders als die verbraucherschützenden Regelungen mit Dauercharakter bezieht sich die klassische Sachmangelhaftung nur auf den Zeitpunkt der Übergabe der Kaufsache.

Das Deliktsrecht ist nicht in sämtlichen Fällen von Sicherheitslücken einschlägig.[106] Im Hinblick auf die Missachtung der gebotenen Sorgfalt muss das Produkt die Sicherheit bieten, die in diesem Sektor nach herrschender Verkehrsauffassung erforderlich ist und i.R.e. zumutbaren Aufwands bleibt.[107] Das Sicherheitsniveau hängt einerseits von den berechtigten Sicherheitserwartungen des gefährdeten Benutzerkreises ab und andererseits vom neuesten Stand der Technik zum Zeitpunkt des Inverkehrbringens des Produkts.[108] Somit gilt ein relativer Maßstab.[109] Auch die Nichteinhaltung von Normen und Regelwerken wie DIN und ISO-Normen kann nur als Indiz herangezogen werden.[110] Da Sicherheitsanalysen zur Weiterentwicklung des Stands der Technik beitragen, sind durchaus Fälle denkbar, in denen Zero-Day-Schwachstellen nicht als haftungsbegründende Produktmängel zu bewerten wären. Zudem betrifft das ProdHaftG den Zeitpunkt des Inverkehrbringens.[111] Dagegen betrifft das richterrechtlich aus § 823 Abs. 1 BGB gebildete Konstrukt der Produktbeobachtungspflicht die gesamte Lebensdauer des Produkts. Hersteller*innen sind verpflichtet, auf Kundenrückmeldungen zu reagieren sowie zugängliche Literatur und Erkenntnisquellen auszuwerten, um mögliche Defekte, die sich erst im Einsatz zeigen, zu erkennen.[112] Den Hersteller*innen wird ein Ermessensspielraum zugestanden, das Sicherheitsproblem über eine öffentliche War-

---

[106] Zur Reichweite: *Wagner* PinG 2020, 66, 76.

[107] BGH, Urteil v. 5.2.2013 – VI ZR 1/12 –, Rn. 14; BGH, Urteil v. 16.6.2009 – VI ZR 107/08, BGHZ 181, 253 Rn. 12.

[108] *Rockstroh/Kunkel* MMR 2017, 77, 79; an dieser Stelle darf der Stand der Technik allerdings nicht mit Branchenüblichkeit verwechselt werden: BGH, Urteil v. 16.6.2009 – VI ZR 107/08, BGHZ 181, 253 Rn. 16: „die in der jeweiligen Branche tatsächlich praktizierten Sicherheitsvorkehrungen können durchaus hinter [...] den rechtlich gebotenen Maßnahmen zurückbleiben".

[109] *Rockstroh/Kunkel* MMR 2017, 77, 80; BGH, Urteil v. 16.6.2009 – VI ZR 107/08, BGHZ 181, 253 Rn. 18.

[110] OLG Karlsruhe, Urteil v. 10.10.2001 – 7 U 117/99, Rn. 31 ff.; OLG Hamm, Urteil v. 19.1.2000 – 3 U 10/99 –, Rn. 34.

[111] Vgl. § 1 Abs. 2 Nr. 1, 2, 4 und 5 ProdHaftG.

[112] *Rockstroh/Kunkel* MMR 2017, 77, 80; *Spindler* CR 2015, 766, 769; *Gomille* JZ 2016, 76, 80; BGH, Urteil v. 17.10.1989 – VI ZR 258/88 = NJW 1990, 906, 907.

nung oder die Bereitstellung eines Patches zu lösen.[113] Ob und in welchem Umfang die Produktbeobachtungspflicht auch Sicherheitsüberprüfungen umfasst, dürfte von bereichsspezifischen Regeln bestimmter Produktkategorien[114] sowie dem vom Produkt ausgehenden Risiko abhängen.

Insofern bleiben einige Fragen offen, inwieweit im Einzelfall Pflichten zur Durchführung von IT-Sicherheitstests abgeleitet werden können, welche i.R.e. GoA von Forschenden bzw. ethischen Hacker*innen durchgeführt werden könnten.

(3) § 6 Abs. 3 Nr. 1 ProdSG

Das ProdSG enthält allgemeine Sicherheitsanforderungen für auf dem Markt bereitgestellte Produkte.[115] Demnach darf ein Produkt – sofern es nicht bereits einer speziellen Rechtsverordnung unterliegt – nach § 3 ProdSG die Sicherheit und Gesundheit von Personen bei bestimmungsgemäßer und vorhersehbarer Verwendung nicht gefährden.[116] Von einem Produkt i.S.d. § 2 Nr. 22 ProdSG wird Software in verkörperter Form, bspw. als Komponente integriert, in IoT-Produkte erfasst.[117] Gemäß § 6 Abs. 3 Nr. 1 ProdSG sind an Verbraucherprodukten Stichproben durchzuführen. Der Umfang dieser Prüfpflicht hängt vom Risikograd sowie der Risikovermeidungsmöglichkeiten ab.

bb) Nichterfüllung der Rechtspflicht

Die GoA setzt voraus, dass die eigentlich verpflichtete Person (Geschäftsherr*in) die Rechtspflicht nicht erfüllt hat. Eine bloß mangelhafte Erfüllung soll für § 679 BGB nicht ausreichen.[118] Problematisch wird der Nachweis der Nichterfüllung bei Bestehen von Ermessensspielräumen.

Aufgrund des relativen Maßstabs im Hinblick auf die unterschiedlichen vorgestellten Pflichten zur IT-Sicherheit verbleiben erhebliche Entschei-

---

[113] *Spindler* NJW 2004, 3145, 3147; *Gless/Janal* JR 2016, 561, 569; *Rockstroh/Kunkel* MMR 2017, 77, 81.

[114] So bspw. i.R.d. Zulassung vernetzter und autonomer Fahrzeuge die UNECE Regeln 155 und 156 zur Umsetzung eines Cyber Security Management Systems sowie Software Update Management System.

[115] *Häberle*, in: Erb/Kohlhaas, Strafrechtliche Nebengesetze, 243. EL (August 2022), ProdSG § 3 Rn. 1.

[116] *Klindt*, in: Klindt (Hrsg.), ProdSG, 3. Aufl. 2021, § 3 Rn. 22 ff.; *Häberle*, in: Erb/Kohlhaas (Fn. 115), ProdSG § 3 Rn. 3.

[117] *Rockstroh/Kunkel* MMR 2017, 77, 81; *Klindt/Schucht*, in: Klindt (Fn. 116), § 2 Rn. 164.

[118] *Schäfer*, in: MüKo-BGB (Fn. 95), § 679 Rn. 5.

dungsspielräume.[119] Auch die Frage, ob und wie die Öffentlichkeit informiert wird, liegt grundsätzlich im Ermessen der oder des Verpflichteten.[120] Der Grundgedanke der Privatautonomie, wonach Ermessensentscheidungen den verpflichteten Rechtsgutsträger*innen nicht durch Dritte aufgedrängt werden dürfen, spricht somit gegen eine GoA.[121]

cc) Fremdgeschäftsführungswille

Die Geschäftsführer*in muss in dem Willen und mit dem Bewusstsein handeln, nicht nur ein eigenes, sondern gleichzeitig auch ein fremdes Geschäft zu besorgen.[122] Dieser Fremdgeschäftsführungswille muss nach außen erkennbar werden.[123] Das Tätigwerden eine*r IT-Sicherheitsforscher*in dürfte daher nicht im Eigeninteresse liegen, sondern etwa, um die Allgemeinheit zu warnen.

dd) Zwischenergebnis

Neben den geäußerten Bedenken und individuellen Grenzen der Rechtspflichten ist auch zu bedenken, dass aus einer berechtigten GoA eine Pflicht zum finanziellen Ausgleich der Geschäftsführungskosten folgt. Insofern stellt sich die Frage, ob sich Produkt- bzw. Systemverantwortliche externe IT-Sicherheitstests mit der Rechtsfolge einer Vergütungspflicht quasi aufdrängen lassen müssten. Dies erscheint bei vollständiger Nichterfüllung der Rechtspflicht durchaus sachgerecht. Dann müsste der/die Geschäftsherr*in Tests durch unabhängige Dritte sowohl dulden als auch entlohnen. Praktisch wird dies aber von außen kaum nachprüfbar sein. Ergreift der/die Geschäftsherr*in hingegen als „angemessen" einzustufende Maßnahmen unter Berücksichtigung des Stands der Technik und verbleiben nichtsdestotrotz Sicherheitslücken, wäre fraglich, ob auch ohne Ansehung der Kritikalität einer Sicherheitslücke eine Kostentragungspflicht Gerechtigkeitserwägungen standhält. Denn IT-Sicherheit ist selten hundertprozentig erreichbar, sondern bezieht sich regelmäßig auf einen als vertretbar zu bewertenden Schwellwert.[124] Insgesamt verbleibt es eine

---

[119] Vgl. *Piltz*, in: Gola/Heckmann (Fn. 100), Art. 32 Rn. 11.

[120] *Spindler*, Verantwortlichkeiten von IT-Herstellern, Nutzern und Intermediären, Studie im Auftrag des BSI, 2007, Rn. 130.

[121] Vgl. auch *Wagner*, Datenökonomie und Selbstdatenschutz, S. 476 ff.

[122] BGH, Urteil v. 15.12.1954 – II ZR 277/53, BGHZ 16 12 Rn. 4.

[123] BGH, Urteil v. 25.4.1991 – III ZR 74/90, BGHZ 114, 248 Rn. 11; BGH, Urteil v. 2.4.1998 – III ZR 251/96, BGHZ 138, 281 Rn. 25.

[124] *Takanen/Vuorijärvi/Laasko/Röning*, Ethics and Information Technology 2004, 93.

Frage des Einzelfalls und für eine Rechtfertigung sämtlicher Ausprägungen und Formen der Sicherheitsforschung ist es eher zweifelhaft, ob sich externe Sicherheitsforscher*innen bei proaktiven IT-Sicherheitstests fremder Produkte in tatsächlicher Hinsicht erfolgreich auf die GoA berufen können.

b) Vertragliche Ansprüche auf Mängelerforschung

Eine Pflicht zur Duldung eigenmächtiger IT-Sicherheitstests könnte aus vertragsrechtlichen Erwägungen folgen, wenn ein Anspruch besteht und der oder die Rechtsinhaber*in die Handlung vertragswidrig verwehrt.[125] Der vertragliche Anspruch müsste allerdings gerade auf die Duldung der rechtsgutsverletzenden Handlung des oder der Berechtigten gerichtet sein. Insofern wird grundsätzlich keine eigenmächtige Verwirklichung von Handlungspflichten der Gegenseite legitimiert. Es ließe sich diskutieren, ob eine Duldungspflicht der zur Mängelerforschung erforderlichen Maßnahmen aus einer vertraglichen Nebenpflicht i.S.d. § 241 Abs. 2 BGB herleitbar ist. Denn für die Geltendmachung von Mängelgewährleistungsrechten wäre zunächst ein Recht auf Mängelfeststellung notwendige Voraussetzung, sofern sich der Mangel nicht bereits in einem Schadensereignis offenbart. Interessant in diesem Zusammenhang ist die Aufnahme des Merkmals „Sicherheit" in den Bereich der objektiven Anforderungen nach § 434 Abs. 3 S. 2 BGB (zu Produktmängeln im Kaufrecht) sowie § 327e Abs. 3 Nr. 2 BGB (zu Produktmängeln digitaler Produkte im Verbraucherschutzrecht) im Hinblick auf die übliche Beschaffenheit.

Bei einem wirksamen Vertragsanspruch könnte die Rechtswidrigkeit der Handlung selbst dann ausgeschlossen sein, wenn der oder die Vertragspartner*in die Handlung vertragswidrig verwehrt.[126] Allerdings kann nicht jeder Vertragsanspruch eigenmächtig durchgesetzt werden. Das Zivilrecht sieht hierfür spezielle Not- und Selbsthilferechte vor (vgl. §§ 227 ff., 859, 904 BGB). Folglich müsste der vertragliche Anspruch gerade auf die Duldung der tatbestandsmäßigen Handlung gerichtet sein, da der bloße Vertragsanspruch keine Verletzung anderer Rechtsgüter, die bei einer gewaltsamen bzw. eigenmächtigen Durchsetzung betroffen wären,

[125] *Schlehofer*, in: MüKo-StGB (Fn. 60), Vor § 32 Rn. 124; *Sternberg-Lieben*, in: Schönke/Schröder (Fn. 38), Vor §§ 32 ff. Rn. 53; *Mitsch* NZV 2013, 417, 420; *Schlüchter* JR 1987, 309, 312; a.A. *Fahl* JR 2009, 100, 102.

[126] Vgl. *Schlehofer*, in: MüKo-StGB (Fn. 60), Vor § 32 Rn. 124; *Sternberg-Lieben*, in: Schönke/Schröder (Fn. 38), Vor §§ 32 ff. Rn. 53.

legitimieren kann.[127] Daher wird eine eigenmächtige Verschaffung eines Datenzugangs auch dann als „unbefugt" i.S.d. Strafrechts angesehen, wenn ein Auskunftsanspruch aus vertraglicher Verpflichtung zustehen sollte.[128] Ohnehin wären die Daten bereits „für den Täter bestimmt" und eine Strafbarkeit auf Tatbestandsebene ausgeschlossen, sofern sich die Erlaubnis zur Durchführung von IT-Sicherheitstests ausdrücklich aus dem Vertrag ergibt.

c) Erlaubnis zum Reverse Engineering

Ob die Anwendung von Methoden des Reverse Engineerings bei Software eine erlaubte Handlung zur Erlangung von Wissen sein soll, wurde kontrovers diskutiert.[129] Im Hinblick auf den Schutz von Geschäftsgeheimnissen besagt die Trade Secrets Richtlinie (EU) 2016/943 nun explizit, dass bei einem rechtmäßig erworbenen Produkt das Reverse Engineering als ein rechtlich zulässiges Mittel zum Erwerb von Informationen angesehen werden sollte, es sei denn, dass vertraglich etwas anderes vereinbart wurde (ErwG 16). Dagegen unterliegt das Dekompilieren – bei Computerprogrammen eine von vielen Formen des Reverse Engineering – im Urheberrecht sehr engen Schranken (§ 69e UrhG).

aa) Anwendungsbereich und Reichweite

(1) Geschäftsgeheimnis

Die neue Erlaubnis zum Reverse Engineering bezieht sich ausschließlich auf Geschäftsgeheimnisse. Dies sind Informationen, die geheim und deswegen von kommerziellem Wert sind, die Gegenstand von angemessenen Geheimhaltungsmaßnahmen sind sowie einem berechtigten Interesse an der Geheimhaltung unterliegen.[130]

(2) Erst-Recht-Schluss für sonstige Daten?

Es wäre schwer begründbar, warum sonstige Daten, welche nicht die Anforderungen an ein Geschäftsgeheimnis erfüllen, über das Strafrecht besser

---

[127] Vgl. *Mitsch* NZV 2013, 417, 421; *Sternberg-Lieben*, in: Schönke/Schröder (Fn. 38), Vor §§ 32 ff. Rn. 53; zur Frage einer zwangsweisen Durchsetzung: *Schlüchter* JR 1987, 309, 311.

[128] *Krischker* ZD 2015, 464, 467.

[129] Siehe bspw. zur alten Rechtslage: *Kamlah*, in: MüKo-UWG, Bd. 2, 3. Aufl. 2022, GeschGehG § 3 Rn. 9.

[130] Zur Definition: *Ohly* GRUR 2019, 441, 442; *Alexander* AfP 2019, 1, 4.

geschützt sein sollten als Geschäftsgeheimnisse, für welche die erlaubten Handlungen nach § 3 GeschGehG gelten.[131] Eine solche Differenzierung widerspräche dem jeweiligen Schutzbedürfnis. Zwar könnte § 3 GeschGehG i.S.d. Strafnormen einschränkend ausgelegt werden, sodass die Norm insgesamt keinen Einfluss auf die Strafbarkeit hätte. Dies widerspräche allerdings dem Ziel der Richtlinie, das Reverse Engineering EU-weit als rechtlich zulässiges Mittel anzuerkennen. Denn Überschneidungen wären regelmäßig zu befürchten. Über einen Erst-Recht-Schluss könnte § 3 GeschGehG dagegen auch auf sonstige Daten erweitert werden, sodass bei Erfüllung der Anforderungen insgesamt keine Strafbarkeitsrisiken drohen.

bb) Erlaubte Handlungen zur Erlangung von Geschäftsgeheimnissen

Reverse Engineering, umschrieben als „Beobachten, Untersuchen, Rückbauen oder Testen“, ist nach § 3 Abs. 1 Nr. 2 GeschGehG an Produkten und Gegenständen erlaubt, die (1) öffentlich verfügbar gemacht wurden oder (2) sich im rechtmäßigen Besitz des Handelnden befinden und dieser keiner Pflicht zur Beschränkung der Erlangung des Geschäftsgeheimnisses unterliegt.

(1) Überwindung einer Zugangssicherung

Mit dem „Rückbauen“ geht die Erlaubnis weiter als das eher passiv verstandene[132] Programmbeobachtungsrecht nach § 69d Abs. 3 UrhG. Da eine Information per Definition in § 2 Nr. 1 GeschGehG ohne „von den Umständen nach angemessenen Geheimhaltungsmaßnahmen“ kein Geschäftsgeheimnis ist, impliziert dies das Vorhandensein technisch-organisatorischer Maßnahmen. Hierzu zählen sowohl physische als auch digitale Zugangssicherungen.[133] Diese könnten auch als Zugangssicherung i.S.d. § 202a Abs. 1 StGB qualifiziert sein, da Schutzziel das Geheimhaltungsinteresse ist.[134] Dann würde die Erlangung eines Geschäftsgeheimnisses per Definition die Überwindung einer Zugangssicherung erfordern.

---

[131] Lediglich § 203 StGB soll ausweislich des § 1 Abs. 3 Nr. 1 GeschGehG vom Gesetz unberührt bleiben. Hier handelt es sich allerdings um Berufsgeheimnisträger*innen, die dem Schutz der Geheimsphäre des Einzelnen sowie dem Allgemeininteresse an der Verschwiegenheit der in Krankheit und Rechtsfragen helfenden Berufe verpflichtet sind. Im Umkehrschluss kann aus der Beschränkung auf § 203 StGB gefolgert werden, dass sonstige Strafnormen nicht in § 1 Abs. 3 Nr. 1 GeschGehG adressiert werden.

[132] BGH, Urteil v. 6.10.2016 – I ZR 25/15 – World of Warcraft I, Rn. 57.

[133] Beispiele bei: *Fuhlrott/Hiéramante*, in: BeckOK-GeschGehG, 14. Ed. (15.12. 2022), § 2 R. 35; *Dann/Markgraf* NJW 2019, 1774, 1776.

[134] *Wagner* PinG 2020, 66, 71.

(2) Datenveränderung

Fraglich ist, ob der Begriff des „Rückbauens“ mit den in § 303a Abs. 1 StGB genannten Tathandlungen des „Löschens, Unterdrückens, Unbrauchbarmachens oder Veränderns“ korrespondiert. *Spieker* will den Begriff des „Gegenstandes“ in Anlehnung an § 90 BGB als körperlichen Gegenstand verstanden wissen, womit unter „Rückbauen“ lediglich das Zerlegen der Sache in seine Einzelteile gemeint sein könne.[135] Der Ausnahmecharakter des Erlaubnistatbestands spreche zudem für eine enge Auslegung.[136] Anderseits findet sich an anderen Stellen des BGB auch der sonstige Gegenstand, der gerade nicht körperlich sein muss (vgl. § 453 BGB) sowie der Begriff des digitalen Produkts in §§ 327 ff. BGB. Zudem folgt die Begriffswahl der RL (EU) 2016/943. Produkte und Gegenstände sollten folglich körperlicher oder unkörperlicher Natur sein können und „Rückbauen“ alle informationsgewinnenden Handlungen einer planmäßigen Analyse bezeichnen.[137] Nach Ansicht *Alexanders* ist es zudem unerheblich, ob mit der Rückbauhandlung lediglich die Funktionsweise und/oder Gebrauchseigenschaften analysiert werden oder ob dabei auch in die Produkt- bzw. Gegenstandssubstanz eingegriffen, diese dauerhaft gebrauchsunfähig gemacht oder zerstört wird.[138] Dies überzeugt, sofern davon auszugehen ist, dass sich Produkt bzw. Gegenstand in den Händen des Rückbauenden befinden und keine Integritätsinteressen von Dritten tangiert sind.

Im Hinblick auf das Triangel-Verhältnis zwischen GeschGehG, UrhG und StGB bleibt allerdings zu konstatieren, dass die Regelungen einerseits mit dem Geheimhaltungsinteresse und andererseits mit dem Schutz des Integritätsinteresses unterschiedliche Schutzrichtungen verfolgen, womit fraglich bleibt, ob sich Begrifflichkeiten der Datenveränderung, des Rückbauens als Form des Reverse Engineerings und des Urheberrechts wie „Bearbeitung“, „Übersetzung“ und „andere Umarbeitungen“ in § 69c Abs. 2 UrhG aufeinander abbilden lassen.

---

135 *Fuhlrott/Hiéramante/Spieker*, in: BeckOK-GeschGehG (Fn. 133), § 3 Rn. 12; a.A. *Kamlah*, in: MüKo-UWG (Fn. 129), GeschGehG § 3 Rn. 8.

136 *Fuhlrott/Hiéramante/Spieker*, in: BeckOK-GeschGehG (Fn. 133), § 3 Rn. 12.

137 *Kamlah*, in: MüKo-UWG, (Fn. 129), GeschGehG § 3 Rn. 8; *Alexander*, in: Köhler/Bornkamm/Feddersen (Hrsg.), GeschGehG, 41. Aufl. 2023, § 3 Rn. 29.

138 *Alexander*, in: Köhler/Bornkamm/Feddersen (Fn. 137), § 3 Rn. 30.

cc) Vertragliche Einschränkbarkeit

Allerdings beschränkt das GeschGehG nicht das Immaterialgüterrecht.[139] Eine nach GeschGehG erlaubte Handlung könnte somit urheberrechtswidrig sein. Eine weitere Diskussion betrifft die vertragliche Einschränkbarkeit.[140] ErwG 16 RL (EU) 2016/943 erwähnt sowohl die Option abweichender vertraglicher Vereinbarungen als auch die Möglichkeit, die Freiheit zum Abschluss derartiger vertraglicher Vereinbarungen rechtlich zu beschränken. In § 3 Abs. 1 Nr. 2 GeschGehG wird differenziert zwischen Reverse Engineering an Produkten oder Gegenständen unter Buchst. a, die öffentlich verfügbar gemacht wurden, und in Buchst. b, die sich im rechtmäßigen Besitz des Handelnden befinden und dieser keiner Pflicht zur Beschränkung der Erlangung des Geschäftsgeheimnisses unterliegt. Während in Art. 3 Abs. 1 Buchst. b RL (EU) 2016/943 nicht klar wird, ob die Möglichkeit der vertraglichen Einschränkung beide Alternativen umfasst, spricht der Wortlaut der deutschen Umsetzung klar für eine Beschränkbarkeit nur im zweiten Fall des rechtmäßigen Besitzes.[141]

dd) Zwischenergebnis

Das Erfordernis der richtlinienkonformen Auslegung spricht dafür, § 3 GeschGehG keinesfalls i.S.d. Strafnormen oder des Urheberrechts eingeschränkt auszulegen, da andernfalls das Ziel der Erlaubnis des Reverse Engineerings nicht erreichbar erscheint. Allerdings bleiben auch hier viele Fragen offen. So gilt die Regelung unmittelbar nur für Geschäftsgeheimnisse. Sie sollte aber im Wege des Erst-Recht-Schlusses auch auf sonstige, § 202a Abs. 2 StGB unterfallenden Daten angewendet werden. Des Weiteren bleibt die Richtlinie im Hinblick auf die vertragliche Beschränkbarkeit unklar. Können Nutzungsbedingungen bzw. AGB Reverse Engineering oder Sicherheitsanalysen an rechtmäßig erworbenen Produkten rechtswirksam einschränken oder gänzlich ausschließen, würde dies die Zielstellung torpedieren, Reverse Engineering „als ein rechtlich zulässiges Mittel zum Erwerb von Informationen" anzusehen. Daher sollten sich der Me-

---

[139] BT-Drs. 19/4724, S. 25; *Ohly* GRUR 2019, 441, 447.

[140] *Ohly* GRUR 2019, 441, 447; *Kamlah*, in: MüKo-UWG (Fn. 129), GeschGehG § 3 Rn. 13 ff.; *Leister* GRUR-Prax 2019, 175, 176; *Alexander*, in: Köhler/Bornkamm/Feddersen (Fn. 137), § 3 Rn. 33a.

[141] *Alexander*, in: Köhler/Bornkamm/Feddersen (Fn. 137), § 3 Rn. 33a; *Drescher*, in: Hoeren/Sieber/Holznagel (Hrsg.), MMR-HdB, 58. EL (März 2022), Teil 7.9 Geheimnisschutz in der Informationsgesellschaft, Rn. 20; *Leister* GRUR-Prax 2019, 175, 176.

thoden des Reverse Engineerings bedienende IT-Sicherheitstests an rechtmäßig erworbenen Produkten oder Gegenständen, die öffentlich verfügbar gemacht wurden, nicht strafbar sein. Zur Schaffung von Rechtssicherheit wäre eine gesetzliche Klarstellung sinnvoll.

d) Ausnahmen für „Whistleblower"

IT-Sicherheitsforschende haben zum Ziel, auf Missstände in Form von Sicherheitslücken aufmerksam zu machen. Sie verfolgen damit regelmäßig eine ganz ähnliche Motivation im Interesse der Gesellschaft zu handeln wie „Whistleblower", die unterschiedlichste Formen von Fehlverhalten in Unternehmen oder Behörden aufdecken. Regelungen zum Schutz von „Whistleblowern" könnten daher auch für Sicherheitsforschende und ethische Hacker*innen zur Rechtfertigung proaktiver Sicherheitstests herangezogen werden.

aa) Sicherheitsforschende als „Whistleblower" im Sinne der „Whistleblower-Richtlinie"?

Zum 17.12.2021 war die Richtlinie (EU) 2019/1937 („Whistleblower-Richtlinie" – WBRL) umzusetzen. Es fällt grundsätzlich in den Anwendungsbereich der WBRL, wenn Verstöße gegen Unionsrecht in den Bereichen Produktsicherheit und -konformität, Verkehrssicherheit, Verbraucherschutz, Schutz der Privatsphäre und personenbezogener Daten sowie Sicherheit von Netz- und Informationssystemen gemeldet werden (Art. 2 Abs. 1 Buchst. a WBRL). Der Hinweisgeberschutz bezieht sich allerdings auf die Kenntniserlangung von Verstößen im beruflichen Umfeld (Art. 3 Abs. 1, ErwG 1 WBRL). Sie gilt für Beschäftigte und weitere Personen, die im öffentlichen oder im privaten Sektor tätig sind, selbst wenn das Arbeitsverhältnis bereits beendet ist oder noch nicht begonnen wurde. „Hinweisgeber" ist nach Art. 5 Nr. 7 WBRL „eine natürliche Person, die im Zusammenhang mit ihren Arbeitstätigkeiten erlangte Informationen über Verstöße meldet oder offenlegt." Dies impliziert die Eröffnung des Schutzbereichs bei Meldung bzw. Offenlegung von Verstößen des „eigenen" Arbeitgebers. Fraglich ist, ob auch beruflich tätige Sicherheitsforschende umfasst sind, die Verstöße *anderer* Stellen im öffentlichen oder privaten Sektor erkunden. Im Rahmen der Begriffsbestimmungen besagt Art. 5 Nr. 2 WBRL, dass sich „Informationen über Verstöße" auf solche Verstöße bezieht, „die in der Organisation, in der der Hinweisgeber tätig ist oder war, oder in einer anderen Organisation, mit der der Hinweisgeber aufgrund seiner beruflichen Tätigkeit im Kontakt steht oder stand" begangen wurden oder wahrscheinlich erfolgen werden. Somit wird mindestens ein bereits bestehender Kontakt vorausgesetzt.

Gemäß Art. 21 Abs. 3 WBRL können Hinweisgeber*innen nicht für die Beschaffung der oder den Zugriff auf Informationen, die gemeldet oder offengelegt wurden, haftbar gemacht werden, sofern die Beschaffung oder der Zugriff nicht als solche bzw. solcher eine eigenständige Straftat dargestellt haben. Folglich bietet die WBRL kein Argument für eine strafrechtliche Rechtfertigung. Allerdings können die Mitgliedstaaten nach Art. 25 WBRL für Hinweisgebende günstigere Bestimmungen erlassen und dürfen bei der Richtlinienumsetzung ein ggf. bereits bestehendes Schutzniveau nicht absenken. Im Regierungsentwurf des Hinweisgeberschutzgesetzes – HinSchG vom 27.7.2022 – sollen auch Verstöße gegen nationale Vorgaben erfasst werden. Dabei sollen mit der internen und externen Meldung zwei Meldesysteme etabliert werden, wobei für letztere unabhängige Meldestellen beim Bundesamt für Justiz eingerichtet werden sollen. Der persönliche Anwendungsbereich soll weit gesteckt werden: Es sollen alle Personen, die potentiell Kenntnis von einem Verstoß im beruflichen Umfeld erlangt haben können, erfasst werden, unabhängig davon, ob es sich um Arbeitnehmer*innen im engeren Sinne handelt.[142] Als weitere Personengruppen werden Selbstständige, Freiwillige und Organmitglieder genannt. Auch der „Zusammenhang mit der beruflichen Tätigkeit" sei weit zu verstehen und dann anzunehmen, wenn „laufende oder auch frühere berufliche Tätigkeiten betroffen sind und sich eine hinweisgebende Person Repressalien ausgesetzt sehen könnte, würde sie erlangte Informationen über Verstöße melden."[143] Trotz des Anliegens, „einen möglichst breiten Kreis von Personen" zu schützen, „unabhängig von der Art dieser Tätigkeit" und „ob diese vergütet wird oder nicht", wird nicht deutlich, ob auch ethische Hacker*innen sowie proaktive Sicherheitsanalysen von Sicherheitsforschenden tatsächlich erfasst sein könnten. Folglich scheinen nach derzeitigem Stand weder WBRL noch der HinSchG-Entwurf eine Grundlage dafür zu bieten, Sicherheitsforschende als Whistleblower einzustufen.

bb) Sicherheitsforschende als „Whistleblower" im Sinne des GeschGehG?

Im Bereich des Geschäftsgeheimnisschutzes enthält § 5 GeschGehG Ausnahmen, wobei für die Sicherheitsforschung besonders die Privilegierung

---

[142] RegE: Entwurf eines Gesetzes für einen besseren Schutz hinweisgebender Personen sowie zur Umsetzung der Richtlinie zum Schutz von Personen, die Verstöße gegen das Unionsrecht melden, vom 27.7.2022, S. 62.

[143] RegE-HinSchG (Fn. 142), S. 63.

des „Whistleblowers“ interessant ist. Gemäß § 5 Nr. 2 GeschGehG dürfen Geschäftsgeheimnisse erlangt und offengelegt werden, wenn dies zur Aufdeckung einer rechtswidrigen Handlung oder eines beruflichen oder sonstigen Fehlverhaltens erfolgt und die Handlung geeignet ist, das öffentliche Interesse zu schützen. Rein altruistisches Handeln wird nicht gefordert, jedoch sollte die Motivation auf einen Missstand hinzuweisen das Handeln leiten und ein hinreichender Anlass für die Annahme einer im öffentlichen Interesse liegenden Aufdeckung bestehen.[144] Ungeklärt ist, ob eine Verhältnismäßigkeitsprüfung zu fordern ist, da eine solche vom Wortlaut nicht explizit vorgeschrieben wird.[145] Zudem könnte in Anlehnung an die WBRL der personelle Anwendungsbereich auf den beruflichen Kontext und damit primär auf Arbeitnehmer*innen der Geschäftsgeheimnisinhaber*innen beschränkt sein.[146] Allerdings findet sich der Begriff des „Whistleblowers“ nicht in den Normen selbst, und ErwG 20 RL (EU) 2016/943 verweist lediglich auf „Whistleblowing-Aktivitäten“.

Im Hinblick auf den Begriff des beruflichen oder sonstigen Fehlverhaltens sollen bewusst auch Verstöße gegen berufsständische Normen sowie als unethisch einzustufende Aktivitäten und Verhaltensweisen erfasst werden, auch wenn diese nicht gegen Rechtsvorschriften verstoßen.[147] Der unbestimmte Rechtsbegriff „ethisch“ wird auf das Ethik-Verständnis der Allgemeinheit bezogen, wobei einer uferlosen Ausweitung des Ausnahmetatbestands durch die Forderung entgegengewirkt werden soll, ein Fehlverhalten erst bei nach Art und Schwere einem Rechtsverstoß oder einem beruflichen Fehlverhalten gleichstehender (Un-)Tätigkeit anzunehmen.[148] Insofern könnte je nach Schweregrad der damit verbundenen Risiken das Verschweigen einer gemeldeten oder gefundenen Sicherheitslücke in den Bereich des unethischen Fehlverhaltens ragen. Schwieriger wird die Bewertung bei sog. „Zero-Day-Lücken“, die gerade nicht bekannt sind, wo ein Fehlverhalten höchstens in einer mangelhaften Produktkontrolle liegen könnte.

---

144 BT-Drs. 19/4724, S. 29; BT-Drs. 19/8300, S. 14; *Ohly* GRUR 2019, 441, 448; kritisch: *Alexander* AfP 2019, 1, 8; *Hauck* WRP 2018, 1032, 1037.

145 *Ohly* GRUR 2019, 441, 449; *Alexander* AfP 2019, 1, 8.

146 *Hauck*, in: MüKo-UWG (Fn. 129), GeschGehG § 5 Rn. 10.

147 BT-Drs. 19/4724, S. 29. Unklar ist, ob auch Verstöße gegen privatautonom gesetzte Regelwerke und Selbstverpflichtungen erfasst sein sollen, befürwortend: *Alexander* AfP 2019, 1, 7.

148 *Hauck*, in: MüKo-UWG (Fn. 129), GeschGehG § 5 Rn. 17; *Alexander*, in: Köhler/Bornkamm/Feddersen (Fn. 137), GeschGehG § 5 Rn. 39a; *Fuhlrott/Hiéramente*, in: BeckOK-GeschGehG (Fn. 133), § 5 Rn. 26.

Neben der Offenlegung gegenüber der Allgemeinheit kann auch die Information der Rechtsgutsträger*innen dem öffentlichen Interesse dienen, wenn diese dadurch in die Lage versetzt werden, das Fehlverhalten zu beenden.[149] Bei einem CVD-Prozess würde zunächst der oder die Hersteller*in informiert, um Sicherheitslücken zu schließen, bevor eine Warnung an die Allgemeinheit folgt.[150]

Auch in diesem Kontext stellt sich wiederum die Problematik, dass die Regelung nur Geschäftsgeheimnisse adressiert. Umstritten ist, ob auch Informationen über rechtswidriges Verhalten[151] und über private Umstände mit Unternehmensbezug[152] als Geschäftsgeheimnis klassifiziert werden können. Würde die Rechtfertigung gerade die Erlangung und Offenlegung der ersten Kategorie ausklammern, wäre der Schutz des „Whistleblowers“ lückenhaft. Des Weiteren würden nicht werthaltige[153] Daten die Kriterien eines Geschäftsgeheimnisses nicht erfüllen. Greift das GeschGehG nicht, bliebe stets die Gefahr, dass das Handeln über §§ 202a ff. StGB strafbar ist. Daher erscheint es vorzugswürdig, § 5 GeschGehG weit auszulegen und auch für sonstige Daten als Rechtfertigungsgrund im Strafrecht anzuwenden.[154] Dagegen wird eingewendet, dass § 5 GeschGehG gerade nicht den umfassenden Schutz der Hinweisgeber*innen bezwecke, sondern nur sicherstellen solle, dass der Geschäftsgeheimnisschutz dem „Whistleblowing“ nicht entgegensteht.[155]

cc) Zwischenergebnis

Der Gedanke des Schutzes von „Whistleblowern“ ist zwar grundsätzlich auch auf die Tätigkeit der Entdeckung, Meldung und Offenlegung von Sicherheitslücken übertragbar, die Schutzregelungen sowohl nach WBRL, der geplanten Umsetzung nach HinSchG als auch GeschGehG erfassen al-

---

[149] BT-Drs. 19/4724, S. 29.

[150] *Brodowski* it (Fn. 21), 357, 363; *enisa* (Fn. 92), S. 24.

[151] *Alexander* AfP 2019, 1, 4 f.; *Hauck* WRP 2018, 1032, 1033; *Dann/Markgraf* NJW 2019, 1774, 1776; vgl. auch ErwG 14 RL (EU) 2016/943 sowie § 3 Nr. 1 Buchst. c) GeschGehG; zur Mindermeinung unter der alten Rechtslage: *Rützel* GRUR 1995, 557.

[152] *Alexander* AfP 2019, 1, 5.

[153] BT-Drs. 19/4724, S. 24: „Eine Information besitzt wirtschaftlichen Wert, wenn ihre Erlangung, Nutzung oder Offenlegung ohne Zustimmung des Inhabers dessen wissenschaftliches oder technisches Potenzial, geschäftliche oder finanzielle Interessen, strategische Position oder Wettbewerbsfähigkeit negativ beeinflussen.“ Die Definition eines Geschäftsgeheimnisses schließt belanglose Informationen aus: ErwG 14 RL (EU) 2016/943.

[154] *Wagner* PinG 2020, 66, 72.

[155] *Hauck*, in: MüKo-UWG (Fn. 129), GeschGehG § 5 Rn. 14.

lerdings nur bestimmte Bereiche. Ein Ausschluss der Strafbarkeit nach §§ 202a ff., 303a f. StGB wäre so nur erreichbar, wenn § 5 GeschGehG oder die Normen des künftigen HinSchG sehr weit ausgelegt und sodann als Ausschluss des Merkmals „unbefugt" bzw. Rechtfertigungsgrund angewandt würden.

3. Grundrechte als Rechtfertigung

Ob Grundrechte unmittelbar als Rechtfertigungsgründe angewendet werden können, ist bisher nicht geklärt.[156] Eine Ansicht beschränkt die Rolle der Grundrechte auf die grundrechtskonforme Auslegung bestehender Rechtfertigungsgründe, denn die Heranziehung von Grundrechten zur Erreichung einer Straflosigkeit sei aufgrund deren Unbestimmtheit sowohl im Hinblick auf Voraussetzungen als auch die Rechtsfolgen problematisch.[157] Zudem obliege die konkretisierende Ausgestaltung und Abwägung widerstreitender Grundrechte dem Gesetzgeber, der wiederum den ihm eingeräumten Gestaltungsspielraum ausschöpfen könne.[158] Im Übrigen sei die Wechselwirkungslehre des BVerfG zu bedenken, wonach eine grundrechtseinschränkende Strafvorschrift ihrerseits im Lichte des eingeschränkten Grundrechts zu interpretieren sei.[159] Der Gegenmeinung nach könne ein tatbestandsmäßiges Verhalten auch dann gerechtfertigt sein, wenn eine Kollision mit Grundwerten der Verfassung vorliegt und sich nach Abwägung der darin verbürgten Werteordnung sowie unter Berücksichtigung der Einheit des grundlegenden Wertesystems ein Übergewicht des Interesses kristallisiert, welches der oder die Handelnde verfolgt.[160]

Im Hinblick auf die proaktive Sicherheitsforschung können komplexe Grundrechtskollisionen vorliegen. Die Forschenden können sich auf die Forschungs- und Berufsfreiheit berufen (Art. 5 Abs. 3, Art. 12 GG), welche durch eine drohende Strafbarkeit ihrer Tätigkeit eingeschränkt würden. Dagegen schützen die §§ 202a ff. StGB die IT-Grundrechte und Eigentums- sowie Berufsfreiheit bspw. im Hinblick auf Geheimhaltungsinteressen (Geschäftsgeheimnisse). Fehlt i.R.d. Strafnormen allerdings eine Klausel zur Ausbalancierung der widerstreitenden Rechte – wie sie bspw. in § 201a Abs. 4 StGB gegeben ist – könnte diese Nichtberücksichtigung

---

[156] *Engländer*, in: Matt/Renzikowski (Fn. 33), Vor § 32 Rn. 47.
[157] So bspw. *Böse* ZStW 113 (2001), 40, 42.
[158] *Böse* ZStW 113 (2001), 40, 42.
[159] Vgl. *Engländer*, in: Matt/Renzikowski (Fn. 33), Vor § 32 Rn. 47 m.w.N.
[160] *Heger*, in: Lackner/Kühl/Heger (Fn. 9), Vor § 32 Rn. 28.

einen nicht gerechtfertigten Eingriff in die Grundrechte der Sicherheitsforschenden darstellen, welche einen unmittelbaren Rückgriff auf die Verfassung erforderlich macht.[161]

In diesem Sinne könnte eine strafrechtliche Verurteilung eines Sicherheitslücken aufdeckenden Sicherheitsforschenden einen unverhältnismäßigen Eingriff in die Forschungsfreiheit darstellen. Allerdings bleibt fraglich, ob aus diesem Umstand unmittelbar eine Rechtfertigung hergeleitet werden kann. Jedenfalls fehlt es für die Praxis an Präzedenzfällen, an welchen sich Handelnde orientieren können.

4. Kollision mit Datenschutzpflichten

Ist der oder die Sicherheitstester*in gleichzeitig datenschutzrechtlich Verantwortliche*r i.S.d. Art. 4 Nr. 7 DSGVO oder i.R.e. Auftragsverarbeitung oder Beschäftigung für den Verantwortlichen tätig, könnte die Sicherheitsprüfung i.R.d. Pflichten aus Art. 32 Abs. 1 Buchst. d DSGVO erfolgen. Wird ein Produkt bspw. in der Forschungseinrichtung oder im Unternehmen des Sicherheitstestenden eingesetzt und werden dabei personenbezogene Daten der Beschäftigten, der Kund*innen oder sonstiger natürlicher Personen verarbeitet, würde der oder die Testende im Pflichtenkreis des oder der Verantwortlichen tätig. Als rechtlich unproblematisch ist dieser Fall zu bewerten, wenn ausschließlich zur Nutzungszeit entstandene Daten betroffen sind und somit die Datenverfügungsbefugnis gleichzeitig bei den datenschutzrechtlich Verantwortlichen liegt. Fallen Datenschutzverantwortung und Datenverfügungsbefugnis allerdings auseinander, unterläge ersterer der Pflicht zur Durchführung regelmäßiger IT-Sicherheitsüberprüfungen und müsste dafür in Rechte des anderen eingreifen.

Zunächst impliziert der risikobasierte Ansatz der DSGVO die Erstellung eines Risikoprofils, i.R. dessen zu beurteilen ist, welche Schäden – geplant oder ungeplant – durch die Datenverarbeitung entstehen könnten.[162] Im Rahmen der Abwägung der einzusetzenden (zusätzlichen) technischen und organisatorischen Schutzmaßnahmen ist der Stand der Technik zu berücksichtigen. Dabei erscheint es naheliegend, dass der oder die Verantwortliche in der Lage sein muss, die Einhaltung des Stands der Technik eines von externen Hersteller*innen bereitgestellten Produkts zu überprü-

[161] Zur Kunstfreiheit: *Heger*, in: Lackner/Kühl/Heger (Fn. 9), Vor § 32 Rn. 28.

[162] *DSK – Datenschutzkonferenz,* Kurzpapier Nr. 18 Risiko für die Rechte und Freiheiten natürlicher Personen, S. 1; *Martin/Mester/Schiering/Friedewald/Hallinan* DuD 2020, 149, 150 f.

fen. Kommt die Risikobewertung zur Feststellung eines hohen Risikos für die Rechte und Freiheiten der betroffenen Personen, ist zusätzlich eine Datenschutz-Folgenabschätzung gemäß Art. 35 DSGVO durchzuführen. Bei der systematischen Beschreibung der geplanten Datenverarbeitungsvorgänge sind u.a. Datenflüsse, (geplante) Prozesse, technische Umsetzung, technische Infrastruktur sowie technische und organisatorische Maßnahmen zu beschreiben.[163]

Nun könnten Verantwortliche darauf verwiesen werden, nur Produkte bzw. Systeme einzusetzen, die Sicherheitstests explizit erlauben. Allerdings zeigt sich in der Praxis, dass diese oft kaum Verhandlungsspielraum haben und einige Anbieter*innen versuchen, Untersuchungen i.R.v. Sicherheitsanalysen oder Reverse Engineering über ihre AGB zu verbieten.[164] Eine Erhebung über IoT-Produkte ergab, dass lediglich 9,7% eine *public vulnerability disclosure policy* verwenden.[165]

Nutzenden von IT-Produkten und -Systemen in der Rolle des oder der datenschutzrechtlich Verantwortlichen, die über eine ausreichende Expertise verfügen oder Drittanbietende dafür einschalten, sollte nicht rechtlich verwehrt sein, eigene Sicherheitstests durchzuführen. Denn mit der Ubiquität digitaler Produkte und Systeme, der Bedeutung des Schutzes von Persönlichkeitsrechten sowie der Sanktionsdrohungen der DSGVO bei Nichtgewährleistung eines den Umständen angemessenen Sicherheitsniveaus, sind intransparente „Black-Boxes“ ein erhebliches Problem. Verantwortliche müssen eine realitätsnahe Risikoprognose erstellen können, um über zusätzliche technische und organisatorische Maßnahmen zu entscheiden, und bei gefundenen Schwachstellen zeitnahe Reaktionsmöglichkeiten zu haben. Es sprechen daher gewichtige Gründe dafür, Art. 32 DSGVO als befugnisgebende Pflicht zu interpretieren, mit der Folge, dass für Sicherheitstests erforderliche Handlungen nicht unbefugt i.S.d. § 202a StGB und nicht rechtswidrig i.S.d. § 303a StGB sein können.[166] Die Rege-

[163] Siehe hierzu: *Artikel-29-Datenschutzgruppe,* Leitlinien zur Datenschutz-Folgenabschätzung (DSFA) und Beantwortung der Frage, ob eine Verarbeitung im Sinne der Verordnung 2016/679 „wahrscheinlich ein hohes Risiko mit sich bringt“ – WP248 Rev.01.

[164] *Dickmann,* in: Balaban u.a. (Fn. 6), S. 20.

[165] *IoT Security Foundation*, Understanding the Contemporary Use of Vulnerability Disclosure in Consumer Internet of Things Product Companies, abrufbar unter: https://www.iotsecurityfoundation.org/wp-content/uploads/2018/11/Vulnerability-Disclosure-Design-v4.pdf (zuletzt abgerufen am 19.6.2023).

[166] Darüber hinaus plädieren *Pupillo/Ferreira/Varisco*, Software Vulnerability Disclosure in Europe, Report of a CEPS Task Force, 2018, S. 81 dafür, eine CVD als technische/organisatorische Maßnahme explizit in Art. 32 DSGVO aufzunehmen.

lung privilegiert allerdings nicht Konstellationen außerhalb des Datenschutzrechts oder Fälle, in denen die betroffene Person selbst Sicherheitsanalysen durchführen möchte.

IV. Reformoptionen

Da die analoge Anwendung bestehender Tatbestandsausschlüsse zum Schutz der Forschungsfreiheit vor strafrechtlichen Sanktionen zweifelhaft ist (vgl. II.4.) und im Hinblick auf den Rückgriff auf Rechtfertigungsgründe (vgl. III.) erhebliche Rechtsunsicherheit verbleibt, sollte der Gesetzgeber tätig werden, um die bei bzw. von Sicherheitsanalysen betroffenen Grundrechte in einen angemessenen Ausgleich zu bringen.

Eine Option wäre die Generalüberholung des gesamten Cyberstrafrechts. Ob sich anhand der Beschreibung objektiver Tatbestandsmerkmale abgrenzen lässt, ob Zugriffe auf bzw. Eingriffe in IT-Systeme von mit krimineller Energie agierenden Hacker*innen oder von Sicherheitsforschenden ausgehen, erscheint allerdings fraglich. Denn auf technischer Ebene dürften die Ausführungshandlungen zumeist sehr ähnlich oder sogar identisch sein. Die wesentlichen Unterschiede liegen in der Motivation und Zielsetzung, da Sicherheitsforschende an der Verbesserung der IT-Sicherheit und der Minimierung von potentiell schadensstiftenden Risiken gelegen ist. So erscheint der Gedanke naheliegend, den subjektiven Tatbestand des § 202a StGB über eine besondere Absicht einzuschränken (1.). Andererseits lassen sich Merkmale redlicher Sicherheitsanalysen i.R.e. Tatbestandsausschlusses oder Rechtfertigungsgrunds formulieren. Ein Beispiel für die Eingrenzung ethischen Hackens bietet die Rechtslage in den Niederlanden (2.). Abschließend wird diskutiert, ob ein Ausschluss auf Tatbestands- oder Rechtfertigungsebene ansetzen sollte und welche inhaltlichen Aspekte zu berücksichtigen wären (3.).

1. Neukonzeption des § 202a StGB als Delikt mit „überschießender Innentendenz“

Die FDP-Fraktion forderte im Jahr 2019 die Bundesregierung auf, einen Gesetzentwurf vorzulegen, in welchem die Strafbarkeit der §§ 202a ff. StGB an die Intention der Handlung geknüpft wird, „um sicherzustellen, dass Maßnahmen, die mit dem Ziel der Schließung von Sicherheitslücken oder zu Zwecken der Fort- und Weiterbildung erfolgen, nicht strafbar sind."[167] Die Forderung könnte so verstanden werden, dass § 202a Abs. 1 StGB als Delikt mit überschießender Innentendenz neu konzipiert werden sollte: Zum eigentlichen auf die Verwirklichung des Tatbestandes bezogenen Vorsatz müsste eine weitere Erfolgsabsicht hinzutreten. Eine solche Regelung findet sich im österreichischen Strafgesetzbuch. Der Norm „Widerrechtlicher Zugang zu Computersystemen" (§ 118a öStGB) können zwei Absichtsformulierungen entnommen werden, die in der alten Fassung kumulativ vorliegen und mit der Novellierung im Jahr 2016 nur noch alternativ gegeben sein müssen: die Absicht der Kenntnisverschaffung (von personenbezogenen Daten) und die Absicht der Nachteilszufügung.

Zunächst müssen Täter*innen in der Absicht der Kenntnisverschaffung von Daten handeln, wobei die Neufassung der Norm lediglich personenbezogene Daten umfasst, die speziellen Geheimhaltungsinteressen unterliegen. Allerdings kommt es mitunter für das Aufspüren von Sicherheitslücken im Rahmen proaktiver Sicherheitstests auf die Kenntnisverschaffung fremder Daten an, etwa als Beweisführung gegenüber Datenschutzbehörden und Systembetreiber*innen.

Auch in § 118a öStGB n.F. erhalten geblieben ist die Absicht der Nachteilszufügung. Der Nachteil muss nicht zwangsläufig finanzieller Natur[168] sein, sondern es genügt „jede faktische und rechtliche Schlechterstellung der Privatsphäre im Vergleich zum Zeitpunkt vor dem Eingriff in das Computersystem."[169] Dabei müsse der Nachteil aber über die bloße Verletzung der Geheimhaltung hinausreichen.[170] *Bergauer* weist bzgl. der Absicht der Nachteilszufügung darauf hin, dass die Formulierung der Absicht nicht sinnvoll sei, sondern vielmehr der Vorsatzgrad des dolus eventualis gefordert werden sollte. Ginge es dem Täter nämlich in erster Linie um die Erlangung eines Vermögensvorteils, so entstünde eine Strafbarkeitslücke, da der Nachteil beim Opfer lediglich billigend in Kauf genommen werde.[171]

Insbesondere § 118a öStGB a.F. wurde in der rechtswissenschaftlichen Literatur aufgrund des kumulativen Vorliegens der Absichtsvoraussetzun-

---

[167] BT-Drs. 19/7698, S. 8.

[168] *Reindl-Krauskopf* ALJ 2017, 110, 112.

[169] *Kinzlbauer*, Schutz der Datenverarbeitung von technischen Hilfsmitteln in Fahrzeugen durch das StGB, 2019, abrufbar unter: https://epub.jku.at/obvulihs/content/pageview/4347403 (zuletzt abgerufen am 19.6.2023).

[170] *Bergauer*, Das materielle Computerstrafrecht, 2016, S. 104.

[171] *Bergauer* ALJ 2017, 119, 121.

gen auf der subjektiven Tatbestandsseite heftig kritisiert und die Anwendbarkeit der Norm in Frage gestellt.[172] *Schmölzer* bezeichnet diesen erweiterten Vorsatz als „massiv einschränkend und beweistechnisch fatal".[173] Allerdings ist auch nach der Novellierung von 2016, laut der die Absichten nunmehr alternativ vorliegen dürfen, der erweiterte Vorsatz weiterhin stark umstritten geblieben und der Straftatbestand aufgrund der zu hohen Beweislast als quasi unanwendbar bezeichnet worden.[174]

Das Beispiel Österreich verdeutlicht daher, wie eine Neukonzeption des § 202a Abs. 1 StGB als Delikt mit überschießender Innentendenz nicht gestaltet sein sollte. Eine Verkettung mehrerer Vorsatzarten sollte vermieden und vielmehr eine pointiertere Formulierung einer spezifischen Absicht gefunden werden, wobei ungeklärt ist, wie diese konkret ausformuliert werden kann, ohne dass der Anwendungsbereich zu stark eingeschränkt wird und Strafbarkeitslücken entstehen. Zudem erscheint fraglich, ob eine Absichtsformulierung überhaupt für die Straffreiheit der IT-Sicherheitsforschung sorgen kann. Zum einen würde die Rechtslage noch komplizierter und undurchsichtiger für Forschende sowie Rechtsanwender*innen. Zum anderen kann eine Absichtsformulierung lediglich eine „böswillige Intention" beschreiben. Sinnvoller erscheint es allerdings an das Vorliegen einer „gutwilligen Intention" anzuknüpfen, die sich an einem CVD-Verfahren orientiert.

2. Das niederländische Modell einer Regelung zum Strafausschluss

Zu denken wäre an die Neufassung eines Tatbestandes, welcher die Straflosigkeit der IT-Sicherheitsforschung explizit im StGB implementiert.[175] Eine solche Norm hätte das Potenzial sicherzustellen, dass „ethische Hacker*innen nicht mehr Handlungen vollziehen als zur Aufdeckung der Sicherheitslücke unbedingt notwendig".[176] Sie könnte wie folgt formuliert

---

[172] *Bergauer* (Fn. 170), S. 117; *Bergauer* RdW 2006, 412.

[173] *Schmölzer* ZStW 123 (2011), 709, 727 f.; sie spricht auch von einer „Unpraktikabilität einer solchen ‚Verkettung'".

[174] *Bergauer* ALJ 2017, 119, 120.

[175] Ulf Buermeyer schlägt den folgenden Wortlaut vor: „Wer seine Erkenntnisse den Systembetreibenden mitteilt und keine Daten zurückbehält, wird nicht bestraft." In: Eva Wolfnagel (2021): Danke für den Hinweis, Anzeige ist raus, in: Zeit Online vom 5.8.2021, abrufbar unter: https://www.zeit.de/digital/datenschutz/2021–08/cdu-connect-app-it-sicherheit-lilith-wittmann-forscherin-klage/komplettansicht (zuletzt abgerufen am 19.6.2023).

[176] *Vonderau/Wagner*, in: Taeger (Hrsg.), Den Wandel begleiten – IT-rechtliche Herausforderungen der Digitalisierung, 2020, S. 525, 535.

werden: „Die Tatbestände der §§ 202a, 202b sind nicht verwirklicht, wenn [...]“. Im Weiteren könnten konkrete Voraussetzungen aufgestellt werden, die sich an den Guidelines zur CVD orientieren.

Zur Ziehung roter Linien kann die Rechtslage in den Niederlanden zum „ethischen Hacken“ als Vorbild dienen.[177] Die verantwortungsvolle Offenlegung wurde bereits 2013 in einem Leitfaden des Nationalen Zentrums für Cybersicherheit, das zum Ministerium für Sicherheit und Justiz gehört, beschrieben. Dieser Leitfaden nannte Beispiele, allerdings ohne rechtliche Verbindlichkeit.[178] Zunächst besteht grundsätzlich auch in den Niederlanden die Möglichkeit ein Strafverfahren anzustoßen, selbst wenn die Täter*in behauptet, ein*e ethische*r Hacker*in zu sein und zum Wohle der Gesellschaft gehandelt zu haben.[179]

Die Frage, wann ethisches Hacken strafbar ist, war i.R.v. zwei Gerichtsverfahren aus den Jahren 2013 und 2014 entscheidend. Der Einwand einer verantwortungsvollen Offenlegung allein reichte den Gerichten hierbei nicht aus, um bereits von der Einleitung der Strafverfolgung abzusehen. Verletzungen computerisierter Werke ohne Zustimmung der Rechtsinhaber*innen sind nach Art. 138ab des niederländischen StGB strafbar, es sei denn, höhere Interessen rechtfertigen eine solche Verletzung.[180] Bei der Beurteilung der Frage, ob in einem Fall so besondere Umstände vorliegen, dass die Rechtswidrigkeit der Handlungen auch im Hinblick auf die Bestimmungen von Art. 10 EMRK, der neben der Freiheit der Meinungsäußerung auch die Informations- und Wissenschaftsfreiheit gewährleistet,[181] beseitigt wird, sind drei Faktoren von Bedeutung:

1. Erfüllung eines *öffentlichen Interesses* durch verantwortungsbewusste Offenlegung einer Sicherheitslücke,

---

[177] Zur Rechtslage und Aktivitäten in den Niederlanden: *National Cyber Security Centre,* Coordinated Vulnerability Disclosure: the Guideline, October 2018, S. 9; *Openbaar Ministerie,* Coordinated Vulnerability Disclosure: de Leidraad, abrufbar unter: https://www.om.nl/documenten/brochures/cybercrime/2018/oktober/coordinated-vulnerability-disclosure-de-leidraad (zuletzt abgerufen am 19.6.2023); *Pupillo/Ferreira/Varisco* (Fn. 166), S. 27; *CIO Platform Nederland/Rabobank,* Coordinated Vulnerability Disclosure Manifesto, abrufbar unter: https://www.cio-platform.nl/en/publications; siehe auch: https://www.enisa.europa.eu/news/member-states/from-the-netherlands-presidency-of-the-eu-council-coordinated-vulnerability-disclosure-manifesto-signed (zuletzt abgerufen am 19.6.2023).

[178] *Harms* Netherlands Journal of Legal Philosophy 2017(2) (46), 196, 197.

[179] Rechtbank Den Haag, Urteil v. 17.12.2014, Nr. 09/748019–12.

[180] Rechtbank Den Haag, Urteil v. 17.12.2014, Nr. 09/748019–12; Rechtbank Oost-Brabant, Urteil v. 19.2.2013, Nr. 01/820892–12.

[181] *Cornils,* in: BeckOK-InfoMedienR, 38. Ed. (1.2.2021), EMRK Art. 10 Rn. 32 ff.

2. Grundsatz der *Verhältnismäßigkeit*: Beschränkung auf zur Zielerreichung erforderliche Handlungen sowie
3. Grundsatz der *Subsidiarität*, d.h. es bestand kein anderer, weniger invasiver Weg zur Aufdeckung der Sicherheitslücke.[182]

Das öffentliche Interesse wurde mehrfach selbst beim Zugriff auf sensible Daten mittels Hackingmethoden bejaht, wenn dadurch Mängel der Sicherheitsvorkehrungen aufgedeckt wurden.[183] So gehen die Gerichte davon aus, dass der Nachweis von Sicherheitslücken bei der Speicherung vertraulicher, medizinischer und persönlicher Daten einem wichtigen gesellschaftlichen Interesse dienen kann.[184] Auch das Aufspielen von Malware auf dem fremden Server und der Zugriff ohne Erlaubnis auf hochsensible Daten können notwendige Handlungen darstellen, um IT-Sicherheitsmängel aufzuzeigen. Wenn eine Schwachstelle gemeldet wird und es allerdings Anzeichen dafür gibt, dass der Offenlegende mehr getan hat, als unbedingt notwendig war, um die Schwachstelle aufzuspüren, wird dies von den zuständigen Behörden weiter untersucht.[185] So wurde ein Hacker wegen *Computervredebreuk* nach Art. 138ab Wetboek van Strafrecht (entspricht dem Ausspähen von Daten) verurteilt, obwohl das Gericht davon ausging, dass er keine böswillige Absicht hatte und ein Sicherheitsleck aufdecken wollte.[186] Der Angeklagte hatte allerdings mehrmals auf das System zugegriffen und mehr Informationen gesammelt, als notwendig gewesen wäre.[187]

Auch die Staatsanwaltschaft (*Openbaar Ministerie)* benannte Kriterien, wann sie aus Gründen des öffentlichen Interesses nach dem Opportunitätsprinzip von der Strafverfolgung absieht, i.R.e. ebenfalls 2013 verfassten, internen Grundsatzschreibens, welches im Jahr 2020 aktualisiert wurde.[188] Die Kriterien entsprechen weitestgehend den gerichtlich festgelegten: zwingendes öffentliches Interesse, wie bspw. ein Beitrag zur Si-

---

[182] Rechtbank Den Haag, Urteil v. 17.12.2014, Nr. 09/748019–12; Rechtbank Oost-Brabant, Urteil v. 19.2.2013, Nr. 01/820892–12.

[183] Rechtbank Den Haag, Urteil v. 17.12.2014, Nr. 09/748019–12; Rechtbank Oost-Brabant, Urteil v. 19.2.2013, Nr. 01/820892–12.

[184] Rechtbank Den Haag, Urteil v. 17.12.2014, Nr. 09/748019–12; Rechtbank Oost-Brabant, Urteil v. 19.2.2013, Nr. 01/820892–12.

[185] *Openbaar Ministerie* (Fn. 177); *Pupillo/Ferreira/Varisco* (Fn. 166), S. 27.

[186] Rechtbank Den Haag, Urteil v. 17.12.2014, Nr. 09/748019–12.

[187] Zu den Prinzipien siehe auch: Rechtbank Oost-Brabant, Urteil v. 19.2.2013, Nr. 01/820892–12.

[188] *Openbaar Ministerie,* Beleidsbrief vom 14.12.2020 abrufbar unter: https://www.om.nl/documenten/richtlijnen/2020/december/14/jurisprudentie-en-praktijkvoorbeelden (zuletzt abgerufen am 19.6.2023).

cherheit von Computersystemen, Wahrung der Verhältnismäßigkeit sowie des Subsidiaritätsprinzips.[189] Im selben Jahr kamen Ermittlungen der zuständigen Behörden zum Ergebnis, dass das Erraten des Twitter-Passworts vom damaligen US-Präsidenten Donald Trump durch einen seit Jahren als ethischer Hacker arbeitenden Sicherheitsexperten nicht strafrechtlich verfolgt wird. Die Staatsanwaltschaft ging davon aus, dass der Hacker tatsächlich in Trumps Twitter-Account eingedrungen ist, dabei aber die in der Rechtsprechung entwickelten Kriterien erfüllt hat, um als ethischer Hacker freigesprochen zu werden.[190] Die Absichten und das Verhalten des niederländischen Hackers wurden von der Staatsanwaltschaft untersucht und geprüft mit dem Ergebnis, dass außergewöhnliche Umstände, die auch als „Responsible Disclosure“ bezeichnet werden, dazu führen, dass die Rechtswidrigkeit der Straftat entfällt.

3. Diskussion zur Gestaltung eines Strafausschlusses

Wie die vorgenannten Erwägungen zeigen, besteht bei der Durchführung von IT-Sicherheitsforschung erhebliche Rechtsunsicherheit, wenn mit Analysehandlungen gleichzeitig Straftatbestände verwirklicht werden (könnten). Gleichzeitig verfolgt die Sicherheitsforschung wie auch die ehrenamtliche Tätigkeit ethischer Hacker*innen das Ziel, das IT-Sicherheitsniveau von Produkten und Systemen zu erhöhen. Ohne die Schaffung einer rechtlichen Grundlage besteht die Befürchtung, dass sich Expert*innen von Strafandrohungen abschrecken lassen könnten. Insofern hält der Koalitionsvertrag fest, dass „das Identifizieren, Melden und Schließen von Sicherheitslücken in einem verantwortlichen Verfahren, z.B. in der IT-Sicherheitsforschung, [...] legal durchführbar sein [soll]“.[191] Um dies rechtssicher zu gewährleisten, bietet sich die Schaffung eines expliziten Strafausschließungsgrundes an. Zu entscheiden ist, ob dieser als Tatbestandsausschluss oder Rechtfertigungsgrund gefasst sein sollte.

a) Tatbestands- oder Rechtfertigungsebene

Zunächst kann festgehalten werden, dass die Einordnung aus rein strafrechtsdogmatischer Sicht keine erhebliche Bedeutung entfaltet, da für das

189 *Harms* Netherlands Journal of Legal Philosophy 2017(2) (46), 196, 200.

190 *Openbaar Ministerie,* Inlog Twitter-account Trump niet strafbaar, Nieuwsbericht | 16–12–2020 | 11:38, abrufbar unter: https://www.om.nl/actueel/nieuws/2020/12/16/inlog-twitter-account-trump-niet-strafbaar (zuletzt abgerufen am 19.6.2023).

191 KoaV, „Mehr Fortschritt wagen“, S. 11.

Unrechtsurteil nicht entscheidend ist, ob ein Verhalten bereits nicht tatbestandsmäßig oder nur gerechtfertigt ist.[192] Dagegen sind einige Aspekte zu bedenken, die für oder gegen die jeweilige Einordnung sprechen.

aa) Abschreckungseffekte

Im Hinblick auf die Konzeption der Erlaubnis der Offenlegung von Geschäftsgeheimnissen i.R. berechtigter Interessen, wie der Ausübung u.a. journalistischer Tätigkeiten, des Whistleblowings oder der Wahrnehmung von Arbeitnehmerrechten in § 5 GeschGehG, wurde bewusst vom ursprünglichen Plan, einen Rechtfertigungsgrund zu schaffen, Abstand genommen, und eine Ausnahme vom Verbot in § 4 GeschGehG kodifiziert. Hauptargument für einen Tatbestandsausschluss war der abschreckende Effekt, den das Erfüllen einer Verbotsnorm haben kann, „unabhängig davon wie weit ein dann eingreifender Rechtfertigungsgrund gefasst sei".[193]

bb) Irrtum, Täterschaft und Teilnahme

Folgen eines Irrtums über das Vorliegen eines Tatbestandsausschließungs- oder Rechtfertigungsgrundes führen im Ergebnis gleichermaßen zu einer Straffreiheit.[194] Der Irrtum über Tatumstände lässt gemäß § 16 Abs. 1 StGB den Vorsatz entfallen, die irrige Annahme von Rechtfertigungsgründen wird i.R.d. Erlaubnistatbestandsirrtums berücksichtigt. Ein solcher kann analog § 16 Abs. 1 S. 1 StGB zum Vorsatzausschluss führen.[195] Ebenso zeigt das Beispiel der Diskussion zu § 5 GeschGehG, dass sowohl bei einem Rechtfertigungsgrund als auch bei einem Tatbestandsausschluss Konstellationen sinnvollen Lösungen zugeführt werden können, wenn nur eine Person (Täter*in/Teilnehmer*in) jeweils mit redlichen oder kriminellen Absichten handelt.[196]

cc) Rechtsmissbrauch

Einen Unterschied könnte der Gedanke des Rechtsmissbrauchs machen. So wurde diskutiert, dass bei einer rechtsmissbräuchlich erlangten be-

---

[192] Vgl. zur behördlichen Genehmigung: *Winkelbauer* NStZ 1988, 201; *Kipker/Rockstroh* ZRP 2022, 240, 243 sprechen sich bzgl. der Durchführung von IT-Sicherheitstests für einen gesetzlichen Tatbestandsausschluss aus.

[193] BT-Drs. 19/4742, S. 28; BT-Drs. 19/8300, S. 15.

[194] *Winkelbauer* NStZ 1988, 201.

[195] BGH, Beschluss v. 21.11.2019 – 4 StR 166/19.

[196] *Hauck*, in: MüKo-UWG (Fn. 129), GeschGehG § 5 Rn. 9; BT-Drs. 19/8300, S. 14.

hördlichen Genehmigung bzw. Befugnis, das rechtsmissbräuchliche Vorgehen auf Tatbestandsebene wegen des Gesetzlichkeitsprinzips des Strafrechts nicht berücksichtigt werden könnte, auf Rechtfertigungsebene als Korrektiv allerdings möglich sei.[197] Die Einholung einer formellen Erlaubnis durch Vorspiegelung falscher Tatsachen ist aufgrund der Tatsache, dass die Rechtswidrigkeit eines Verwaltungsakts nicht automatisch zur Nichtigkeit führt, ein reelles Problem, dem sich § 330d Abs. 1 Nr. 5 StGB im Abschnitt „Straftaten gegen die Umwelt" widmet. Bei Sicherheitsanalysen ist der Sachverhalt regelmäßig anders gelagert. Zudem kann dagegen die Formulierung einer Ausnahmeklausel sicherstellen, dass eine Ausnutzung der Tathandlung zu weiteren, kriminell motivierten Zwecken weiterhin sanktioniert bleibt. Über einen engen Zweckbezug der ggf. i.R.v. Sicherheitsanalysen erlangten Daten kann eine Weiterverwendung ausgeschlossen sein.

dd) Notwehr gegen Sicherheitsforschung

Wird ein System angegriffen und ist nicht ersichtlich, dass es sich lediglich um eine Sicherheitsuntersuchung handelt, hat der Angegriffene ein legitimes Interesse, den Angriff abzuwehren. Ob dabei eine Notwehrsituation entstehen könnte, hängt davon ab, ob die Abwehrhandlung selbst ein Computerdelikt darstellen könnte. Die Legitimität wie ethische Vertretbarkeit sog. „Hackbacks" ist höchst umstritten.[198] In jedem Fall greift die Notwehr nur, um einen gegenwärtigen *rechtswidrigen* Angriff von sich oder einem anderen abzuwenden, § 32 Abs. 2 StGB. Folglich liegt weder bei Schaffung eines Tatbestandsausschlusses noch eines Rechtfertigungsgrundes ein rechtswidriger Angriff vor. Problematisch wäre, wenn die Löschung, Unbrauchbarmachung oder Unterdrückung „fremder" Daten i.R.e. Abwehrhandlung unter § 303a StGB subsumierbar wäre. Insofern zeigt sich allerdings wieder der ausufernde Charakter des Wortlauts dieser Norm, welcher über eine teleologische Reduktion einzuhegen ist. Jedenfalls läge ein Irrtum vor, wenn der Verteidigende davon ausgehen musste, dass ein rechtswidriger Angriff auf sein System vorlag.

[197] *Winkelbauer* NStZ 1988, 201.

[198] Die Regierungskoalition lehnt Hackbacks als Mittel der Cyberabwehr grundsätzlich ab: KoaV, „Mehr Fortschritt wagen", S. 11.

ee) Auswirkungen auf die Strafverfolgung

Ein weiterer Gedanke liegt in der Frage, ob Ermittlungsbehörden bei Erfüllung eines Tatbestandsausschlusses oder Rechtfertigungsgrundes eher von der Eröffnung eines Ermittlungsverfahrens absehen werden. Bereits Ermittlungen, insbesondere wenn diese mit der Beschlagnahme von technischem Equipment einhergehen,[199] können erhebliche Einschüchterungseffekte auslösen. Für Betroffene ist es daher essentiell, dass möglichst ohne erheblichen Zeitverzug feststellbar ist, dass Sicherheitsanalysen bereits nicht strafbar sind oder jedenfalls i.R.e. rechtmäßigen bzw. gerechtfertigten Tätigkeit erfolgten. Dass die dogmatische Einstufung auf die Ermittlungspraxis Auswirkungen haben könnte, ist aber keineswegs klar.

ff) Vergleichbarkeit mit anderen Fallgruppen: Beispiel medizinischer Heileingriff

Zieht man einen Vergleich zum medizinischen Heileingriff, ist dieser zunächst tatbestandmäßig eine Körperverletzung, kann aber regelmäßig gerechtfertigt werden. Gegen diese von der Rechtsprechung favorisierte Rechtfertigungslösung wird oftmals argumentiert, dass ärztliches Handeln nach dem „sozialen Sinngehalt" kriminellen Handlungen gleichgestellt werde, obwohl der Zweck auf der Heilung von Patient*innen liegt.[200] Dennoch sprechen – zumindest i.R.d. medizinischen Behandlung – gewichtige Argumente für eine Lösung über die Rechtfertigungsebene. Ein starker Fokus liegt hier auf dem Selbstbestimmungsrecht der Patient*innen: Idealerweise können diese sich ausdrücklich äußern oder ihr Wille muss gemutmaßt werden. Liegt ein solcher (gemutmaßter) Wille gerade nicht vor oder wird sogar entgegen dem ausdrücklichen Willen der Patient*innen gehandelt, so läge nach der Tatbestandslösung keine Körperverletzung i.S.v. § 223 StGB vor und das Selbstbestimmungsrecht würde unterlaufen. Durch die Rechtfertigungslösung wird demnach für einen gerechteren Interessensausgleich gesorgt und u.a. sichergestellt, dass eine rechtfertigende Einwilligung frei von Willensmängeln ist und entsprechende Aufklärungs- und Dokumentationsobliegenheiten sowie fachliche Expertise vorliegen. Die Sachlage ist folglich nicht uneingeschränkt übertragbar auf Sicherheitsforschung, bei der Einwilligungen der Rechtsguts-

---

[199] Vgl. bspw. den Fall eines IT-Dienstleisters beschrieben in: *Tremmel*, Hausdurchsuchung statt Dankeschön, in: golem.de v. 14.10.2021, abrufbar unter: https://www.golem.de/news/nach-datenleck-hausdurchsuchung-statt-dankeschoen-2110–160269.html (zuletzt abgerufen am 19.6.2023).

[200] Vgl. *Sternberg-Lieben*, in: Schönke/Schröder (Fn. 38), § 223 Rn. 29 m.w.N.

inhaber*innen oftmals scheitern, wenn diese bereits nicht eindeutig identifizierbar sind, nicht erreichbar oder schlichtweg kein Interesse an der Anfrage zeigen.[201] Zudem liegt nicht lediglich – wie beim medizinischen Heileingriff – allein das Interesse der einzelnen Rechtsgutsinhaber*innen vor, sondern es besteht zusätzlich ein erhebliches öffentliches Interesse an der sicheren Nutzung von IT-Produkten. Daher liegt der Vergleich zur Sachlage in §§ 86 Abs. 4, 201a Abs. 4 StGB oder zum Fall des Whistleblowings näher. Dies spricht somit für die Ausgestaltung als Tatbestandsausschluss und nicht (erst) als Rechtfertigungsgrund.

b) Inhaltliche Anforderungen

Die im Koalitionsverfahren verwendete Formulierung „verantwortliches Verfahren" deutet auf das als CVD bekannte Verfahren hin. Neben den bereits in den Niederlanden herausgearbeiteten Kriterien, könnten bei einer Kodifizierung im deutschen Strafrecht noch weitere Aspekte bedacht werden.

aa) Indizien für Coordinated Vulnerability Disclosure

Der Nachweis, dass ein solches Verfahren durchgeführt wurde, kann erst nach Vollendung der tatbestandsmäßigen Handlung erbracht werden. Insofern kann zur Tatzeit nur auf die Absicht abgestellt werden, einen CVD-Prozess durchzuführen. Wird eine Tat noch vor Umsetzung der Meldung entdeckt und verfolgt, wäre zu bedenken, ob das Abstellen auf eine bloße Absicht als Schutzbehauptung missbraucht werden könnte. Bereits i.R.d. Tathandlung können einzelne oder mehrere Indizien vorliegen, dass ein CVD-Prozess vorgesehen ist, bspw.:

- Vorliegen und Abarbeiten eines systematisch/strukturierten Analyseplans,
- Dokumentation der Analyseschritte für eine spätere Meldung,
- Beschränkung der Analysehandlungen und Einzelschritte auf das zur Sicherheitsüberprüfung erforderliche Maß,
- Verwendung minimalinvasiver Werkzeuge,
- Auffinden der Sicherheitslücken im Rahmen einer wiederholt beruflich oder ehrenamtlich durchgeführten Tätigkeit

Als weiteren Punkt könnte die Unverzüglichkeit einer Meldung i.R.d CVD zur Anforderung erhoben werden. Unverzüglich ist entsprechend

---

201 Vgl. die Erkenntnisse bei: *Gamero-Garrido/Savage/Levchenko/Snoeren* (Fn. 7), S. 1501.

§ 121 BGB als „ohne schuldhaftes Zögern" zu interpretieren. So kann ein besonders komplexer Fall weitere Analysen erforderlich machen. Folglich können keine festen Fristen definiert werden, vielmehr sollte der Prozess eine dem individuellen Risiko angemessene Flexibilität belassen.

Dagegen sollten Fälle einer „Doppelverwertung" i.S.d. Durchführung einer CVD bei gleichzeitiger krimineller Ausnutzung der Sicherheitslücke, bspw. durch Kommerzialisierung der zugegriffenen Daten im Darknet, nicht straffrei ausgehen. Indizien hierfür können insbesondere der Zugriff auf mehr Daten, als zum Nachweis der Sicherheitslücke erforderlich wäre, sowie ein unbegründetes langes zeitliches Zuwarten bis zur Absendung der Meldung über die Existenz der Sicherheitslücke bieten. Fraglich ist, ob unvorsichtiges Handeln von Strafe freigestellt werden sollte. Werden Systeme nicht mit den minimalinvasivsten Werkzeugen attackiert und kommt es zum Datenverlust, bleibt zu diskutieren, ob eine Strafbarkeit auch bei einem „redlichen" Sicherheitsforschenden greifen sollte. Andererseits könnte hier der Weg über zivilrechtliche Haftungstatbestände gesucht werden – wobei die Strafnormen hier als Schutzgesetze i.S.d. § 832 Abs. 2 BGB ebenfalls erhebliche Relevanz entfalten.

bb) Redlichkeit der Forschung

Alternativen zu einem Tatbestandsausschluss oder Rechtfertigungsgrund wären zwar grundsätzlich über nur nachträglich wirkende Mechanismen, wie einen Ausschluss der Strafverfolgung in Form eines rein strafprozessual wirkenden Verfolgungshindernisses denkbar. Allerdings würde es sich dann weiterhin um rechtswidrige und schuldhafte Taten handeln. Im Rahmen der Redlichkeit der Forschung bliebe dann problematisch, ob Forschungseinrichtungen solchen Tätigkeiten nachgehen dürften.[202]

cc) Keine Beschränkung auf institutionalisierte Forschung

Bei der Formulierung einer Ausnahmeregelung sollte zudem bedacht werden, ob der Begriff der „Forschung" genutzt wird, oder vielmehr auf die Zielsetzung der IT-Sicherheit sowie die CVD-Absicht abgestellt werden sollte. Denn neben der institutionalisierten Sicherheitsforschung an Forschungseinrichtungen und Hochschulen werden in der Praxis vielfach Sicherheitslücken durch institutionell unabhängige ethische Hacker*innen aufgedeckt. Gerade im Bereich der Zufallsfunde bleibt aber fraglich, ob es sich um einen nach Inhalt und Form ernsthaften und planmäßigen Versuch

---

[202] *Balaban u.a.* (Fn. 6), S. 45 f.

zur Ermittlung der Wahrheit, und zwar in einem methodisch geordneten Verfahren mit einem Kenntnisstand, der i.d.R. auf einem wissenschaftlichen Studium beruht, und damit um Forschung im engeren Sinne nach Lesart des BVerfG handelt.[203] Oder ob hier auch Konstellationen vorliegen, wo die Tätigkeit als bloße Anwendung bekannter Methoden zu werten wäre, und damit aus dem vorherrschenden Forschungsbegriff herausfallen würde. Einige Beispiele in der jüngsten Vergangenheit zeigten, dass gerade auch das ehrenamtliche Engagement von ethischen Hacker*innen geeignet ist, Missstände aufzudecken.[204] Sofern sich diese im Bereich der Verarbeitung personenbezogener Daten bewegen, erhielten Aufsichtsbehörden wertvolle Hinweise.[205] Ebenso kann eine berufliche Tätigkeit für Akteur*innen von vernetzten Systemen und Lieferketten dazu führen, dass sich Fehler bei nicht ausreichend abgesicherten Schnittstellen offenbaren, die nicht in der Verantwortungssphäre des beauftragenden Unternehmens liegen. Hier ist allerdings nicht ausgeschlossen, dass Interessen an der Verbesserung der IT-Sicherheit für das Gesamtsystem und eigene wirtschaftliche Interessen, bspw. bei Bestehen eines Konkurrenzverhältnisses, sich vermischen können.[206] Gerade auch im Hinblick auf die Zuarbeit durch nicht fest organisierte Akteur*innen, sollten bürokratische und organisatorische Hürden bei der Etablierung eines Ausnahmetatbestands vermieden werden.

V. Fazit und Ausblick

Die aktuelle Fassung der Computerdelikte, vornehmlich der §§ 202a ff. und 303a f. StGB, stellt die Sicherheitsforschung vor erhebliche Herausforderungen. Im Einzelfall können Konstellationen vorliegen, die zu einem Tatbestandsausschluss oder zur Rechtfertigung führen. Den im Beitrag untersuchten Strafausschlüssen ist allerdings gemein, dass sich man-

[203] Vgl. BVerfGE 35, 79, 113; 47, 327, 367.

[204] Siehe bspw. die Tätigkeit des Kollektivs Zerforschung: https://zerforschung.org/ (zuletzt abgerufen am 19.6.2023), die über IT-Sicherheitsanalysen hinaus IT-getriebene Lösungen kostenlos bereitstellen: https://schnelltesttest.de/ (zuletzt abgerufen am 19.6.2023).

[205] Vgl. bspw. *Henze u.a.*, weitere Sicherheitslücke bei Testzentren, Stand: 22.6.2021, abrufbar unter: https://www.tagesschau.de/investigativ/wdr/sicherheitsluecken-testzentren-101.html (zuletzt abgerufen am 19.6.2023).

[206] Vgl. der Streit beschrieben bei: *Tremmel*, Vorwürfe statt Entschuldigung, 3.2.2022, abrufbar unter: https://www.golem.de/news/nach-datenleck-bei-modern-solution-vorwuerfe-statt-entschuldigung-2202–162762.html (zuletzt abgerufen am 19.6.2023).

gels Präzedenzfällen noch keine einheitliche Rechtspraxis herausbilden konnte, die Normen nicht sämtliche Formen der Sicherheitsforschung erfassen und damit insgesamt eine erhebliche Rechtsunsicherheit verbleibt. Daher argumentiert der vorliegende Beitrag für die Etablierung einer eigenständigen Ausnahmeregelung für redlich durchgeführte Sicherheitsanalysen. „Redlichkeit" kann insofern auf die Durchführung eines CVD-Prozesses bezogen werden, bei dem gefundene Sicherheitslücken zunächst einer zur Behebung geeigneten und verantwortlichen Person gemeldet werden und erst nach Ablauf einer gesetzten Frist zur Behebung eine Warnung gegenüber der Allgemeinheit erfolgt. Der Ablauf dieses Prozesses ist in mehreren Leitfäden hinterlegt[207] und die Umsetzung im Unternehmen durch ISO-Normen[208] ausgestaltet. Die Implementierung weiterer Hilfestellungen, wie die Einrichtung und Ausgestaltung einer staatlichen Stelle als koordinierende und vermittelnde Meldestelle, kann darüber hinaus den Prozess in der Praxis unterstützen. Zur Feststellung der Zielsetzung des oder der Handelnden zur Tatzeit können Indizien herangezogen werden, wozu insbesondere entsprechend des Exempels der Niederlande die Prinzipien der Erforderlichkeit und Subsidiarität der Handlung zählen sollten. Ob die Ausnahmeregelung als Tatbestandsausschluss oder Rechtfertigungsgrund ausgestaltet wird, hat nachrangige Bedeutung. Entscheidend ist vielmehr, dass objektiv prüfbare Kriterien Rechtssicherheit schaffen und diese nicht auf institutionalisierte Forschung im engeren Sinne beschränkt werden.

---

[207] *Bundesamt für Sicherheit in der Informationstechnik (BSI)*, Handhabung von Schwachstellen, Version 2.0 (2018); *enisa* (Fn. 92); *Householder/Wassermann/Manion/King* (Fn. 87).

[208] ISO/IEC 29147:2018; ISO/IEC 30111.

Verzeichnis der Autorinnen und Autoren

Manuela Bao ist wissenschaftliche Mitarbeiterin am FZI Forschungszentrum Informatik in Karlsruhe.

Janine Blocher ist wissenschaftliche Mitarbeiterin am Lehrstuhl für Strafrecht, Strafprozessrecht, Strafrechtsvergleichung, Medizinstrafrecht und Rechtstheorie (Prof. Dr. Liane Wörner) an der Universität Konstanz.

Dominik Brodowski ist Professor für Strafrecht und Strafprozessrecht an der Universität des Saarlandes in Saarbrücken.

Felix Freiling ist Inhaber des Lehrstuhls für IT-Sicherheitsinfrastrukturen an der Friedrich-Alexander-Universität Erlangen-Nürnberg (FAU).

Sebastian Golla ist Juniorprofessor für Kriminologie, Strafrecht und Sicherheitsforschung im digitalen Zeitalter an der Ruhr-Universität Bochum.

Linda Kuschel ist Juniorprofessorin für Bürgerliches Recht, Immaterialgüterrecht sowie Recht und Digitalisierung an der Bucerius Law School in Hamburg.

Malaika Nolde ist Rechtsanwältin und Fachanwältin für Strafrecht in Düsseldorf.

Darius Rostam ist wissenschaftlicher Mitarbeiter an der Juniorprofessur für Bürgerliches Recht, Immaterialgüterrecht sowie Recht und Digitalisierung (Prof. Dr. Linda Kuschel) an der Bucerius Law School in Hamburg.

Liane Wörner ist Inhaberin des Lehrstuhls für Strafrecht, Strafprozessrecht, Strafrechtsvergleichung, Medizinstrafrecht und Rechtstheorie an der Universität Konstanz.

Louisa Zech ist wissenschaftliche Mitarbeiterin an der Professur für Kriminologie und Strafrecht (Prof. Dr. Singelnstein) an der Goethe-Universität Frankfurt am Main.